湖南省一流课程配套教材
湖南省精品在线开放课程配套教材
职业教育·交通运输大类专业教材

Qiaoliang Gouzao

桥梁构造

第2版

夏晓慧　主　编

夏春燕　郭　鑫　副主编

宁夏元　主　审

人民交通出版社股份有限公司

北　京

内 容 提 要

本书为湖南省一流课程配套教材,湖南省精品在线开放课程配套教材,职业教育交通运输大类专业教材。全书内容分总论、基本构造和结构分析三篇。其中,第一篇介绍了桥梁概论和规划设计,第二篇介绍了常规梁桥和拱桥的构造,第三篇介绍了桥梁上的作用和混凝土简支梁桥计算。随书另附一本实际案例集,以"梅子溪中桥施工图设计"为例,收入了梁桥初步设计与施工图设计的部分图纸,供读者参考。

本书可以作为职业教育道路与桥梁工程技术和铁道工程技术等相关专业桥梁类课程教材,也可以供工程技术人员参考。

本书有配套教学课件和数字化学习资料,教师可通过加入职教路桥教学研讨群(教师专用 QQ561416324)获取。

图书在版编目(CIP)数据

桥梁构造 / 夏晓慧主编. 2 版. — 北京 : 人民
交通出版社股份有限公司, 2023.11
ISBN 978-7-114-17651-7

Ⅰ.①桥… Ⅱ.①夏… Ⅲ.①桥梁结构 Ⅳ.
①U443

中国版本图书馆 CIP 数据核字(2021)第 189218 号

湖南省一流课程配套教材
湖南省精品在线开放课程配套教材
职业教育·交通运输大类专业教材

书　　名:**桥梁构造(第 2 版)**
著 作 者:夏晓慧
责任编辑:刘　倩
责任校对:孙国靖　刘　璇
责任印制:张　凯
出版发行:人民交通出版社股份有限公司
地　　址:(100011)北京市朝阳区安定门外外馆斜街 3 号
网　　址:http://www.ccpcl.com.cn
销售电话:(010)59757973
总 经 销:人民交通出版社股份有限公司发行部
经　　销:各地新华书店
印　　刷:北京虎彩文化传播有限公司
开　　本:880×1230　1/16
印　　张:12
字　　数:312 千
版　　次:2012 年 7 月　第 1 版
　　　　　2023 年 11 月　第 2 版
印　　次:2023 年 11 月　第 2 版　第 1 次印刷　总第 4 次印刷
书　　号:ISBN 978-7-114-17651-7
定　　价:45.00 元(含主教材和案例册)
(有印刷、装订质量问题的图书,由本公司负责调换)

PREFACE | 前言

课程特点

"桥梁构造"课程是道路与桥梁工程技术专业的核心课程。通过本课程学习,学习者能深刻理解桥梁基本概念和桥梁设计的基本流程,特别是掌握桥梁常见构造的基本要求和桥梁图纸的识读。

教材建设背景

湖南交通职业技术学院是中央财政支持的实训基地、省级实习实训基地,湖南交通职业技术学院道路与桥梁工程技术专业是国家示范中央财政重点支持专业、省部级精品专业、省级示范性特色专业。湖南交通职业技术学院道路桥梁工程技术专业群于2019年12月被教育部、财政部纳入国家"双高计划"建设名单。该专业群以道路与桥梁工程技术专业为核心专业,以高速铁道工程技术专业等专业为骨干专业。为配合专业群的改革,湖南汇科道路设计研究有限公司、湖南省交通科学研究院有限公司、长沙理工检测咨询有限责任公司和湖南交通职业技术学院共同编写了本书。

本教材特色及编写分工

本教材是湖南省一流课程配套教材、湖南省精品在线开放课程配套教材。全书内容分总论、基本构造和结构分析三篇,以公路桥梁为主进行介绍,同时为兼顾高速铁道工程技术专业学生的学习,在公路桥梁与铁路桥梁有区别的内容上分别进行了介绍,如桥面构造等章节内容。其中,第一篇介绍了桥梁概论和规划设计,由湖南交通职业技术学院夏晓慧和李振共同编写;第二篇介绍了常规梁桥和拱桥的构造,由湖南交通职业技术学院杨一希和马晶共同编写;第三篇介绍了桥梁上的作用和混凝土简支梁桥计算,由湖南交通职业技术学院刘俊、刘昀和长沙理工检测咨询有限责任公司郭鑫共同编写。本书另附一本实际案例集,以"梅子溪中桥施工图设计"为例,收入了梁桥初步设计与施工图设计的部分图纸,供读者参考。此案例集由湖南省交通科学研究院有限公司夏春燕和湖南汇科道路设计研究有限公司曾令燚收集整理。

全书由湖南交通职业技术学院夏晓慧教授担任主编,湖南省交通科学研究院有限公司夏春燕和长沙理工检测咨询有限责任公司郭鑫担任副主编,湖南建设投资集团有限公司宁夏元教授级高级工程师担任主审。

本书所附案例均来自工程实际,除"梅子溪中桥施工图设计"单独装订成册外,其他案例采用数字资源包的形式,作为辅助学习资源发送给读者。

可与本教材配套使用的网站

学银在线:https://www.xueyinonline.com/detail/232775754。

学银在线:桥梁构造在线课程

在本书的编写过程中,编者参考引用了国内外大量有关桥梁工程的专著、教材和文献中的信息,难以在参考文献中一一列出,在此,诚挚地向这些专著、教材和期刊文献的作者表示敬意和谢意。

由于编者水平有限,教材中谬误或不当之处在所难免,恳望读者批评指正(意见和建议请发往:32420109@qq.com)。

编　者
2023 年 5 月

CONTENTS | 目录

第三篇　结　构　分　析

111 | 第二章
混凝土简支梁桥计算

PART1 第一篇

总 论

第一章
CHAPTER 1

概　论

第一节　桥梁概述

工程(engineering)是指应用科学知识和实践经验,采用指定材料制造出具备某种功能、满足人类需求的产品的科技与生产活动。土木工程是其分支之一。

土木工程(civil engineering)是以桥梁、道路、房屋等工程设施为研究对象的学科,是建造各类工程设施的科学技术的统称。所谓工程设施,是指由若干构件组成并固定于地面,能为人们提供服务且能安全承受各种作用(荷载)的结构物。土木工程既指工程设施本身,也指与其相关的各种科技活动。

桥梁工程(bridge engineering)是土木工程的一个分支。"桥梁工程"一词通常有两层含义:一是指桥梁建筑的实体;二是指建造桥梁所需的科技知识,包括桥梁的应用基础理论,以及桥梁的规划、设计、施工、运营、管理和养护维修等专门技术知识。

桥梁(bridge)是指供车辆(汽车、列车)和行人等跨越障碍(包括河流、山谷、海湾或其他线路等)的工程建筑物。简而言之,桥梁是跨越障碍的通道。"跨越"一词,突出表现了桥梁不同于其他土木建筑的结构特征。

桥梁服务于线路。从线路(包括公路、铁路或城市道路)的角度来讲,桥梁就是线路在延伸至上述障碍时的跨越部分或连接部分。近年来修建的高速铁路中,为安全通过既有交通路网、人口稠密地区和地质不良路段,大量采用中小跨径的混凝土高架桥梁结构。这类桥梁,可视为高铁轨道系统的支撑结构。

桥梁的结构随着人类社会的发展而不断发展。当原始人类尚不知如何造桥时,人们会利用自然界的物体——天生桥(natural bridge),来帮助他们跨越溪流、山涧和峡谷。例如,天然倒下的树干(梁的雏形)、山体因受自然环境长期侵蚀而形成的拱状物(拱的雏形)、森林里攀缠悬挂的藤萝(索的雏形)等都属于天生桥。人类的生存需求、学习和创造能力会逐渐促使他们在遇到溪流、山涧、峡谷时自己动手建造简陋的桥梁,如汀步桥、圆木桥或独木桥、踏板桥等。汀步桥(step-stonebridge)是沿河道横向间断摆放的高出水面的一连串的石块,以便帮助人们在水流较小时踏石过河。将未经刨削加工的树干搭放在小溪两岸而成的桥,为圆木桥或独木桥(log bridge)。将稍长稍平坦的石板搁放在石堆上,就形成踏板桥(clapper bridge)。这些原始桥(primitive bridge)的共同特点是建桥材料不用加工,搭设简便,使用时间不长。

在人类已能够聚族而居、拥有简单生产劳动工具的时期,桥梁也得到了发展。根据距今6000—6700年的陕西西安半坡村新石器时代半坡遗址的考古发现,在居住区四周有用于防御的宽7～8m、深5～6m的大围沟,当时的居民已开始使用树木搭设房屋,想必也可以搭设方便进出围沟的通道(木梁桥)。在公元前4000年左右,阿尔卑斯地区的史前湖上桩屋,大量采用木桩结构。同一时期,生活在两河流域的苏美尔人开始采用泥砖建造墓穴、宫殿和庙宇等,创造出叠涩拱(corbel arch),即用砖石层层堆叠延伸合龙形成的拱状物,它逐渐演变成今天大家熟知的拱形结构。由此推断,在公元前4000年前后,人类就具备了建造简陋的木桥、石桥和拱形结构的能力。

用木、石等作为建桥材料,古代桥梁经历了几千年漫长的发展历程。从中国远古时代的浮桥到古巴比伦的石墩木梁桥,从古罗马时代的拱桥到中国秦朝的索桥,从欧洲文艺复兴时期的廊桥到18世纪的铁桥,人类创造出了丰富多彩的桥梁遗产。

进入19世纪,钢材和混凝土可大量生产,结构分析和设计方法为工程界所掌握,桥梁工程开始进入现代工业的行列。100多年的现代桥梁史,是伴随着历史的演进和社会的进步而逐渐发展起来的。综观历史可以发现,每当一个国家或地区的经济及基础设施建设发展迅猛,每当陆地交通运输工具和运输方式发生重大变化(如从步行、马车发展到火车、汽车,再从常规公路、铁路发展到高速公路、高速铁路),每当工程材料(从木、石到钢材、混凝土)产生重大进步,就对桥梁在载重、跨径、运营等方面提出新的要求,进而推动了桥梁工程的技术进步。桥梁发展到今天,虽然其基本类型仍是梁桥、拱桥和悬索桥,但设计建造更加先进合理,建筑材料更加坚固耐用,结构形式更加丰富多彩,使用功能更加完备齐全。

在当今社会中,大力发展交通运输事业,建立四通八达的公路、铁路交通网,对促进交流、发展经济、提高国力,具有非常重要的意义。在公路、铁路线路中,桥梁以及涵洞(culvert)是其重要组成部分。首先,从技术的角度来讲,一座重要的特大跨度桥梁通常会集中体现出一个国家在土木工程设计建造、建筑材料和制造工艺等方面的水平。其次,从数量的角度来讲,一条线路中桥涵的长度通常要占到线路总长度的5%～10%(视线路地区而变,对山区线路或高速线路,这一比值会更高。例如,我国目前已建的约2.2万km长的高速铁路中,仅桥梁就有1.1万延米,约占50%)。最后,从建筑美学的角度来讲,桥梁不仅仅是满足跨越通行这一使用功能要求的工程结构物,还常常作为建筑实体长久地存在于社会生活中,那些工程宏大、雄伟壮观的大桥,往往成为一座城市地标性建筑;那些造型别致、建筑精良的中小桥,往往成为人们日常生活中必不可少的通道和景观。21世纪,桥梁已成为跨越承载的工程结构、开放公共的大众建筑、造型多样的人工景观、沟通交流的社会通道。

我国幅员辽阔,大小山脉纵横,江河湖泊众多。至今,我国已建成80万余座公路桥梁,以及约1.1万延米的铁路桥梁。随着国家经济建设的进一步发展,仍需要大力加强包括公路、铁路和城市道路在内的基础设施建设,需要新建与管理养护大量的公路、铁路和城市桥梁。

第二节 桥梁发展概况

在介绍国内外桥梁建筑的历史、现状及发展之前,我们有必要了解按时间划分的古代桥梁、现代桥梁和当代桥梁的主要特征。

古代桥梁(ancient bridge)大致指19世纪中叶以前所修建的桥梁。古代桥梁的设计和施工完全依靠建造者的经验,尚未涉及力学知识的运用。建桥材料以天然的或加工过的木材、石材为主,以及竹索、藤索、铁索、铸铁和锻铁。在桥式方面,有梁、拱和索三大类。当时技术落后,工具简陋,不会修建深水基础,施工周期也长。

现代桥梁(modern bridge)指 19 世纪后期至 20 世纪中期,由工程师使用工程力学、设计规范及桥梁工程知识所兴建的桥梁。19 世纪 20 年代,世界上出现铁路。现代桥梁主要是为适应铁路建设的需要,在 19 世纪后期逐步发展起来的。在铁路发展的初期,建桥材料仍是木材、石材、铸铁和锻铁等。后来,钢材应用占据主导地位。20 世纪初,钢筋混凝土也逐渐受到桥梁界重视,开始用于中、小跨度桥梁。建桥工具得到很大发展,出现了蒸汽机、打桩机、电动工具、风动工具、起重机具、铆钉机等。在深水基础方面,可以施工沉井、压气沉箱和大直径的桩。从 20 世纪 30 年代起,随着汽车工业的发展,公路桥梁也开始大力发展。

当代桥梁(contemporary bridge)在 20 世纪 50 年代左右发展起来的,主要为公路、铁路和城市道路交通服务的桥梁。在材料方面,除常规钢材和钢筋混凝土外,还有预应力混凝土、高强度螺栓、高强钢丝、低合金钢以及其他新型材料。用于桥梁建造的机具和设备有焊接机、张拉千斤顶、振动打桩机、水上平台、大吨位起重机和浮式起重机、钻孔机、架桥机等。在桥梁基础方面,可修建高位承台、大直径打入式斜桩和就地灌注桩、浮运沉井等。现代桥梁在梁桥、拱桥和悬索桥等基本桥式的基础上,发展了许多新桥式和构造,如斜拉桥、梁-拱组合体系、连续刚构桥、箱形梁、结合梁、正交异性钢桥面板、整体节点等;结构设计理论得到改进,逐步从容许应力法向极限状态法发展;结构分析更加注重解决大跨、柔细结构的振动(地震、风振)问题;施工技术和工艺得到重视,出现了不少新的施工方法,如悬臂施工、顶推施工、转体施工、大吨位浮运架设以及大件吊装等。

一、我国桥梁建筑

我国历史文化悠久,是世界文明古国之一。就桥梁而言,我们的祖先在世界桥梁建筑史上曾写下光辉灿烂的一页。随着国家经济建设和交通事业的发展,当代桥梁工作者正在书写桥梁建筑的新篇章。

在隋大业元年(公元 605 年)左右,李春在河北赵县修建了赵州桥(又称安济桥,净跨 37.02m,宽 9m),如图 1-1-1 所示。该桥构思巧妙,造型美观,工艺精致,历 1400 余年而无恙,举世闻名,被誉为"国际土木工程里程碑建筑",为桥梁文物宝库中的精品。

1937 年 9 月建成通车的杭州钱塘江大桥(图 1-1-2),由我国桥梁先驱茅以升先生主持修建,是我国现代桥梁的里程碑式建筑。该桥公铁两用,主跨为 16×65.84m 钢桁梁,采用气压沉箱基础,浮运法架设钢梁。1937 年 12 月,为阻遏日本侵略军进犯,该桥被炸毁,茅以升亲手启动爆炸装置。直至抗战胜利后,1947 年 3 月钱塘江大桥才得以修复。

图 1-1-1　赵州桥(公元 605 年左右)

图 1-1-2　杭州钱塘江大桥

中华人民共和国成立后,桥梁工程事业得到很大发展。在国民经济恢复时期和第一个五年计划期间,迅速修复并加固了不少旧桥,也新建了不少重要大桥。在 20 世纪 50—60 年代,我国修订了一系列桥梁设计规范,编制了桥梁设计标准,逐步培养与建设桥梁工程设计与施工队伍,为桥梁工程的稳步发展创造了有利条件。

1957年,武汉长江大桥建成,如图1-1-3所示。它使中国的南北铁路网连接起来,结束了我国万里长江无桥的状况,标志着我国钢桥技术提高到新的水平。该桥为公铁两用,大桥主桥上部结构采用3联3×128m的连续钢桁架梁,下层为双线铁路,上层为18m宽的公路桥面,全桥总长1670.4m。

1969年,南京长江大桥建成,如图1-1-4所示。该桥是我国自行设计、制造、施工,并采用国产高强钢材的现代化公铁两用桥。南京长江大桥主桥上部结构采用3联3×160m的连续钢桁架梁及1孔128m的简支钢桁架梁,下层为双线铁路,全长6772m;上层公路桥总长4589m。因桥址处水深流急,河床地质极为复杂,基础施工非常困难。该桥的建成,标志着我国钢桥建设技术上了一个新台阶。

图1-1-3 武汉长江大桥

图1-1-4 南京长江大桥

20世纪60—70年代,我国建造的大跨径桥梁多采用钢桁架梁结构,如宜(宾)珙(县)铁路支线上的金沙江大桥(112m+176m+112m的三跨连续钢桁梁,1968年建成)、成(都)昆(明)铁路线金沙江三堆子桥(铁路简支钢桁梁,跨度192m,1969年建成)、枝城大桥(连续钢桁架梁,最大跨度160m,公铁桥面处于同一平面,1971年)、山东北镇黄河公路大桥(4×112m三角形连续钢桁架梁,1972年建成)等。1993年,九江长江大桥(公铁两用桥)建成,该桥主跨采用180m+216m+180m的钢桁架梁加柔性拱,在我国第一次使连续钢梁桥的跨度超过200m。

2000年8月,芜湖长江大桥顺利合龙。它的建成,表明我国已彻底结束长江上火车轮渡的历史。芜湖长江大桥主跨为连续钢桁架梁加低塔斜拉索加劲的组合体系,分跨为180m+312m+180m,其余为连续钢桁架梁,最大跨径为144m,主跨基础采用大直径双壁钢围堰钻孔桩。下层铁路桥全长10.6km,上层公路桥为4车道,宽18m,全长6.08km。芜湖长江大桥体现出钢桥建设的当代水平,除桥型外,还采用钢筋混凝土桥面板与主桁结合的板桁组合结构、厚板焊接整体节点、大尺寸箱形杆件等。

我国大跨径铁路(包括公铁两用)桥梁以桁架梁形式为主。建桥材料主要采用低合金钢,结构的连接从早期的铆接过渡到栓焊连接(指杆件或构件在工厂焊接制造,在工地采用高强度螺栓拼接),施工采用悬臂拼装等方法。20世纪80年代,我国开始研制钢箱梁和正交异性桥面板结构。1982年,在陕西安康建成专用线铁路斜腿刚架桥(主跨176m,居当时世界同类桥梁首位)。经过20年的发展,随着大跨径公路悬索桥、斜拉桥的建设,全焊加劲钢箱梁结构得到广泛应用。进入21世纪后,随着我国高铁的发展,钢桁梁桥在新结构、新材料、新工艺、新设备等方面均取得了长足的进步。

在山区建造悬索桥时,需要克服地形陡峻、地质复杂、交通不便等困难。近年来,在山区建造的几座大跨悬索桥,如四渡河大桥(2009年建成,主跨900m,单跨钢桁加劲梁)、坝陵河大桥(2009年建成,主跨1088m,单跨钢桁加劲梁)、矮寨大桥(2012年建成,主跨1176m,单跨钢桁加劲梁,如图1-1-5所示)等,为山区大跨悬索桥的建设积累了成功的经验。

2012年,世界上首座三塔悬索桥——江苏泰州长江大桥(主跨2×1080m,不等高塔,中塔为钢塔)建成通车。我国建成的同类桥梁还有马鞍山长江大桥(主跨2×1080m,中塔为钢混叠合塔)和武汉鹦鹉洲长江大桥(主跨2×850m,结合梁)。

图 1-1-5　矮寨大桥

自 1978 年我国实行改革开放政策以来,伴随着国家经济的腾飞和陆地交通事业的持续发展,桥梁工程的建设日新月异,桥梁工程也进入了快速发展时期。40 余年来,我国的桥梁事业经历了从小到大、从弱到强、从"学习与追赶"到"提高与紧跟"的成长壮大过程,正在迈入"创新与引领"的新时期。

二、国外桥梁建筑

如同中国桥梁建筑一样,国外的古代桥梁以木、石为建筑材料,建造梁桥、浮桥、拱桥等。直至 18 世纪,才开始采用铸铁、锻铁建造桥梁。

古罗马时代修建了不少渡槽,其中最著名的是法国嘉德(Gard)水道桥。该桥建于公元前 167—158 年,呈三层半圆拱结构,最大跨径 24m;建成后约 400 年,桥两端因战争被破坏,1670 年重建。

随着冶炼业的发展,18 世纪中期开始采用铸铁建造桥梁。由于铸铁性脆,受拉强度低而受压强度高,铸铁主要是用于修建拱桥。

19 世纪初,开始使用锻铁建造悬索桥、梁桥和拱桥,并一直延续到 19 世纪末。

19 世纪中期,钢材问世,静定钢桁架梁桥、拱桥以及悬索桥的内力分析方法逐步被工程界所掌握,各种大跨度钢桥应运而生。

20 世纪初期至 20 世纪中期,结构力学的弹性内力分析方法普遍用于超静定结构的桥梁设计,这为钢梁、钢拱和悬索桥等桥式向前所未有的跨度发展奠定了科学基础。1916 年,美国纽约建成 Hell Gate 桥(钢桁架拱,主跨 298m,四线重载铁路,道砟桥面);1916 年,美国在俄亥俄州建成 Sciotoville 铁路桥(连续钢桁架梁,跨度 236.3m);1917 年,美国在伊利诺伊州建成 Metropolis 桥(简支钢桁架梁,跨度 219.5m)。1918 年,加拿大采用 Corbel 桁架建成魁北克铁路桥(Quebec Bridge,主跨 548.6m)。已建成的具有代表性的公路桥有美国 Bayonne 桥(1931 年建成,钢桁架拱,主跨 503.6m)、澳大利亚悉尼港大桥(Sydney Harbor Bridge,1932 年建成,钢桁架拱,主跨 503m)、美国纽约乔治·华盛顿大桥(George Washington Bridge,1931 年建成,跨度 1066.8m,世界上第一座跨度超过 1000m 的悬索桥)、旧金山金门大桥(Golden Gate Bridge,1937 年建成,跨度 1280m)、印度豪拉大桥(Howrah Bridge,钢悬臂梁,主跨 457.2m,1943 年建成)等。

在 19 世纪初期,混凝土材料就开始在拱桥中得到应用,如法国 1824 年建成的 Souillac 桥(跨度 7×22m)。在 19 世纪中后期,钢筋混凝土材料逐渐受到桥梁界重视,被用于拱桥和梁桥。在 20 世纪上半叶,钢筋混凝土拱桥的跨度纪录不断被刷新,从 20 世纪初的 50m(法国 Hogues 桥,1900 年建成),到 20 世纪 40 年代的 264m(瑞典 Sand 桥,1943 年建成)。这一时期的著名桥梁有瑞士 Salginatobel 桥(三铰混凝土拱,主跨 90m,1930 年建成)、法国 Plougastel 桥(主跨 3×188m,1930 年建成)、西班牙 Elsa 铁路桥(跨度210m,首次采用劲性骨架,1942年建成)等。最早的钢筋混凝土梁桥是1875年法国建成的Chazelet桥,跨径13.8m。由于受制于材料性能和自重,钢筋混凝土梁的跨度发展不大,主要用于中小跨度桥。

从20世纪50年代至今,随着公路和城市桥梁的大量兴建,桥梁科技的迅猛发展,新型桥式的广泛采用,施工方法的不断改进等,各种桥型的跨度纪录一再被刷新,世界桥梁工程取得长足进步。

日本的本州—四国联络线中,修建了一批千米级的悬索桥,如下津井濑户大桥(主跨940m,1988年建成)、南备赞濑户大桥(主跨1100m,1988年建成)、北备赞濑户大桥(主跨990m,1988年建成)、来岛第二大桥(主跨1020m,1999年建成)、来岛第三大桥(主跨1030m,1999年建成)等。20世纪90年代,引人注目的大跨度悬索桥是丹麦的大贝尔特桥(Greatbslt)和日本的明石海峡大桥(Akashi Kaikyo)。大贝尔特桥主跨长1624m,边跨长535m,塔高254m。明石海峡大桥是目前世界上跨径最大的悬索桥,达到创纪录的1991m。该桥塔高280m,桥面宽35m,设6车道;两根大缆的直径为1.222m。1998年这两桥的顺利开通,为20世纪的桥梁工程建设添上了浓墨重彩的一笔。

三、桥梁工程展望

从1890年英国建成的福思铁路桥起,现代桥梁已有130余年的发展历程。人类对陆地交通的不断需求以及科学与技术的不断进步是桥梁工程得以发展的强大动力。20世纪后期,世界各国通过对结构形式、工程材料、设计理论、施工设备、制造工艺等的不断研究与创新,使桥梁工程取得了长足的技术进步。纵观国内外桥梁40余年的发展情况,21世纪的桥梁建设具有以下几个特点。

1.桥跨结构继续向大跨发展

在具有一定承载能力条件下,跨越能力仍然是反映桥梁技术水平的主要指标,为避免修建或少建深水桥墩,加大通航能力,悬索桥、斜拉桥等桥式的跨度纪录一再被打破。一方面,为适应陆地交通发展,需要建造跨越能力更大的桥梁;另一方面,建造前所未有的大跨度桥梁,需要渊博的技术知识、卓越的才能和创造性的勇气,这也是对自然和人类自身的挑战,因此具有极大的吸引力。悬索桥的主跨从19世纪末期的500m左右增大到20世纪末期的近2000m,而斜拉桥的主跨从20世纪50年代的200m左右增大到21世纪初期的1100m左右。目前,世界主要已建的悬索桥、斜拉桥、混凝土拱桥、钢拱桥、预应力混凝土梁桥按跨径排序见表1-1-1~表1-1-5。

目前世界主要已建的悬索桥　　　　　　　　　　　表1-1-1

排序	桥名	主跨 (m)	桥址	建成时间 (年)
1	明石海峡大桥(Akashi-Kaikyo)	1991	日本	1998
2	西堠门大桥	1650	中国	2008
3	大贝尔特东桥(Great Belt East)	1624	丹麦	1997
4	李舜臣大桥(Yi Sun-sin)	1545	韩国	2012
5	润扬长江大桥	1490	中国	2005
6	南京栖霞山长江大桥	1418	中国	2012
7	亨伯尔桥(Humber)	1410	英国	1981
8	江阴长江公路大桥	1385	中国	1999
9	青马大桥	1377	中国	1998
10	哈当厄尔大桥(Hardanger)	1310	挪威	2013
11	维拉扎诺桥(Verrazano-Narrows Bridge)	1298	美国	1964
12	金门大桥(Golden Gate)	1280	美国	1937
13	武汉阳逻长江大桥	1280	中国	2007

排序	桥名	主跨 （m）	桥址	建成时间 （年）
14	霍加大桥（Hoga Kusten）	1210	瑞典	1997
15	矮寨大桥	1176	中国	2012
16	麦基诺大桥（Mackinac）	1158	美国	1957
17	蔚山大桥（Ulsan）	1150	韩国	2015
18	珠江黄埔大桥	1108	中国	2008
19	南备赞濑户大桥（Minami Bisan-seto）	1100	日本	1988
20	法提赫苏丹穆罕默德桥（Fatih Sultan-Mehmet）	1090	土耳其	1988
21	坝陵河大桥	1088	中国	2009
22	泰州长江大桥	1080	中国	2012
22	马鞍山长江大桥	1080	中国	2013
24	博斯普鲁斯桥（Bosporus）	1074	土耳其	1973
25	乔治·华盛顿桥（George Washington）	1067	美国	1931
26	来岛 3 号桥（Kurshima-3）	1030	日本	1999
27	来岛 2 号桥（Kurshima-2）	1020	日本	1999
28	塔盖司桥（Tagus）	1013	葡萄牙	1966
29	福斯道路桥（Forth Road）	1006	英国	1964
30	北备赞濑户大桥（Kita Bisan-seto）	990	日本	1988
31	塞文桥（Severn）	988	英国	1966
32	宜昌长江大桥	960	中国	2001
33	下津井濑户大桥（Shimotsui-seto）	940	日本	1988
34	西陵峡大桥	900	中国	1996
34	四渡河大桥	900	中国	2009
36	虎门大桥	888	中国	1997
37	大鸣门大桥（Ohnaruto）	876	日本	1985

目前世界主要已建的斜拉桥　　　　　　　　　　　　　表 1-1-2

排序	桥名	主跨 （m）	桥址	建成时间 （年）	形式
1	俄罗斯岛大桥（Russky）	1104	俄罗斯	2012	S
2	苏通长江大桥	1088	中国	2008	S
3	昂船洲大桥	1018	中国	2009	H
4	鄂东大桥	926	中国	2010	H
5	多多罗桥（Tatara）	890	日本	1998	H
6	诺曼底桥（Pont de Normandie）	856	法国	1995	H
7	九江长江大桥	818	中国	2013	H
8	荆岳长江公路大桥	816	中国	2010	H
9	仁川大桥（Incheon）	800	韩国	2009	S
10	厦漳跨海大桥	780	中国	2013	S
11	金角湾大桥（Zolotoy）	737	俄罗斯	2011	S
12	上海长江大桥	730	中国	2009	H
13	闵浦大桥	708	中国	2010	H&C

排序	桥名	主跨 (m)	桥址	建成时间 (年)	形式
14	江顺大桥	700	中国	2015	H
15	象山港大桥	688	中国	2015	S
16	琅岐闽江大桥	680	中国	2013	S
17	南京长江三桥	648	中国	2005	S
18	新鸭绿江大桥	636	鸭绿江,中国—朝鲜	2015	S
19	铜陵长江公铁大桥	630	中国	2015	S
20	南京长江二桥	628	中国	2001	H
21	金塘大桥	620	中国	2009	S
22	白沙洲大桥(武汉三桥)	618	中国	2000	H
23	武汉二七长江大桥	616	中国	2011	C
24	永川长江大桥	608	中国	2014	H
25	青州闽江大桥	605	中国	2001	C
26	上海杨浦大桥	602	中国	1993	C
27	上海徐浦大桥	590	中国	1997	H
28	中央名港大桥(Meiko-Chuo)	590	日本	1998	S
29	桃夭门大桥	580	中国	2003	H
30	安庆长江铁路大桥	580	中国	2014	S
31	黄冈长江大桥	567	中国	2013	S
32	里翁—安提里翁大桥(Rio-Antirio)	560	希腊	2004	C
33	芹苴桥(Can Tho)	550	越南	2010	P. C.

注:H 表示混合(Hybrid);C 表示复合(Composite);P. C. 表示预应力混凝土(Prestressed Concrete);S 表示钢(Steel)。

目前世界主要已建的混凝土拱桥
表 1-1-3

排序	桥名	主跨 (m)	桥址	建成时间 (年)
1	万州长江大桥	420	中国	1997
2	克尔克 1 号桥(Krk-1)	390	南斯拉夫	1980
3	昭化嘉陵江大桥	364	中国	2012
4	江界河大桥	330	中国	1995
5	胡佛大桥	323	美国	2010
6	邕江大桥	312	中国	1997
7	格莱兹维尔桥(Gladesville)	300	澳大利亚	1964
8	艾米赞德桥(Ponte da Amizade)	290	巴拉那河(Parana River),巴西—巴拉圭	1964
9	亨里克桥(Infante D. Henrique)	280	葡萄牙	2002
10	布洛克兰斯桥(Bloukrans)	272	南非	1984
11	阿拉比达桥(Airabida)	270	葡萄牙	1963
	(Forschgrundsee Viaduct)	270	德国	2010
	(Griimpen Viaduct)	270	德国	2011
14	富士川町桥(Fujikawa Bridge)	265	日本	2005
15	山多桥(Sando)	264	瑞典	1943

目前世界主要已建的钢拱桥　　　　　　　　　　　　　表 1-1-4

排序	桥名	主跨（m）	桥址	建成时间（年）
1	朝天门大桥	552	中国	2009
2	卢浦大桥	550	中国	2003
3	新河谷大桥（New River Gorge Bridge）	518	美国	1977
4	波司登大桥	512	中国	2012
5	贝云桥（Bayonne Bridge）	504	美国	1931
6	悉尼港湾大桥（Sydney Harbour Bridge）	503	澳大利亚	1932
7	巫山大桥	460	中国	2005
8	肇庆西江大桥	450	中国	2014
9	明州大桥	450	中国	2011
10	支井河特大桥	460	中国	2009
11	新光大桥	428	中国	2008
12	菜园坝大桥	420	中国	2007
13	大宁河大桥	400	中国	2010
13	莲城大桥	400	中国	2007
15	佛利蒙大桥（Fremont Bridge）	382	美国	1973

目前世界主要已建的预应力混凝土梁桥　　　　　　　表 1-1-5

排序	桥名	主跨（m）	桥址	建成时间（年）
1	斯托尔马桥（Stolma）	301	挪威	1998
2	拉脱圣德桥（Raftsundet）	298	挪威	1998
2	桑德桥（Sunday）	298	挪威	2003
4	虎门辅航道桥	270	中国	1997
5	苏通大桥辅航道桥	268	中国	2007
6	瓦罗德 2 号桥（Vajodd-2）	260	挪威	1994
6	门道桥（Gateway）	260	澳大利亚	1986
8	奥波托桥（Oporto）	250	葡萄牙	1991
8	诺日姆伯兰海峡桥（Northum Berland Strait Crossing）	250（43 孔）	加拿大	1998
8	斯克夏桥（Skye）	250	英国	1995
8	黄花园嘉陵江大桥	250	中国	1999
12	滨名大桥（Hamana）	240	日本	1976
13	彦岛大桥（Hikoshima）	236	日本	1975
14	诺达尔斯弗乔德桥（Norddalsfjord）	230	挪威	1987

　　修建跨海(湾、峡)桥是促使桥梁向大跨度发展的重要因素之一。意大利墨西拿(Messina)海峡悬索桥方案,跨度达到3300m。印度尼西亚拟在巽他海峡修建长为27km的跨海大桥,采用跨度约3000m的悬索桥跨越主航道。挪威计划在斯图尔峡湾建造跨度2300m的悬索桥。日本筹划修建的第二国土轴工程(太平洋沿岸高速公路)包括6个跨海峡桥梁工程,其中跨越纪淡海峡大桥的跨度2500~3000m,而跨越丰予海峡及津轻海峡的悬索桥方案的跨度在3000m以上。在我国,21世纪的陆地交通工程有更大规模的发展,需要修建一系列跨海工程和连岛工程。根据国道主干线系统布局规划,自黑龙江省同江

市至海南省三亚市的一条南北向干线将依次跨越渤海湾、长江口、杭州湾、珠江口和琼州海峡，这就需要建造大跨度、大规模的跨海通道（桥梁或隧道或桥隧结合）。

2.新桥设计理论与旧桥评估理论更趋完善

桥梁设计理论是桥梁工程建设的基石。随着桥跨的增加、建桥环境的变化（如海洋环境、艰险山区环境等）、结构体系的多样和复杂，桥梁设计会面临许多新的课题和难题，需要适应桥梁发展的需要，进一步开展设计理论研究，完善设计规范。

20世纪70年代以来，国际上开始逐步采用以结构可靠性理论为基础，用分项系数表达的概率极限状态设计法，如欧洲结构规范EUROCODE、美国桥梁规范AASHTO、加拿大桥梁规范CAN/CSA-S6等。与过去采用的容许应力设计和破坏强度设计等方法相比，概率极限状态设计法更趋完善和合理。我国公路桥梁已从1985年开始采用概率极限状态法进行结构设计，从2004年起，逐步颁布了一系列设计规范。

桥梁工程的发展大致要经历以下三个阶段，即以新建为主的阶段、新建与养护维修并重的阶段、以养护维修和加固改造为主的阶段。由于不利的环境影响、结构的自然老化、车辆荷载的增加以及养护维修的不足，一部分桥梁不可避免地出现各种结构损伤。这导致结构的承载能力和耐久性能降低，运营状况不能完全满足规定。截至2010年，我国公路存在危桥约9.3万座，占当时桥梁总数的14.1%。如何评估既有桥梁的运营条件和承载能力，如何对已损伤桥梁进行修复加固，是保证线路安全畅通亟待解决的重要问题。

自20世纪80年代起，在一些工业发达国家，桥梁工程的重心已逐步转移到其养护维修、监测监控、鉴定评估和加固改造方面。在公路桥梁方面，美国、英国、加拿大等国家先后颁布了基于结构可靠性理论的评估规范。近年来，我国在《公路桥涵养护规范》（JTG 5120—2021）的基础上，又相继颁布了公路桥梁技术状况和承载力评定、加固设计和施工等一系列标准和规范。

开展旧桥评估理论和技术的研究与实践主要包括两个方面的作用：一方面，对准确评估桥梁的承载能力、尽量延长桥梁的使用寿命和减少加固替换的高额费用，具有明显的技术意义和经济意义；另一方面，可针对旧桥暴露的问题，更新设计理念，完善设计理论和方法。今后的设计规范应在安全、适用、经济、美观的原则基础上，基于全寿命设计思想，考虑桥梁的耐久性，满足环保要求，逐步推动桥梁工程的可持续性发展。

3.建桥材料向高强、轻质、多功能方向发展

材料科学的进步是推动桥梁工程发展的重要动力之一。当代桥梁向大跨度发展的趋势，对建桥材料提出了高强、轻质和多功能的更高要求。

在材料强度方面，世界各国都很注重提高建桥材料的强度。国外高强钢的屈服强度标准值达到960MPa。我国在建设九江长江大桥时，发展了15MnVNq钢；芜湖长江大桥采用的是14MnNbq新钢种，其抗拉强度在550～600MPa。近年来，我国颁布的低合金高强度结构钢标准中，列入的强度等级已提升到690MPa。预应力钢筋则是往大直径、高强度、低松弛、耐腐蚀、与混凝土黏结力高、拼接便利的方向发展。目前，国外高强钢筋的最大直径约为44mm，抗拉强度为1350MPa；我国预应力钢筋的最大直径为32mm，抗拉强度为930MPa。高强度、低松弛钢丝及钢绞线在桥梁工程中的应用日益广泛。为满足斜拉桥斜拉索和悬索桥主缆的需要，美国、德国、英国、日本等国家开发了4～9mm的高强镀锌钢丝，其强度为1550～2000MPa。高强混凝土具有抗压强度高、抗冲击性能好、耐久性强等优点。将其应用于桥梁结构，既能减小梁高，又能减轻梁体自重而增大跨度。目前，我国已采用C80混凝土，国外已制成C200混凝土。

轻质材料的应用对减轻结构重力、增加桥梁跨越能力有明显作用。轻质混凝土（密度在1.6～2.0t/m³）在国外桥梁上时有应用，而在我国桥梁中的应用才刚刚起步。另外，专用于航天工业的高强度

轻质铝合金等也得到桥梁工程界的重视和研究,有些已在国外军用桥上得到应用。这些材料的特点是重量轻、刚度大、热膨胀系数低、耐疲劳、抗腐蚀等。

在钢材的功能方面,抗腐蚀性能好、结构表面不需要油漆的耐候钢(weathering steel)逐步得到应用。早在20世纪70年代,美国就在桥梁工程上应用耐候钢。1991年我国采用武钢生产的耐候钢,在京广线巡司河上建成第一座耐候钢桥。在国外,高性能钢(high performance steel)的种类及其应用也在逐步增加,它不仅保持了较高的强度,而且在材料的抗腐蚀和耐候性能、可焊性、抗脆断和疲劳性能等方面都比传统钢材有显著的提高和改善。其他具备多功能的钢材有按热力控制加工生产的高质量、高强度的厚钢板(该钢材在40～100mm厚度内不需要降低标准设计强度),以及能大幅度减轻焊接时预热作业的抗裂钢、抗层裂钢、变厚度钢、波纹钢板(用于结合梁桥的腹板)、树脂复合型减振钢板等。

在混凝土方面,具有高强、早强、缓凝、微膨胀、不离析、自密实等性能的混凝土得到了广泛应用;通过掺入高效减水剂及活性矿物掺合料,混凝土的耐久性得到一定改善。

纤维增强复合材料(Fibre Reinforced Polymer,FRP)起源于20世纪70年代。近几十年来,FRP在桥梁工程领域的应用越来越广泛。FRP具有高强、轻质、耐腐蚀、易维护等显著优点,但对其耐久性、蠕变和疲劳、构件连接性能、设计理论等还需继续开展研究。1993年,加拿大将FRP预应力钢绞线用于Beddington试验桥;1996年,瑞典首次将FRP拉索用于一座悬索桥。20世纪90年代以来,采用FRP桥面板与钢梁或钢筋混凝土梁组合的桥梁结构在中国、美国等国家得到应用。在桥梁工程中,将FRP短纤维加入混凝土中,可大大提高混凝土的抗裂性、延性和承载力;FRP片材(板或布)可粘贴于钢或混凝土结构表面,用于旧桥的加固补强;在新桥建造中,FRP棒材(筋和索)可用来替代钢筋和预应力索,FRP夹层结构和蜂窝板可用作桥面板。对抗腐蚀、耐久性要求高的桥面板,采用FRP筋(也包括FRP夹层结构和蜂窝板)可大大减少日常维护费用和改造维修费用。

4.信息技术在桥梁工程中的应用更趋广泛

进入21世纪,随着信息技术和智能材料的广泛应用,桥梁结构会变得"灵敏"和"智能",其设计、施工和管理也将更为科学、合理。

在规划和设计方面,可以通过快速仿真分析,优化设计并逼真演示桥梁功能,为决策提供可靠依据。

在建造方面,可以采用智能化制造系统加工结构构件,采用遥控技术进行施工控制和管理,采用卫星定位技术进行定位与测量,采用机器人技术进行结构整体安装或复杂环境下的施工等。

在健康监测和管理方面,以可综合应用计算机技术(网络及数据库,图像图形技术)、人工智能技术、传感器技术及计算数学、有限元分析等多学科,建立一套桥梁设计、施工及养护维修的科学评价体系(包括施工控制、运营状态监测、损伤诊断及评估、预警和养护对策等),实时掌握桥梁的健康状况。例如,通过在桥上装配智能传感系统,就可以感知风力、气温等天气状况,并随时获取桥梁的交通状况;通过智能传感器,可随时监测结构的受力行为,预判潜在危险(如应力超限、疲劳裂纹扩展等)并及时发出预警。

5.日益重视桥梁美学、建筑造型和景观设计

桥梁作为建筑实体,除向社会大众提供使用功能外,还需要体现建筑美学的要求。在历史上,许多著名的桥梁建筑(如旧金山海湾大桥、悉尼港湾大桥、武汉长江大桥等)以其宏大的气势和特色造型,成为城市或地区的象征。

随着国家经济的持续发展、大众审美要求的提高以及社会不断增强的自我标志意识,桥梁建筑设计理念逐步改变。桥梁作为可定量计算分析的设计产品,其建设一直是工程师起主导作用。随着设计学科之间的交叉,将有更多的建筑师、艺术家、景观和环境方面的专家参与到桥梁设计中来,通过设计合作,把技术(涵盖材料、结构、施工等方面)与美学、造型和景观密切地联系起来,共同创造出既保证安全适用,又体现美学魅力的桥。

概括地讲,桥梁建设的基本目标是安全、适用、经济、美观。针对我国近几十年来的桥梁状况,需要更多地关注桥梁耐久性能和环保性能。围绕这一基本目标,桥梁技术的发展应表现在以下几方面:具有较大的跨越能力、承载能力和良好的耐久性能;车辆能安全运行于桥上并使旅客有舒适感;追求经济效益,力图降低造价;结构造型优美并能较好地与周边环境相协调。

今后,我国桥梁的发展方向大致有以下几方面:

(1)发展大跨度桥梁,进一步研究与之相关的动力和稳定等问题。

(2)研究超长跨海(湾、峡)桥的设计、施工和耐久、环保技术。

(3)开发中小跨度钢桥、混凝土桥和结合梁桥的新的截面形式,完善桥梁的标准设计。

(4)注重施工技术的发展,提高桥梁建造的机械化、自动化、大型化水平。

(5)广泛采用以极限状态法和可靠性理论为基础的方法指导桥梁设计与评估。

(6)更多地将高强轻质材料和新型材料应用于桥梁工程。

(7)建立和完善桥梁健康监测与管理系统,提高既有桥梁的养护、评估和加固水平。

(8)开展桥梁美学、建筑造型和景观设计的系统研究。

(9)开展桥梁设计与施工风险评估研究,提高桥梁安全水平。

第三节 桥梁组成和分类

一、桥梁的组成

概括地说,桥梁由四个基本部分组成,即上部结构(superstructure)、下部结构(substructure)、支座(bearing)和附属设施(accessory)。图1-1-6为梁式桥概貌。

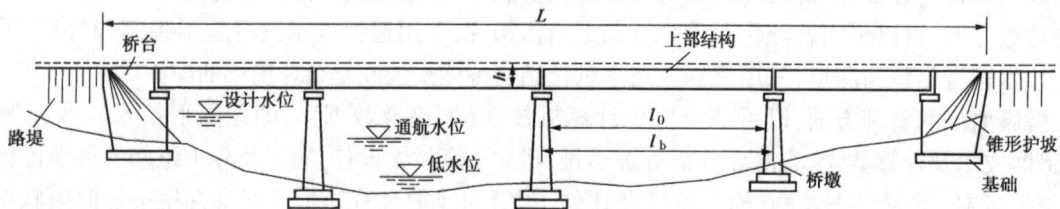

图1-1-6 梁式桥概貌

涉及一般桥梁工程的几个主要名词解释如下:

上部结构是在线路中断时跨越障碍的主要承重结构,是桥梁支座以上(无铰拱起拱线或刚架主梁底线以上)跨越桥孔的总称。当跨度越大时,上部结构的构造也越复杂,施工难度也相应增加。

下部结构包括桥墩(pier)、桥台(abutment)和基础(foundation)。通常,设置在桥两端的部分称为桥台,设置在桥中间的部分称为桥墩。桥墩和桥台是支承上部结构并将其传来的恒载和车辆等活载再传至基础的结构物。桥台除了上述作用外,还与路堤相衔接,并抵御路堤土压力,防止路堤填土的坍落。单孔桥只有两端的桥台,而没有中间的桥墩。桥墩和桥台底部的奠基部分,称为基础。基础承担了从桥墩和桥台传来的全部荷载,这些荷载包括竖向荷载以及由地震、船舶撞击墩身等引起的水平荷载。由于基础往往深埋于水下地基中,在桥梁施工中是难度较大的一个部分,也是影响桥梁安全的关键之一。

支座是指设在墩(台)顶,用于支承上部结构的传力装置。支座不仅要传递很大的荷载,而且要保证上部结构按设计要求能产生一定的变位。

桥梁的基本附属设施,包括桥面系(bridge decking)、伸缩缝(expansion joint)、桥梁与路堤衔接处的桥头搭板(transition slab at bridge head)和锥形护坡(conical slope)等。

河流中的水位是变动的。枯水季节的最低水位称为低水位(low water level)。洪峰季节河流中的最高水位称为高水位(high water level)。桥梁设计中按规定的设计洪水频率计算所得的高水位(很多情况下是推算水位),称为设计水位(designed water level)。在各级航道中,能保持船舶正常航行时的水位,称为通航水位(navigable water level)。

下面介绍一些与桥梁布置有关的主要尺寸和名词术语。

净跨径(clear span):对于设支座的桥梁,是指在设计水位线上相邻两墩、台身顶内缘之间的水平净距;对于不设支座的桥梁,是指上、下部结构相交处内缘间的水平净距;用 l_0 表示(图 1-1-6 和图 1-1-7)。

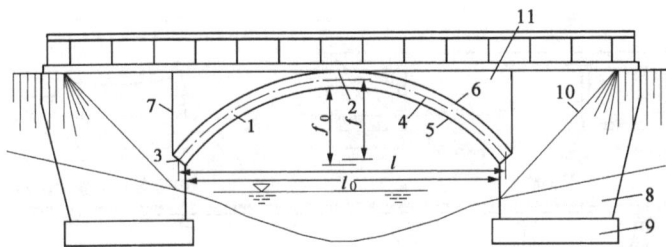

图 1-1-7　拱式桥概貌

1-拱圈;2-拱顶;3-拱脚;4-拱轴线;5-拱腹;6-拱背;7-变形缝;8-桥台;9-基础;10-锥坡;11-拱上结构

总跨径(total span)是指多孔桥梁中各孔净跨径的总和($\sum L_0$),它反映了桥下宣泄洪水的能力。

计算跨径(computed span):对于设支座的桥梁,是指相邻支座中心的水平距离;对于不设支座的桥梁(如拱桥、刚构桥等),是指上、下部结构的相交面之中心间的水平距离;用 l 表示,桥梁结构的力学计算是以 l 为准的。

标准跨径(standard span):对于梁式桥、板式桥,以两桥墩中线之间桥中心线长度或桥墩中线与桥台台背前缘线之间桥中心线长度为准;对于拱式桥和涵洞,则以净跨径为准;用 L_k 表示。

桥梁全长(total length of bridge)(简称桥长):对于有桥台的桥梁,是指两岸桥台翼墙尾端间的距离;对于无桥台的桥梁,是指桥面系行车道长度;用 L 表示。

桥下净空(clearance of span)是指为满足通航(或行车、行人)的需要和保证桥梁安全而对上部结构底缘以下规定的空间界限。

桥梁建筑高度(construction height of bridge)是上部结构底缘至桥面顶面的垂直距离(图 1-1-6 中的 h),线路定线中所确定的桥面高程与通航(桥下通车、人)净空界限顶部高程之差,称为容许建筑高度(allowable construction height)。显然,桥梁建筑高度不得大于容许建筑高度。为控制桥梁建筑高度,可以通过在桥面以上布置结构(如斜拉桥、悬索桥和中、下承式拱桥等)的方式加以解决。

桥面净空(clearance above bridge floor)是桥梁行车道、人行道上方应保持的空间界限。公路、铁路和城市桥梁对桥面净空都有相应的规定。

二、桥梁的分类

1.桥梁按受力体系分类

按照受力体系分类,桥梁有梁、拱、索三大基本体系。其中,梁桥以受弯为主,拱桥以受压为主,悬索桥以受拉为主。另外,由上述三大基本体系相互组合,派生出在受力上也具有组合特征的多种桥型,如刚架桥和斜拉桥等。下面分别阐述各种桥梁体系的主要特点。

（1）梁式桥

梁式桥（beam bridge）（简称梁桥）是一种在竖向荷载作用下无水平反力的结构［图1-1-8a)、b)］,由于外力（恒载和活载）的作用方向与承重结构的轴线接近垂直，因而与同样跨径的其他结构体系相比，梁桥内产生的弯矩最大，通常需用抗弯、抗拉能力强的材料或结构（如钢、配筋混凝土、钢-混凝土组合结构等）来建造。对于中、小跨径桥梁，目前在公路上应用最广泛的是标准跨径的钢筋混凝土简支梁桥，其施工方法有预制装配和现浇两种。这种梁桥的特点是结构简单，施工方便。简支梁对地基承载力的要求也不高，其常用跨径在25m以下。当跨径较大时，需采用预应力混凝土简支梁桥，但跨径一般不超过50m。为了改善受力条件和使用性能，地质条件较好时，对于中、小跨径梁桥，均可修建连续梁桥，如图1-1-8c)所示;对于很大跨径的大桥和特大桥，可采用预应力混凝土梁桥、钢桥和钢-混凝土组合梁桥，如图1-1-8d)、e)所示。

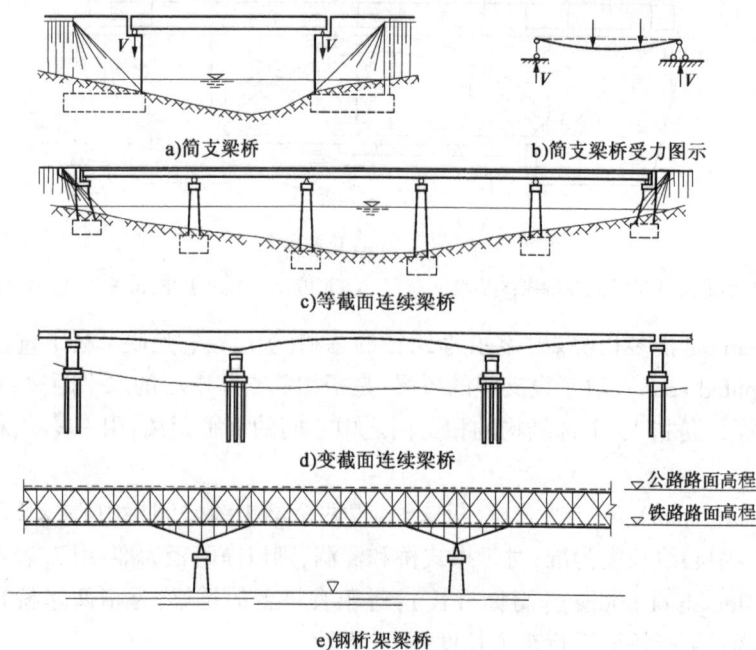

a)简支梁桥　　　　　　　b)简支梁桥受力图示

c)等截面连续梁桥

d)变截面连续梁桥

▽公路路面高程

▽铁路路面高程

e)钢桁架梁桥

图1-1-8　梁式桥

（2）拱式桥

拱式桥（arch bridge）（以下简称拱桥）的主要承重结构是拱圈或拱肋。拱圈横截面设计成分离形式时称为拱肋。拱结构在竖向荷载作用下，桥墩和桥台将承受水平推力，如图1-1-9b)所示。同时，根据作用力和反作用力原理，墩台向拱圈或拱肋提供一对水平反力，这种水平反力将大大抵消在拱圈或拱肋内由荷载所引起的弯矩。因此，与同跨径的梁相比，拱的弯矩、剪力和变形都要小得多。鉴于拱桥的承重结构以受压为主，通常可用抗压能力强的圬工材料（如砖、石、混凝土）和钢筋混凝土等来建造。

拱桥不仅跨越能力很大，而且外形酷似彩虹卧波，十分美观，在条件许可的情况下，修建拱桥往往是经济合理的，一般在跨径500m以内均可作为比选方案。

应当注意的是，为了确保拱桥的安全，下部结构和地基（特别是桥台）必须能经受住很大的水平推力作用（系杆拱桥除外）。此外，与梁式桥不同，由于拱圈或拱肋在合龙前自身不能维持平衡，拱桥在施工过程中的难度和危险性要远大于梁式桥。对于特大跨径拱桥，也可建成钢桥或钢-混凝土组合截面的拱桥，由自重较轻但强度很高的钢拱首先合龙并承担施工荷载，这样可以降低其施工的难度和风险。

在地基条件不适合于修建具有很大推力的拱桥的情况下，也可建造水平推力由受拉系杆来承受的系杆拱桥，系杆可由钢、预应力混凝土或高强度钢筋做成，如图1-1-9d)所示。近年来发展了一种所谓

"飞燕式"三跨自锚式微小推力拱桥[图1-1-9e)],即在边跨的两端施加强大的水平预加力 H,通过边跨梁传至拱脚,以抵消主跨拱脚处巨大的水平推力。

按照行车道处于主拱圈的不同位置,拱桥分为上承式拱、中承式拱和下承式拱三种,分别如图1-1-9a)、c)、d)所示。"承"代表承受车辆荷载的位置,即行车道位置;"上""中""下"分别代表车道位置位于主拱圈的上部、中部和下部。

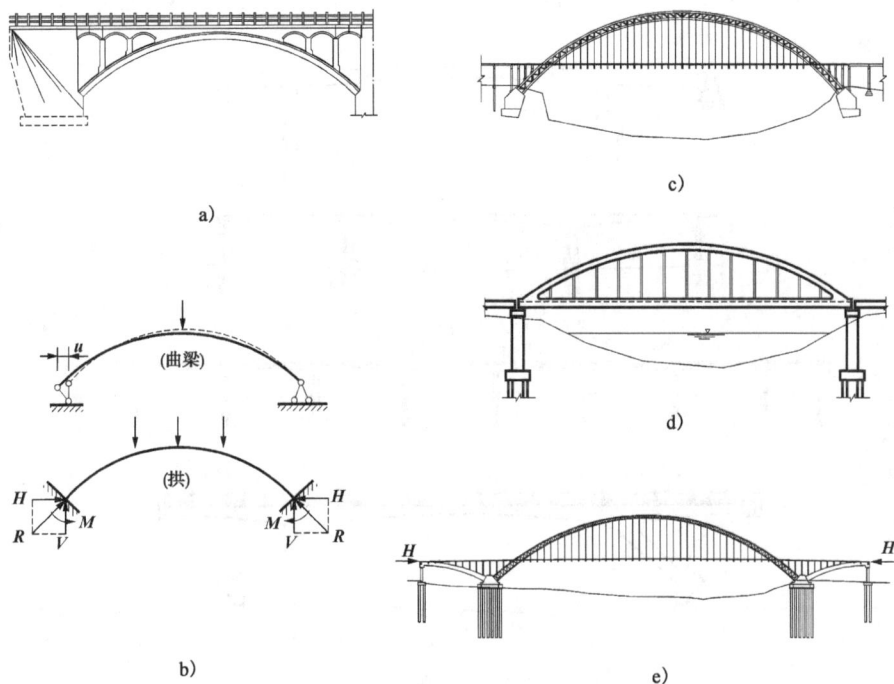

图 1-1-9　拱式桥

(3)刚构桥

刚构桥(rigid frame bridge)的主要承重结构是梁(板)与立柱(竖墙)整体结合在一起的刚架结构,梁(板)和立柱(竖墙)的连接处具有很大的刚性,以承担负弯矩的作用。图1-1-10a)所示的门式刚构桥,在竖向荷载作用下,柱脚处具有水平反作用力,梁部主要受弯,但弯矩值较同跨径的简支梁小,梁内还有轴压力 H,因而其受力状态介于梁桥与拱桥之间[图1-1-10b)],刚构桥跨中的建筑高度就可做得较小。但普通钢筋混凝土修建的刚构桥在梁柱刚架结构处较易产生裂缝,需在该处多配钢筋。另外,门式刚构桥在温度变化时,内部易产生较大的附加内力,应引起重视。

如图1-1-10c)所示的 T 形刚构桥(带挂孔的或不带挂孔的)是修建较大跨径混凝土桥梁曾采用的桥型,属静定或低次超静定结构。对于这种桥型,由于 T 形刚构桥的长悬臂处于一种不受约束的自由变形状态,在车辆荷载作用下,悬臂内的弯、扭应力均较大,因此,各个方向均易产生裂缝。另外,由于受混凝土徐变影响,悬臂端会产生一定的下挠,从而在悬臂端部和挂梁的结合处形成一个折角,不仅损坏了伸缩缝,而且车辆在此跳车,给悬臂带来附加冲击力,既对行车舒适有影响,又对桥梁受力不利。目前这种桥型已较少采用。

如图1-1-10d)所示的连续刚构桥,属于多次超静定结构,在设计中一般应减小墩柱顶端的水平抗推刚度,使得在温度变化下结构内不致产生较大的附加内力。对于很长的连续刚构桥,为了降低这种附加内力,往往在两侧的一个或数个边跨上设置滑动支座,从而形成图1-1-10e)所示的刚构-连续组合体系桥型。

当跨越陡峭河岸和深谷时,修建斜腿式刚构桥往往既经济合理又造型轻巧美观,如图1-1-10f)所示。由于斜腿墩柱置于岸坡上,有较大斜角,中跨梁内的轴压力也很大,斜腿式刚构桥的跨越能力比门式刚构桥要大得多,且施工难度较大。

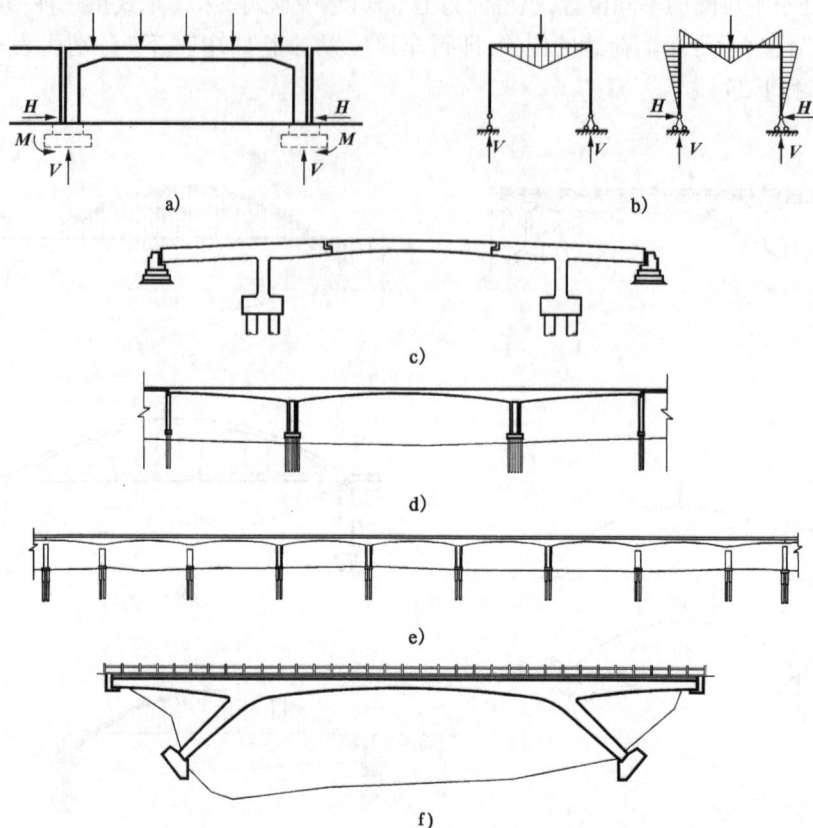

图1-1-10 刚构桥

刚构桥一般均需承受正、负弯矩的交替作用,横截面宜采用箱形截面,连续刚构桥主梁受力与连续梁相近,横截面形式与尺寸也与连续梁基本相同。

(4)斜拉桥

斜拉桥(cable stayed bridge)由塔柱、主梁和斜拉索组成,如图1-1-11所示。斜拉桥的基本受力特点是,受拉的斜拉索将主梁多点吊起,并将主梁的恒载和车辆等其他荷载传至塔柱,再通过塔柱基础传至地基。塔柱基本上以受压为主。跨度较大的主梁就像一条多点弹性支承(吊起)的连续梁一样工作,从而使主梁内的弯矩大大减小。由于同时受到斜拉索水平分力的作用,主梁截面的基本受力特征是偏心受压构件。斜拉桥属高次超静定结构,主梁所受弯矩大小与斜拉索的初张力密切相关,存在着一定最优的索力分布,使主梁在各种状态下的弯矩(或应力)最小。

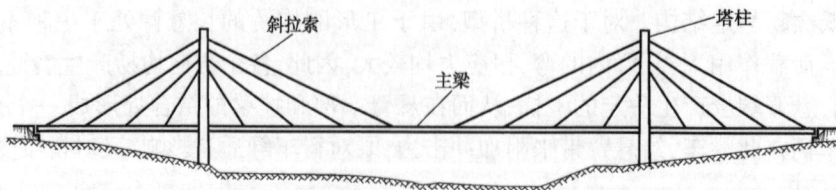

图1-1-11 斜拉桥

由于受到斜拉索的弹性支承,弯矩较小,使得主梁尺寸大大减小,结构自重显著减轻,大幅度提高了斜拉桥的跨越能力。此外,由于塔柱、拉索和主梁形成稳定的三角形,斜拉桥的结构刚度较大,斜拉桥的抗风能力较悬索桥要好得多。当跨径很大时,悬臂施工的斜拉桥因主梁悬臂长度过长、承受压力过大而风险较大,塔高过高,外索过长,索垂度的影响使索的刚度大幅度下降,这些问题都需要认真地研究和解决。

斜拉索的组成和布置、塔柱形式以及主梁的截面形状是多种多样的。主梁的截面形态与斜拉索的布置情况要相互配合。我国常用高强平行钢丝或钢绞线等制成斜拉索。斜拉索按施工工艺有工厂预制（成品索）和现场防护两种。我国20世纪80年代末90年代初修建的斜拉桥中，斜拉索大多采用现场防护的施工方法，由于现场防护环境不利，不确定因素较多，加上施工技术不够成熟，拉索在使用7~8年后，索内高强钢材均出现了不同程度的锈蚀现象，影响了大桥的使用安全，近年来有几座斜拉桥的拉索已进行了更换。目前常用的平行钢丝斜拉索系完全在工厂内制成，在钢丝束上包一层高密度（HD）的聚乙烯（PE）外套进行防护，还可用彩色高密度聚乙烯制成彩色索。除防锈外，斜拉索的疲劳和PE套的老化是两个需认真对待的问题。

常用的斜拉桥是三跨双塔式结构，但独塔式结构也比较常见（图1-1-12），其具体形式及布置的选择应根据河流、地形、通航、美观等要求加以论证确定。

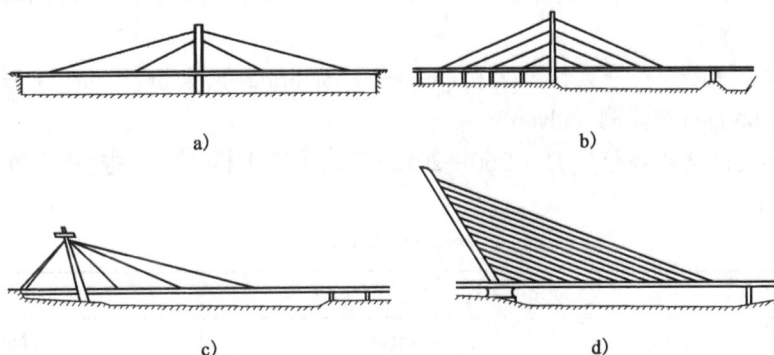

图1-1-12 独塔式斜拉桥

在桥横向，斜拉索一般按双索面布置，也有采用中央布置的单索面结构。

（5）悬索桥

悬索桥（suspension bridge），也称吊桥，是指用悬挂在塔架上的强大缆索作为主要承重结构的桥梁，如图1-1-13所示。在桥面系竖向荷载作用下，通过吊杆使缆索承受很大的拉力，缆索锚于悬索桥两端的锚碇结构中，为了承受巨大的缆索拉力，锚碇结构需做得很大（重力式锚碇），或者依靠天然完整的岩体来承受水平拉力（隧道式锚碇），缆索传至锚碇的拉力可分解为垂直和水平两个分力，因此，悬索桥也是具有水平反力（拉力）的结构。现代悬索桥广泛采用高强度的钢丝成股编制形成钢缆，以充分发挥其优良的抗拉性能。悬索桥的承载系统包括缆索、塔柱和锚碇三部分。由于悬索桥的结构自重较轻，能够跨越任何其他桥型无法达到的特大跨度。此外，悬索桥受力简单明了，成卷的钢缆易于运输，在将缆索架设完成后，便形成了一个强大稳定的结构支承系统，施工过程中的风险相对较小。

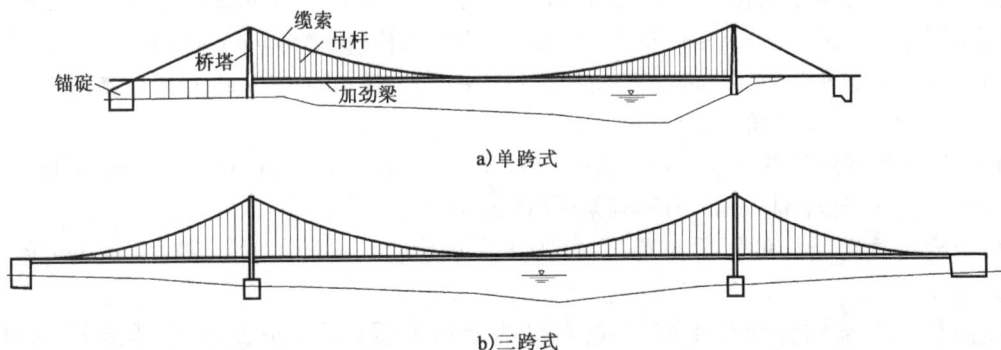

图1-1-13 悬索桥

上述悬索桥可称为地锚式悬索桥。悬索桥的另一种形式是自锚式悬索桥，即取消锚碇，而将缆索直接锚固在加劲梁上，此时缆索水平分力由加劲梁承受，竖向分力则由梁端配重相平衡。

自锚式悬索桥需采用"先梁后缆"的施工方法，施工风险较大；加劲梁在巨大的轴向压力作用下，为满足稳定和应力要求,用钢量较大,因此,自锚式悬索桥只能用于跨径不大的情形。

在所有桥梁体系中,悬索桥的刚度最小,属柔性结构,在车辆荷载作用下,悬索桥将产生较大的变形。例如,跨径为1000m的悬索桥,在车辆荷载作用下,$L/4$区域的最大挠度可达3m左右。

另外,悬索桥风致振动及稳定性在设计和施工中也需予以特别的重视。

2.桥梁的其他分类简述

除了上述按受力特点将桥梁分成不同的结构体系外,人们还习惯按桥梁的用途、大小规模和建桥材料等进行分类。

(1)按照用途,分为公路桥(highway bridge)、铁路桥(railway bridge)、公铁两用桥(highway and rail transit bridge)、农桥(rural bridge,或机耕道桥)、人行桥(foot bridge)、水运桥(aqueduct bridge,或渡槽)、管线桥(pipeline bridge)等。

(2)按照桥梁全长和跨径,分为特殊大桥(super major bridge)、大桥(major bridge)、中桥(medium bridge)、小桥(small bridge)和涵洞(culvert)。

我国《公路桥涵设计通用规范》(JTG D60—2015)规定了特大桥、大桥、中桥、小桥、涵洞按总长和跨径的划分,见表1-1-6。

桥梁跨径分类 表1-1-6

桥梁分类	多孔跨径总长 L(m)	单孔跨径 l(m)
特大桥	$L > 1000$	$l > 150$
大桥	$100 \leqslant L \leqslant 1000$	$150 \geqslant l \geqslant 40$
中桥	$30 < L < 100$	$20 \leqslant l < 40$
小桥	$8 \leqslant L \leqslant 30$	$5 \leqslant l < 20$
涵洞	—	$l < 5$

注:1.单孔跨径系指标准跨径。
　　2.梁式桥、板式桥的多孔跨径总长为多孔标准跨径的总长;拱桥为两端桥台内起拱线间的距离;其他形式桥梁为桥面系车道长度。
　　3.管涵及箱涵不论管径或跨径大小、孔数多少,均称为涵洞。
　　4.标准跨径:梁式桥、板式桥以两桥墩中线间距离或桥墩中线与台背前缘间距为准;拱桥和涵洞以净跨径为准。

上述分类在一定程度上反映了桥梁的建设规模,但不能反映桥梁的复杂性。国际上一般认为,单孔跨径小于150m的属于中小桥,单孔跨径大于150m的属于大桥,而特大桥的起点跨径与桥型有关,悬索桥为1000m,斜拉桥和钢拱桥为500m,其他桥型为300m。

(3)按照桥梁主要承重结构所用的材料,可分为圬工桥(masonry bridge,包括砖桥、石桥、混凝土桥)、钢筋混凝土桥(reinforced concrete bridge)、预应力混凝土桥(prestressed concrete bridge)、钢桥(steel bridge)、钢-混凝土组合桥(steel-concrete composite bridge)和木桥(timber bridge)等。木材由于易腐,且资源有限,一般不用于永久性桥梁。

(4)按照桥梁跨越障碍的性质,可分为跨河桥(river bridge)、跨海桥(sea-crossing bridge)、跨线桥(overpass bridge)、立交桥(interchange)和高架桥(viaduct)等。

(5)按照桥梁桥跨结构的平面布置,可分为正交桥(right bridge)、斜交桥(skew bridge)和弯桥(curved bridge)。

(6)按照桥梁上部结构的行车道位置,可分为上承式桥(deck bridge)、中承式桥(half-through bridge)和下承式桥(through bridge)。

(7)按照桥梁的可移动性,可分为固定桥(fixed bridge)和活动桥(movable bridge)。活动桥又可分为开启桥(bascule bridge)、升降桥(lift bridge)、旋转桥(swing bridge)和浮桥(floating bridge)等。

第二章
CHAPTER 2

桥梁工程规划与设计

规划与设计是桥梁建设过程中的重要一环。桥梁的合理性与先进性在很大程度上取决于规划与设计的质量。本章将简要介绍桥梁设计的基本原则和科学依据，桥梁平面、立面、断面布置，以及桥梁设计与建设程序。

第一节 桥梁设计原则和科学依据

一、桥梁设计的基本原则

桥梁结构是土木工程结构的一种，具备土木工程结构的基本属性。这些基本属性包括以下几方面：

（1）结构都是用当时常用的建筑材料所建成，具有特定的形式和构造，能满足一定的功能要求；结构除了能保持其自身存在外，还应能安全地承受自然界和人类活动所施加的各种作用或荷载。

（2）结构所提供的使用功能，对于社会的稳定和有效运行具有很大作用，而结构的损毁或破坏则会使社会受到巨大损失，因此，保证结构安全是十分重要的；另外，社会能为结构所投入的人力和物力都是有限的，因此，结构必须讲求经济性。

（3）结构形体庞大、功能不同、构造各异，固定在地面不同位置，其规划、设计和施工的构思需因时因地而异，逐个进行。

（4）结构散布在社会各处，与人类活动密切相关，且期望的使用寿命长，其是否耐久，是否美观且与周边环境协调，是否环保，就必须受到重视。

因此，桥梁结构的设计应满足结构安全、构造耐久、功能适用、建造环保、投资经济、造型美观的要求，即应遵循安全、适用、经济、美观、耐久、环保的基本原则。

桥梁的安全（safety）既包括桥上车辆、行人的安全，也包括桥梁本身的安全。桥梁结构在使用年限内，在各种自然力和人为作用下，应具有足够的承载能力，能保持适当的安全度，这是对每一座桥梁的基本要求。

桥梁的适用性(serviceability)要求包括:能保证行车的通畅和舒适;桥梁的通行能力既能满足当前需要,也适用于今后发展。对跨越河流的桥梁,需考虑地质水文条件,以不妨碍通航或桥下交通为前提,来确定出合理跨度;对位于或靠近城市、村镇等的桥梁,应当综合考虑桥头和引桥区段的环境和发展。

在安全、适用的前提下,经济性是衡量设计技术水平和作出方案选择的主要考虑因素。桥梁设计应体现出经济性。对于重大的桥梁工程,应基于先进的设计理念,开展概念设计和全寿命周期设计,通过多方案比选,详细研究技术上的可行性和先进性,以及经济上和管养上的合理性。这样,才能对桥梁的建造消耗(材料、机具和劳力)、施工(费用、工期、技术)、技术发展(新结构、新材料、新工艺)和今后使用(养护维修、加固、废弃)等因素进行统筹考虑,得出合理的经济结论。

在安全、适用和经济的前提下,尽可能使桥梁具有优美的造型,并且与周边环境相协调,这是桥梁建筑美学(aesthetics)的基本要求。合理的结构造型和布局、正确表达力的传递、保持建筑风格与周围环境的协调等是体现桥梁美感的主要方面。对一些特定的桥梁(如位于城市或风景区的桥梁),可适度考虑桥梁建筑的艺术处理,但不应采纳虚假浮华的结构造型,不应追求烦琐浪费的细部装饰。

对桥梁耐久性(durability)的基本要求:在使用年限内,桥梁一般只需常规养护维修(maintenance)就可保证正常使用。但随着桥龄的增长,耐久性问题会逐步显露出来,因此,需要从设计层面,考虑不同构件的耐久性差异,加强构件的可控性(可检、可养、可强、可换),尽量减少养护维修给日常交通带来的不利影响。

为满足社会的可持续发展要求,环境保护(Environmental Protection)正在成为桥梁设计的基本原则之一。在设计层面,需要采用先进的设计理念和方法,优化结构设计,增强耐久性,保护自然和人文环境,以达到节能降耗、延长桥梁使用寿命的目的。

二、桥梁工程的科学依据

桥梁工程涉及较广泛的基础知识和应用学科,现列举如下。

数学(mathematics)是桥梁工程中定性和定量分析的理论基础。在常规计算、测量、绘图等工作中经常要用到解析几何;在解析比较复杂的力学问题(如超静定结构、变截面构件、不规则荷载等)时要用到微积分;在处理非线性结构、结构稳定和动力等问题时,要用到微分和偏微分方程;在研究结构可靠度以及数据处理时,要用到概率与数理统计等。

力学(mechanism)是指导桥梁工程进行结构分析、设计和施工的基础,包括理论力学、材料力学、结构力学和结构动力学等。其中,理论力学研究质点和刚体的静力平衡问题以及牛顿动力学原理,是解析桥梁静定结构的基本依据。材料力学的研究对象是外力与单个构件内力(如弯矩、剪力、轴力、扭矩等)的关系,材料的应力-应变关系(如弹性、塑性、弹塑性、脆性等),构件受力后的变形,以及确定构件形式和截面尺寸的基本方法等。结构力学以梁和更复杂的结构体系为研究对象,研究其在固定或移动荷载作用下的力学性能。结构力学不仅引入了单位作用力和影响线的概念来确定移动荷载下结构的最大内力和变形,还引入了力法、位移法和有限元法来分析复杂的超静定结构。此外,结构动力学研究桥梁结构(尤其是大跨柔性结构)在变化的(具有一定的频率和波谱的)外力(如车辆、风、地震等)作用下结构的动力响应。其主要内容包括动荷载的特性、结构的固有振动特性和结构在动荷载作用下的动力响应。

计算机辅助设计技术是结合数学(如线性方程、矩阵代数等)和力学(如有限元法)知识,依靠计算机技术,编制通用或专门的桥梁结构分析、设计和制图软件,是计算机辅助设计(Computer Aided Design,CAD)的主要内容。该技术能减少设计时间,节省人力,提高设计质量,解析繁杂问题,优化设计结果,在桥梁设计中的应用越来越普遍。需要强调的是,计算机辅助设计不能完全代替人的工作。具有清晰的数学和力学概念,能对设计计算结果做出正确的分析评价,能及时处理工程力学问题,仍是桥梁工程师所应具备的基本素质。

BIM(Building Information Modeling,建筑信息模型)技术是一种应用于工程(包括桥梁)设计、建造和管理的数据化工具。该技术借助计算机软件系统的集成,整合项目相关的各种信息。这些信息可在项目规划、设计、实施和维护的全寿命周期过程中共享或传递。

工程材料(engineering material)指建造结构时采用的人工合成材料(如钢材、混凝土等)和加工后的某些天然材料(如石料、砂、木材等)。工程材料学专门研究这些材料的物理、化学性能以及加工(如混凝土拌制)、处理(如钢材防腐)等问题。随着材料工程的发展,会有更多的新型材料(如高性能钢或混凝土、碳纤维复合材料、高效防腐材料等)应用于桥梁工程。

地质学是研究地壳形成、构造、组织、成分的一门学科。工程地质(engineering geology)则只涉及与土木工程建造有关的部分。在桥梁工程中,重点研究接触和支承桥梁基础以及桥下冲刷影响所触及的地壳表面,包括覆盖土层、上部岩床和地下水;研究它们在桥梁基础建造前后的物理、化学、力学性能等的变化;研究取得这些资料的物理探测方法等。

岩土力学(rock and soil mechanics)是研究各类岩石和泥土在外力(包括重力)作用下的状态和响应的一门学科。它与工程地质学紧密关联。桥上的各种作用力最终通过墩台基础传递到岩土(地基),而基础周围的岩土在外力(如重力、水压、地震等)作用下会影响到桥梁基础甚至上部结构。解析这些相互作用的力学问题是桥梁工程应用岩土力学的核心部分。

水力学(hydraulics)是研究水在静态、动态或静、动态转变时的力学特性的一门学科,是流体力学的基础。在桥梁工程中,重点是了解开敞渠道内的水流机理和势能动能转变关系,这是计算流量、水压、水流作用力的理论依据。对有压管道内的水流特征也应有所了解,其涉及高水头下的涵洞设计。另外,水浮力和浮体稳定对桥梁施工中可能采用的浮式结构(如浮式沉井、浮吊、工作船组等)的设计也十分重要。

水文学(hydrology)是研究水在自然界或水工建筑物(如桥墩)建筑后的运动规律,以及水对周围环境(如河床、岸滩等)产生作用与变化的一门学科。由于大部分桥梁是跨越河流的,因此,水文学与桥梁工程的关系十分密切。在设计桥梁时,首先,对所跨越河流的区段流势、河床断面、高程比降及历年变迁有所认识,才能比较不同桥位,把桥梁设置在比较稳定的河流区段内;其次,对桥址处建桥前后的水位、流量、流向、流速、冲淤变化、船舶航道等做出分析,提出桥长、孔径布置和需要的导流、防护设施方案;最后,对桥下的一般冲刷、墩位冲刷深度、施工冲刷、桥前壅水、浪高、河滩沙洲的可能变化,以及在上下游兴建其他水工建筑物(如堤坝、码头等)对桥梁的影响等做出评估和判断,必要时应进行水工模型试验。这些都是水文学在桥梁工程中的具体应用。

混凝土结构(concrete structure)的发展经历了素混凝土(poor concrete)、钢筋混凝土(reinforced concrete)和预应力混凝土(prestressed concrete)三个阶段。其中,素混凝土可作为砌体材料,获得成型简易、质量均匀的效果。在桥梁工程中,素混凝土常用于以承压为主的结构,如拱圈、墩身和台身、基础和重力式挡土墙等。钢筋混凝土具有钢筋承受拉力而混凝土承受压力的受力特性,能适应梁、柱(墩)、板等构件承受的压弯荷载。若在钢筋混凝土构件的制作过程中,在构件将来的受拉区两端预先施加并保持一对预定数值的压力,就形成预应力混凝土。只要选定的预加力数值合理,就可在各种加载情况下保持截面的材料纤维不出现拉应力(全预应力),或者把拉应力或裂缝宽度控制在容许范围内(部分预应力)。这样,可以克服钢筋混凝土的不足,改善结构性能,获得经济效益。随着预应力技术和高强材料的出现,也由于新型结构体系以及先进施工方法(如悬臂施工法)的发展,预应力混凝土的理论与实践在桥梁工程中得到了充分体现。

钢结构(steel structure)是钢构件和连接件形成的组合体。在桥梁工程中,桥跨结构是应用钢结构最多的部分,通常采用实腹梁(如钢板梁、钢箱梁等)或桁架梁。结构的主要构件常采用I形、H形和箱形截面,次要构件可采用槽形截面或T形截面。构件的原材料是钢厂轧制的钢板和型钢。通常,需要对这些原材料在工厂内进行加工组合以形成构件,然后在工地进行安装以形成结构。构件之间的连接方式有销接(销钉连接)、铆接(铆钉连接)、焊接(电焊连接)和栓接(高强度螺栓连接)等几种,目前常用的是后两种。

组合结构(composite structure)是指其主体结构的同一截面或各杆件由两种或两种以上的材料分别制作并连接形成的结构。组合结构桥梁主要指钢与混凝土两种材料制作并连接形成的、共同承受荷载的桥梁结构。组合结构的主要特点是:不同材料的特性不因组合而改变,但组合结构的力学行为却与单一材料形成的结构者不同。构造出合理的组合结构(需重点考虑不同材料构件之间的连接),可有效发挥各自材料的长处,从而改善结构的受力性能、经济效益和施工便利性。桥梁工程中常用的组合结构主要有钢板梁或开口钢箱梁与混凝土桥面板组合的梁桥,波纹钢腹板或钢构件与混凝土顶、底板组成的梁桥,钢桁架与混凝土桥面板组成的组合桁梁桥,钢管混凝土或型钢混凝土拱桥,等等。近年来,混合梁、混合塔柱等多种组合结构也逐步得到应用。

基础工程(foundation works)与桥梁下部结构有关。在桥梁工程中,常用的基础结构有扩大基础、桩、管柱、沉井等,常用的施工方法有明挖、钻挖、打入、筑岛、围堰等。基础的名称可以反映基础主体结构和施工方法的特征,如明挖扩大基础、打入桩、围堰管柱、筑岛沉井等。明挖扩大基础,又称为浅置基础,常用于小桥涵、引桥、附属结构或大、中桥中地质适宜的墩台,其设计施工较为简单。其他基础结构多用于深水或地质不良的墩台基础,设计施工较为复杂。基础工程的设计与施工涉及水力学、水文学、地质学和岩土力学等方面的知识,受到现场情况和不定因素的影响较大。因此,除计算工作外,依靠基本理论知识,结合实际情况做出合理的推断,这也是十分重要的。

混凝土结构工程、钢结构工程、组合结构工程和基础工程是桥梁工程的核心和主体,其内容包括设计、施工(安装)和科研三部分。

此外,桥梁工程还涉及其他基础或专业知识,如工程制图学、测量学、工程机械等,在此不一一论述。

三、桥梁技术规范、工作细则和常用手册

在桥梁的设计、施工过程中需要注意以下几点:①必须以现行的技术规范为依据;②对某些单项或技术复杂的工作,应该遵守有关工作细则进行;③借助于常用手册,可使设计、施工工作更为方便和快捷。

以科学的工程知识和成熟的工程经验为基础,全面、系统地汇集与整理有关桥梁设计、施工、养护的技术要求,形成统一的标准规定,并以此作为桥梁各项工作必须遵循的准则,这种成册的准则条文,称为桥梁技术规范(specifications standard)。在设计方面,必须遵循桥梁设计规范。桥梁技术规范的制定需由工程建设部门主持,并服从国家经济发展政策的宏观指导。为满足桥梁工程技术的发展需要,每隔若干年,应当由主管部门组织对规范进行修订。在特殊情况下需要增补或变动规范条文时,应具备充足的理论和试验依据,报请主管部门审批后,方能生效。

对内容广泛或技术复杂而在规范条文中不便一一纳入的技术文件,通常采用工作细则(regulation;rule;guide)的形式加以补充。例如,设计文件、施工组织和预算的编制方法,混凝土作业、钢结构制造、钢梁安装等施工技术规程,测量、地质钻探工作细则,质量评定验收标准等。在开展相应工作时,应视这些细则与技术规范具有同等效力,必须遵照执行。

为了工作上的方便,汇集与桥梁设计有关的原始资料、规范条款、应用公式、参考数据、计算方法、参数图表、工程实例、施工组织的各项定额、主要机具材料的规格性能等,编成手册(manual handbook),如

桥梁设计通用资料、桥梁施工手册等。这样,可以方便、迅速地查询经常遇到的技术问题,有助于提高工作效率。常用手册是桥梁工程师的必备工具。

桥梁平面、立面、断面布置

一、桥梁平面布置

桥梁平面(plan)布置不仅与线路和河道(其他线路)两者的相交情况有关,还受到桥址处地形地物的制约。桥梁平面布置方式有正交、斜交、单向圆曲线、缓和曲线和反向曲线等几种。

正交桥最为常见,桥梁构造也相对简单,绝大多数桥梁(尤其是大跨度桥梁)的平面布置均采用正交。

当桥梁纵轴线方向与河道主流流向不能正交时,需采用斜交方式布置,其斜度(指桥梁纵轴线与表示桥梁正向布置的轴线之间的夹角)一般不大于45°,在通航河流上不宜大于5°。

当受到地形限制时,可把桥梁设置在曲线上(对于多孔跨径不大的直梁布置成折线状,让桥面满足曲线要求)或直接建造弯梁桥(结构本身在平面呈曲线状)。曲线形状多为单向圆曲线和缓和曲线,较少用反向曲线。曲线桥的墩台布置通常沿曲线按径向排列,曲线半径的取值(与车辆的设计行车速度有关)也应符合有关规定。例如,对于平原微丘的一级公路,桥梁曲线半径一般不小于700m;对Ⅰ级铁路干线,桥梁最小曲线半径为400m。对行车速度为250~350km/h的高铁桥梁,其平面曲线半径通常在8000m左右,最大不超过12000m。

二、桥梁立面布置

桥梁立面(elevation)布置包括确定桥梁的总跨径、桥梁的分孔、桥道的高程、桥上和桥头引道的纵坡以及基础的埋置深度等。下文仅对桥梁的总跨径、桥梁的分孔、桥道的高程进行介绍。

1.桥梁总跨径

桥梁总跨径一般根据水文计算确定。其基本原则如下:
(1)应使桥梁在整个使用年限内,保证设计洪水能顺利宣泄。
(2)河流中可能出现的流冰和船只、排筏等能顺利通过。
(3)避免因过分压缩河床引起河道和河岸的不利变迁。
(4)避免因桥前壅水而淹没农田、房屋、村镇和其他公共设施等。

对于桥梁结构本身来说,不能因总跨径缩短而引起的河床过度冲刷对浅埋基础带来不利的影响。

在某些情况下,为了降低工程造价,可以在不超过允许的桥前壅水和规范规定的允许最大冲刷系数的条件下,适当增大桥下冲刷,以缩短总跨长。例如,对于深埋基础,一般允许稍大一点的冲刷,使桥梁总跨径能适当减小;对于平原区稳定的宽滩河段,当流速较小、漂流物也少、主河槽较大时,可以对河滩的浅水流区段作较大的压缩,但必须慎重校核,压缩后的桥梁壅水不得危及河滩路堤以及附近农田和建筑物。

2.桥梁的分孔

对于一座较长的桥梁,应当分成若干孔,但孔径划分的大小,不仅影响使用效果和施工难易等,而且在很大程度上影响桥梁的总造价。例如,采用的跨径越大,孔数越少,固然可以降低墩台的造价,但却使上部结构的造价大大增高;反之,则上部结构的造价虽然降低了,但墩台的造价却又有所增高。因此,在满足下述使用和技术要求的前提下,通常采用最经济的分孔方式,使上、下部结构的总造价趋于最低。具体如下:

(1)对于通航河流,在分孔时首先应满足桥下的通航要求。桥梁的通航孔应布置在航行最方便的河域。对于变迁性河流,根据具体条件,应多设几个通航孔。

(2)对于平原区宽阔河流上的桥梁,通常在主河槽部分按需要布置较大的通航孔,而在两侧浅滩部分按经济跨径进行分孔。

(3)对于需在山区深谷上、水深流急的江河上、水库上修桥时,为了减少中间桥墩,应加大跨径。如果条件允许的话,甚至可以采用特大跨径的单孔跨越。

(4)对于采用连续体系的多孔桥梁,应从结构的受力特性考虑,使边孔与中孔的跨中弯矩接近相等,合理地确定相邻跨之间的比例。

(5)对于河流中存在不利的地质段,如岩石破碎带、裂隙、溶洞等,在布孔时,为了使桥基避开这些区段,可以适当加大跨径。

总之,大、中桥梁的分孔是一个相当复杂的问题,必须根据使用要求、桥位处的地形和环境、河床地质、水文等具体情况,通过技术经济等方面的分析比较,才能制订比较完美的设计方案。

3.桥面高程的确定

合理的桥面高程必须根据设计水位、桥下通航(通车)净空的需要,并结合桥型、跨径等综合考虑。下面介绍确定桥面高程有关的问题。

(1)流水净空要求

①按设计水位计算桥面最低高程时(图1-2-1、图1-2-2),应按下式计算,即

$$H_{\min} = H_j + \Delta h_j + \Delta h_o \tag{1-2-1}$$

式中:$H_{\min}$——桥面最低高程,m;

H_j——计算水位(设计水位计入壅水、浪高等),m;

Δh_j——桥下净空安全值,m,应符合表1-2-1的规定;

Δh_o——桥梁上部构造建筑高度,包括桥面铺装高度,m。

图1-2-1 梁式桥纵断面规划图

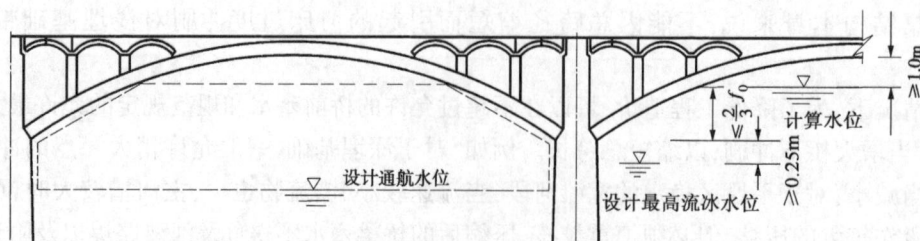

图1-2-2 拱桥桥下净空图

非通航河流桥下净空安全值 Δh_j　　　　　表1-2-1

桥梁的部位		高出计算水位(m)	高出最高流冰面(m)
梁底	洪水期无大漂流物	0.50	0.75
	洪水期有大漂流物	1.50	—
	有泥石流	1.00	—
支座垫石顶面		0.25	0.50
拱脚		0.25	0.25

注:无铰拱的拱脚,可被洪水淹没,淹没高度不宜超过拱圈高的2/3;拱顶底面至设计水位的净高不应小于1m;山区河流水位变化大,桥下净空安全值可适当加大。

②按设计最高流冰水位计算桥面最低高程时,应按下式计算,即

$$H_{min} = H_{SB} + \Delta h_j + \Delta h_o \tag{1-2-2}$$

式中:H_{SB}——设计最高流冰水位,应考虑床面淤高,m;

其他符号意义同前。

③桥面设计高程不应低于式(1-2-1)或式(1-2-2)的计算值。

(2)通航净空要求

为了保证桥下安全通航,通航孔桥跨结构下缘的高程应高出自设计通航水位算起的净空高度。《内河通航标准》(GB 50139—2014)规定了水上过河建筑物的通航净空尺度。此外,《海轮航道通航标准》(JTS 180-3—2018)规定,适用于沿海、海湾及区域内通航海轮航道的桥梁。通航净空示意图如图1-2-3所示。

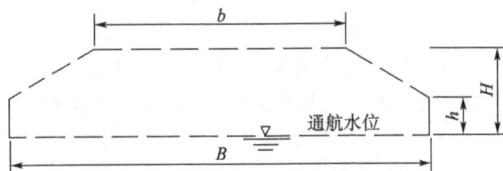

图1-2-3　通航净空示意图

(3)跨线桥桥下的交通要求

在设计跨线路(铁道或公路)的立体交叉时,桥跨结构底缘的高程应高出规定的车辆净空高度。对于公路所需的净空限界,见桥梁横断面设计部分,铁路的净空限界可查阅《铁路桥涵设计规范》(TB 10002—2017)。

综上所述,全桥位于河中各跨的桥面高程均应首先满足流水净空的要求;对于通航或桥下通车的桥孔,应满足通航净空或建筑净空限界的要求。另外,还应考虑桥的两端能够与公路或城市道路顺利衔接等。因此,全桥各跨的桥道高程是不相同的,必须综合考虑和规划,一般将桥梁的纵断面设计成具有单向或双向坡度的桥梁,既利于交通且美观效果好,又便于桥面排水(对于不太长的小桥,可以做成平坡桥)。但桥上纵坡不宜大于4%,桥头引道纵坡不宜大于5%。对于位于市镇混合交通繁忙处的桥梁,桥上纵坡和桥头引道纵坡均不得大于3%,并应在纵坡变更的地方按规定设置竖曲线。

三、桥梁断面布置

1.公路桥梁

桥梁断面(section)布置包括桥面净空、桥面宽度、行车道宽度、机动车道布置和人行道、自行车道布置等。

桥面净空(clearance)应符合公路或铁路建筑限界的要求。建筑限界指为保证车辆安全通行,在与

线路中心线垂直的横断面上，在路面（轨面）以上的一定宽度和高度范围内，不允许有任何设施及障碍物侵入的最小尺寸。

公路桥梁断面（section）布置，主要取决于桥面的宽度和不同桥跨结构横截面的形式。桥面宽度决定于行车和行人的交通需要，为保证桥梁的服务水平，桥面宽度应当与所在路线的路基宽度保持一致。《公路工程技术标准》（JTG B01—2014）中规定了各级公路的净空限界，如图1-2-4所示。路面各组成部分的宽度依据设计速度这一路线基准要素来确定，在建筑限界内，不得有任何部件侵入。各级公路设计速度的规定见表1-2-2，路面各部分宽度可以分别从表1-2-3～表1-2-6中选取。

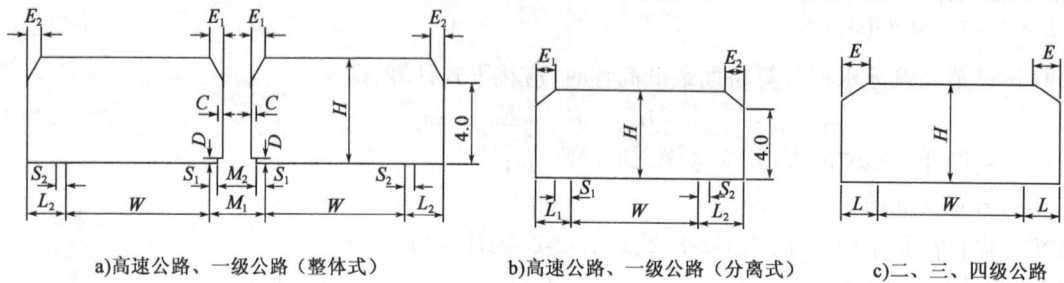

a)高速公路、一级公路（整体式）　　b)高速公路、一级公路（分离式）　　c)二、三、四级公路

图1-2-4　公路桥梁建筑限界(尺寸单位：m)

W-行车道总宽度，为设计车道数与单个车道宽度（表1-2-3）的乘积，并计入所设置的加（减）速车道、紧急停车道、爬坡车道、慢车道或错车道的宽度；C-当设计速度大于100km/h时为0.5m，等于或小于100km/h时为0.25m；D-路线缘石高度，小于或等于0.25m，一般情况下，高速公路可不设路缘石；S_1-行车道左侧路缘带宽度，一般规定见表1-2-4；S_2-行车道右侧路缘带宽度，应为0.5m；M_1-中间带宽度；M_2-中央分隔带宽度；E-建筑限界顶角宽度，当$L\leqslant1$m时，$E=L$；当$L>1$m时，$E=1$m；E_1-建筑限界顶角宽度，当$L_1<1$m时，$E_1=L_1$，或当$S_1+C<1$m时，$E_1=S_1+C$；当$L_1\geqslant1$m或$S_1+C\geqslant1$m时，$E_1=1$m；E_2-建筑限界顶角宽度，$E_2=1$m；H-净空高度，高速公路和一级、二级公路为5.0m，三级、四级公路为4.5m；L_2-右侧硬路肩宽度，一般规定见表1-2-5；L_1-左侧硬路肩宽度，一般规定见表1-2-6；L-侧向宽度，高速公路、一级公路的侧向宽度为硬路肩宽度（L_1或L_2），其他各级公路的侧面宽度为路肩宽度减去0.25m。

注：当桥梁设置的人行道宽度大于侧向宽度时，建筑限界应包括所增加的宽度。人行道、自行车道与行车道分开设置时，其净高一般为2.5m。

各级公路设计速度　　　　　　　　　　　　　　　　表1-2-2

公路等级	高速公路			一级公路			二级公路		三级公路		四级公路	
设计速度(km/h)	120	100	80	100	80	60	80	60	40	30	30	20

车道宽度　　　　　　　　　　　　　　　　表1-2-3

设计速度(km/h)	120	100	80	60	40	30	20
车道宽度(m)	3.75	3.75	3.75	3.50	3.50	3.25	3.00

左侧路缘带宽度　　　　　　　　　　　　　　　　表1-2-4

设计速度(km/h)	120	100	80	60
左侧路缘带宽度(m)	0.75	0.75	0.50	0.50

右侧硬路肩宽度　　　　　　　　　　　　　　　　表1-2-5

公路等级（功能）		高速公路			一级公路（干线功能）	
设计速度(km/h)		120	100	80	100	80
右侧硬路肩宽度(m)	一般值	3.00(2.50)	3.00(2.50)	3.00(2.50)	3.00(2.50)	3.00(2.50)
	最小值	1.50	1.50	1.50	1.50	1.50

注：高速公路和作为干线的一级公路以通行小客车为主，右侧硬路肩宽度采用括号内值。高速公路、一级公路的右侧硬路肩宽度小于2.50m时，应设置紧急停车带。紧急停车带宽度应为3.50m，有效长度不应小于40m，间距不宜大于500m。

分离式断面高速公路、一级公路左侧硬路肩宽度　　　　　　　　　　　　　　　　表1-2-6

设计速度(km/h)	120	100	80	60
左侧硬路肩宽度(m)	1.25	1.00	0.75	0.75

2.铁路桥梁

常规干线铁路桥梁的建筑限界见图1-2-5。为适应高速铁路的行车要求,图1-2-5的建筑限界尺寸有所调整(单线宽度基本相同,而高度和线间距有所增加),有关规定可参阅现行《高速铁路设计规范》(TB 10621)。

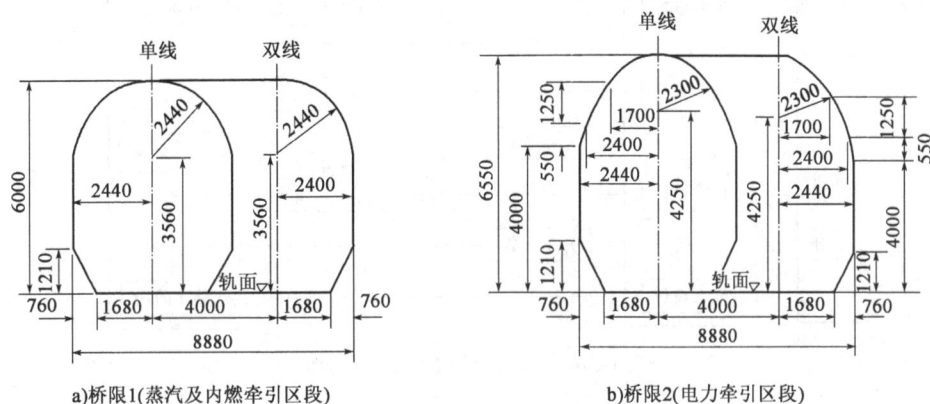

a)桥限1(蒸汽及内燃牵引区段)　　　　b)桥限2(电力牵引区段)

图1-2-5　铁路桥梁建筑限界(尺寸单位:mm)

对干线铁路桥梁,明桥面应根据养护需要设置单侧或双侧带栏杆的人行道,道砟桥面应设置双侧带栏杆的人行道。市区内的铁路桥梁,可根据人行交通需求设置专门的人行道。直线上的桥梁,自线路中心至人行道栏杆内侧的净距,对小桥为2.45m,对大、中桥为3.00m;曲线上的桥梁,该净距应根据限界要求加宽。另外,沿桥长每隔30m左右,应在人行道栏杆外侧设置避车台一处。在考虑养路机械化的特大桥上,应沿桥长每隔50m左右加大一处避车台,兼作停放养路机械的平台。对高速铁路桥梁,人行检修通道宽1m,其内侧距车辆壁的间距(称为风压带跨度)不小于1.2m,同时将人行道直接布置在主梁顶板边缘。

第三节　桥梁设计与建设程序

一、基本内容及程序

大型桥梁的设计工作可分为前期规划与三阶段设计两部分。前期规划工作内容包括:调研相关资料和信息,开展预可行性研究,提出初步的研究报告或项目建议书;在项目建议书批复后,编制翔实的可行性研究报告,为设计任务书的编制提供重要依据。后续的三阶段设计,包括初步设计、技术设计与施工设计(也称施工图设计)。常规桥梁,通常采取两阶段(初步设计、施工设计)设计。各个设计阶段都有各自需要包含的内容和深度,以及需要实现的目标和解决的问题。可行性研究报告或设计文件完成后的审批由相关主管部门(建设单位,业主)办理。批准后的文件就是开展下一阶段工作的依据。

桥梁建设的基本程序包括以下几个阶段:审批项目建议书进行工程立项,审批可行性研究报告确定设计任务书,在初步设计基础上形成招标文件并逐次进行工程设计、施工、监理招标,工程施工等,其示意图如图1-2-6所示。

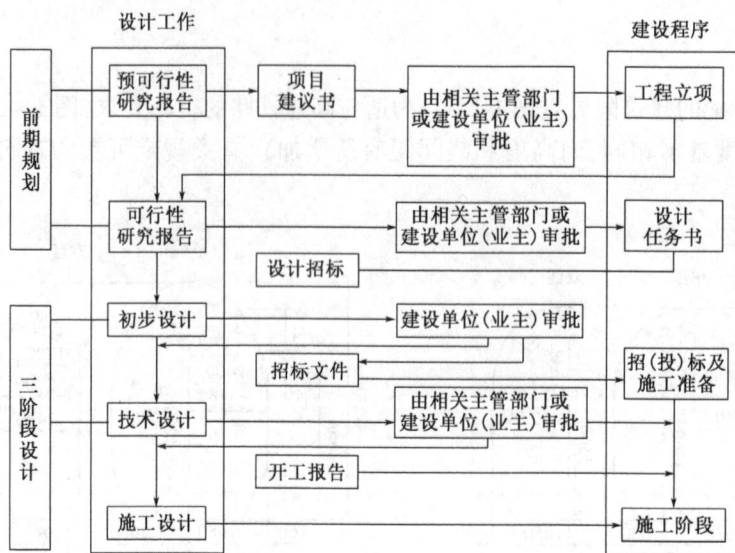

图1-2-6　桥梁建设的基本程序示意图

二、可行性研究

桥梁建设的前期规划包括预可行性研究与可行性研究(feasibility study)。两者包含的内容及目的是基本一致的,只是研究的深度不同。预可行性研究是在工程可行的基础上,主要分析工程的必要性和合理性,提供立项和投资的决策依据;可行性研究是在预可行性研究报告得到审批后,着重研究工程上和投资上的可行性。前期规划工作的重点在于论证建桥的必要性和可行性,并确定建桥的地点、规模、标准、投资大小、风险控制等一系列宏观和重大的问题,为项目的科学决策提供依据,避免盲目性及其带来的不良后果。

预可行性研究与可行性研究的对象、收集资料的详细程度以及研究内容的深度有所不同。有些情况下,预可行性研究与可行性研究工作可以合二为一。

桥梁的必要性主要论证是否需要建桥的问题,评估拟修建的桥梁项目在促进区域经济和陆地交通发展中的作用。桥梁是交通土建工程的一部分,有铁路桥、公路桥、城市桥之分,对应的评估方法也有所不同。铁路桥梁一般从属于路网规划,它是以沿线地区经济活动所产生的在近期、远期可能的运量为研究对象。因此,铁路桥本身一般不作单独的必要性研究。公路桥梁有的从属于国家规划干线,有的从属于区域公路,这些桥梁是否应该修建或何时修建,与公路建设的规划有关,但都是以车辆流量大小为研究对象。城市桥梁建设需服从城市交通建设的总体规划,也是以可能通过桥梁的车流量为决策指标。

桥梁的可行性论证包括工程可行性和经济可行性两部分。其中,工程可行性需要基本确定桥梁设计标准、桥位、桥式等技术问题,经济可行性需要解决工程投资、资金筹措及偿还等问题。一座桥梁的可行性论证涉及的因素很多,包括区域社会经济分析、交通发展预测、建设方案、工程实施、投资与融资、环境影响等。只有通过充分的调查研究和全面的权衡分析,才能得出合理的结论,并且提出符合实际的设计任务书。

下面就工程可行性研究中的一些主要问题说明如下。

1.桥梁技术标准的制订

首先,需调查研究桥上可能通行的交通种类及其要求(如是否有等级以外的特殊荷载、桥上是否需铺设附属管线等),预测交通流量和今后可能发生的增长率,由此确定线路等级、需要的车道数或行车道宽度、非机动车道宽度、荷载等级等。其次,确定容许行车速度、桥梁纵坡和曲线半径等。最后,要确定航运标准、航运水位、通航净空、船舶吨位以及要求的航道数量及位置等。航运标准直接影响桥梁的高度和跨度设计,是影响桥梁建设规模的主要因素之一。设计部门需与航运部门充分协商,慎重对待。

2.桥位选择

一般而言,桥位(bridge site)的选择在大方向上应服从桥梁所连接的两段线路的走向,服从路网规划的要求。在小范围内,桥位可作适当挪动以便比较。建在城市范围内的桥梁,其桥位应满足城市道路总体规划的要求。从线路的角度来看,既要降低桥梁的建筑和养护费用,也要避免或减少因车辆绕道而增加的投资和运输费用;从桥梁的角度出发,应尽可能把桥位选择在河道顺直、河槽固定、水流平稳、河面较窄、地质良好、河床冲淤变化较小、可基本正交跨越的河段,以降低造价、提高桥梁结构的安全性和稳定性。因此,对重要的或在经济上影响较大的桥梁,其桥位选择应通过路桥综合比较后决定。

除路桥比较外,在确定桥位时,还需要对其他因素(如通航条件、地质条件、水文情况、气候条件、建桥与周边环境的关系等)进行比较。一般需提交2~3个桥位,以便进行综合比较,从中选择合理桥位。

3.桥式方案比较

一般情况下,桥式方案比较的目的在于评估各方案的技术可行性,特别是桥梁基础工程的可行性。为此,比选时应该采取相对比较成熟的方案以提高评估的可信性。在编制桥式方案时,应根据水文、地质及航运条件,研究正桥、引桥的长度及跨度,并以各种结构形式及不同材料的上部结构进行同等深度的比较,并提供各个方案的建造方法和工程材料用量等。以工程量适度、技术先进并且可行的方案作为一个桥位的桥式参选方案。

近年来,随着社会的进一步发展,桥梁设计理念也在逐步发生变化。这些变化,反映在桥式方案上,主要表现为上部结构方案的确定。对一些位于城市、景区、特殊桥位处的桥梁,所提出的方案除技术可行性以外,还需要更多地考虑桥梁的美学定位,考虑自然环境、社会环境对桥梁美观的要求。

4.调查工作

上述几项工作应在实地勘测调查的基础上进行,主要包括以下几个方面。

(1)地形测量

为调查自然条件及周围环境而进行的勘测工作称为草测。一般需要根据比例尺为1:10000的地形图进行图上定线,在实地桥位两岸设点,用测距仪测得跨河距离加以校正,并进行现场核查。

(2)地质勘探

本阶段的地质工作以收集资料为主,辅以在两岸适当布置钻孔进行验证。要求探明覆盖层的性质、岩面高低、岩性及构造,有无大的构造、断层,并从地质角度对各桥位做出初步评价。

(3)水文资料

为确定桥梁的建筑高度、跨径、基础埋置深度等,需要调查和测量河流的水文情况,包括设计流量、历史最高/最低水位、百年一遇洪水位、常水位情况及流速等资料。在提供这些资料时,不仅要考虑上、下游是否有水库及拟建水库的影响;还要通过资料或试验,论证河道是否稳定,主河槽的摆动范围,以及桥梁建成后对河段上下游产生的影响(如建桥后形成的壅水是否影响上游防汛水位,上游流速减小是否形成淤积等)。对这些问题,必要时应通过水工模型试验加以论证。

此外,还要结合桥位,对一些特殊水文条件进行研究,如涌潮河段的涌潮问题,沿海地区的潮汐问题,近海环境中的海浪、风暴潮、海雾、海冰等问题。

(4)外部条件

外部条件是指调查、了解其他与建桥有关的情况,包括:当地的砂、石料、水、电力等的供应情况,当地及附近的运输条件,施工场地的确定及征用(桥头附近是否有足够的施工场地,是否占用农田、有无需要拆迁的建筑物),有无文物、古迹或不能拆迁的建筑物,桥梁高度是否在机场航空净空范围以内,附近有无码头、过江电缆、航运锚地等。以上均属要调查清楚的外部条件,对涉及的问题必须妥善加以处理。

三、初步设计

在桥梁可行性研究报告的基础上,经相关主管部门或建设单位(业主)审批通过,就可确定一座桥梁工程的建设项目并编制设计任务书。建设单位(业主)可采用招标或委托设计的方式进行桥梁的初步设计(preliminary design)。设计任务书是进行初步设计的依据。在初步设计阶段,设计单位应根据设计任务书中所确定的桥位、荷载等级、各项技术要求(如桥宽、桥梁建筑高度、通航净空等),遵循桥梁设计原则,进行桥梁的方案设计,包括拟定结构形式(如桥式、体系、跨度等)及其主要构造尺寸,提出施工方案,估算经济指标(如工程概算、主要建筑材料数量)等。对委托设计情况,被委托方应提交2~3个桥式方案以供比选,并提出推荐方案。对各投标单位的方案设计,须通过由建设单位(业主)组织的评审委员会进行评比,中标方案的设计单位可承担后续技术设计和施工设计工作。

初步设计的目的是在设计任务书的技术范围内提交一份建桥项目设计比选文件,见本教材数字资源包中高丘溪大桥初步设计图纸。通过初步设计,应完成以下内容:①说明本桥梁工程的特点和要求;②提出若干可行的比较方案;③分析各方案所需的费用、工期、技术措施等;④推荐准备采用的较好方案。

初步设计的内容包括:①设计任务的来源和要求;②桥址处自然条件的基本资料;③技术条件的选定;④桥位方案的比选,上下部结构方案的分析、比较和确定;⑤推荐方案及其理由;⑥推荐方案的指导性施工组织,包括施工方法、进度安排、场地布置、主要机具、材料和劳力配置等;⑦工程概算。

初步设计的重点是在桥式方案和结构总体构思方面。各方案均要求提供桥式布置图(bridge layout),标明桥跨布置、高程布置、上下部结构形式及工程数量。推荐方案时,应提供上、下部结构的结构布置图,以及一些主要的及特殊部位的细节处理图。各类结构都需经过验算并提出可行的施工方案。

在确定桥式方案时,需对桥梁的平面、立面和断面的具体布置以及它们之间的关系进行反复、交互地研究和调整。

1.平面布置

首先,根据桥址地形平面图,可试定正桥的桥轴线位置。其次,在轴线上,研究河岸及堤防情况,拟订两岸边墩(台)位置并布置其他桥墩。再次,结合通航情况和河床情况,判断各墩位是否满足通航要求;结合地质剖面图,研究各墩位的岩面情况和附近岩层构造;结合水文资料和计算,研究各墩位处的水深、流速、流向等。最后,综合以上情况,就可大致确定上下部结构类型、桥墩处的阻水和冲淤情况、基础类型及其大致的埋置深度等。

结合线路方向、两岸地形和立面布置,可以试选引桥轴线的走向、弯道和坡度。从岸边墩(台)的路面高程,用适当的引桥长和分界点与桥台连接,然后用填土路堤引道,降落到地面附近,与线路连接。

2.立面布置

根据平面轴线布置,结合地形图、地质剖面图、水位高程、计算冲刷线和已确定的上、下部结构,可以绘成沿轴线的桥梁立面图(elevation view)。在桥梁立面图上,能够进行上、下部结构和基础的轮廓设计,初步验算桥墩及基础的强度和稳定性;对构造、地质层次、河床、水深、两岸地形和坡道长度、桥面高程、桥下净空等,均可定出较为准确的尺寸和数字,并显示出全桥的结构概貌和轮廓造型。

3.断面布置

沿桥轴线各关键处,结合选定的结构类型、地形、地质横断面、水位高程和冲淤计算等,可以做出桥梁的断面布置图,显示出上部结构的横断面构造、桥面及桥面净空尺寸、墩台顺流向的轮廓设计(经验算后可确定墩台、基础的全部尺寸)。断面布置表达了桥梁的完整构造,是桥梁立面图的重要补充。

当桥梁的平面、立面、断面布置都能互相配合,满足技术要求时,桥式方案就能成立。

推荐方案必须是经过比选后得出的,要经得起反复推敲。所采用的桥式与跨径必须建立在调查研究和科学合理的基础上,切忌先入为主或屈从某种主观意志的支配,要防止和反对那种脱离实际、好大喜功、奢侈浪费(不算经济账)、盲目追求跨度第一或造型怪异的浮夸作风。

在桥式方案中,首先要慎重确定桥梁跨度,特别是主跨的跨度。采用大跨度对通航有利,也可减少费力费时的基础工程量。但在桥长相同时,大跨度较小跨度造价高、工期长(因较小的跨度可以采用多点施工、平行作业的措施)。通航桥跨应与航道相适应,要能覆盖各种水位时航道可能出现的变化。

在初步设计阶段还要进一步开展水文和勘测工作。通过水文工作,提供基础设计、施工所需的水文资料,如施工期间各月可能的高、低水位和相应的流速,河床可能的最大冲刷和施工时可能的冲刷等。

在初步设计阶段进行的勘测工作称为"初勘"。在初勘中要求建立以桥位中心线为轴线的控制三角网,提供桥址范围内比例尺为 1∶2000 的地形图。勘探工作一般在桥轴线上的陆地及水上布置必要的钻孔。必要时在桥轴线的上下游也可以适当布置一些钻孔,以便能够控制住岩层构造情况及其变化。最后根据钻探取得的资料,确定岩性、强度及基岩风化程度,覆盖层的物理、力学指标,以及地下水位情况等。

根据工程量、施工组织设计以及标准定额编列工程概算。各个桥式方案都要编列相应的概算,以便进行不同方案工程费用的比较。一般,初步设计概算不宜大于前期工作已批准的"估算"的 10%。

另外,在相关主管部门审批初步设计文件时,如对推荐方案提出修改意见,则需根据审批意见,再行编制"修改初步设计"报送上级审批。

四、技术设计

技术设计(technical design)需按照已批准的初步设计进行。对于常规桥梁,通常不需要进行技术设计而直接进行施工设计;对于新型、复杂、重要、大型的桥梁结构,需要对初步设计进行细化,以便发现可能存在的问题,以期进一步优化设计。技术设计阶段的主要内容是基于结构分析和设计,对选定的桥式方案中的各个结构总体的、细部的技术问题进一步研究解决,提供详尽的结构设计图纸,包括结构断面、配筋、构造细节处理、材料清单及工程量等。

在结构分析中,需要借助专门的桥梁分析软件,针对桥梁在施工及运营阶段的不同工况,详细地分析结构的静动力行为;在结构设计中,需要按照现行设计规范,对结构的安全性和适用性等进行检算。

在技术设计阶段,要进行补充勘探(也称技勘)。在进行补充勘探时,需要注意:需对各水中基础布置必要的钻孔;岸上基础的钻孔也要有一定的密度;基础下到岩层的钻孔应加密;通过勘探充分判断土层的变化。

技术设计的最后工作是调整概算(修正概算)。

五、施工设计

施工设计(design for construction drawing)需按照已批准的初步设计或技术设计进行。施工设计一般由原编制初步设计或技术设计的单位继续进行,也可由中标的施工单位进行。

施工设计内容主要包括结构设计计算(具体细节),绘制能让施工人员按图施工的施工详图等,具体可参考本教材配套案例册中梅子溪中桥施工图设计和数字资源包中巫库溪大桥施工图设计图纸。绘制施工详图过程中,对断面不宜做大的变动,但对细节处理及配筋,特别是钢筋布置则允许作适当变动。

在施工设计阶段,根据施工需要进行补充钻探(也称施工钻探),特别是对于重要的基础,尤其对支承在岩层内的基础要探明岩面高程的变化。

根据施工设计资料,施工单位编制翔实的施工组织设计和工程预算。

在所有设计文件经上级主管部门审批后,即可着手实施桥梁建造的各项工作。

桥梁建成后,通常还需进行成桥荷载试验、质量检查验收及办理交接手续,由接收部门负责今后的桥梁通车运营和养护维修。至此,建桥工作始告完成。

PART2 | 第二篇

基本构造

第 一 章

桥面构造

公路、铁路桥梁的桥面(deck)构造是指直接与车辆、行人接触的部分,它直接承受轮载作用,能对桥梁的承重结构以及桥上的车辆、行人起到保护作用,并满足桥梁的使用、维护和美观要求。

第一节 桥面组成

公路桥面构造包括桥面铺装、排水防水系统、人行道(安全带)、路缘石、栏杆、灯柱、安全护栏和伸缩装置等。图 2-1-1 给出了一个典型的公路桥梁横断面布置,除伸缩装置和灯柱以外的主要桥面构造均能在图中反映出来。

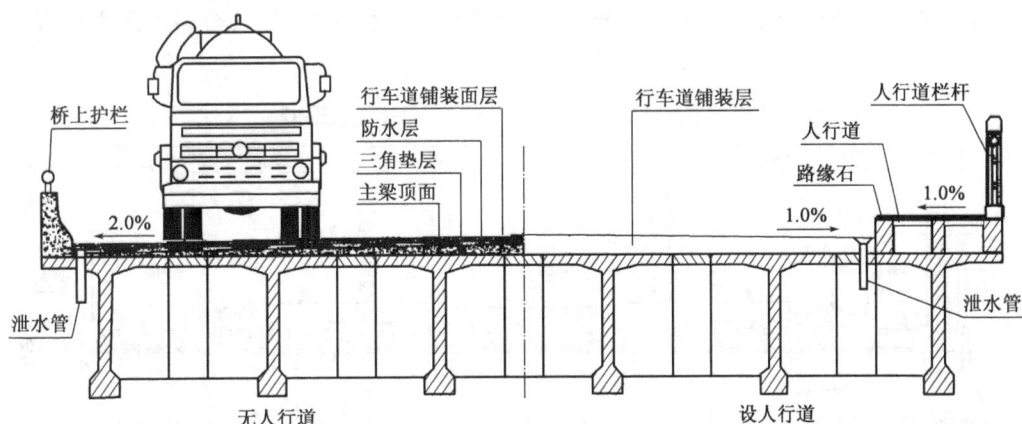

图 2-1-1 典型的公路桥梁横断面布置

干线铁路桥面构造通常包括钢轨、护轨、桥枕、道砟、挡砟墙、泄水管、人行道、栏杆和钢轨伸缩调节器等,如图 2-1-2 所示。铺设道砟的桥面称为道砟桥面(ballasted deck)。道砟桥面多采用预制混凝土桥枕。常用的钢板梁和钢桁梁桥的桥面则通常不铺道砟,而是将桥枕(木枕)直接铺在主梁上或桥面系上,称为明桥面(open deck)。

a)道砟桥面

b)明桥面

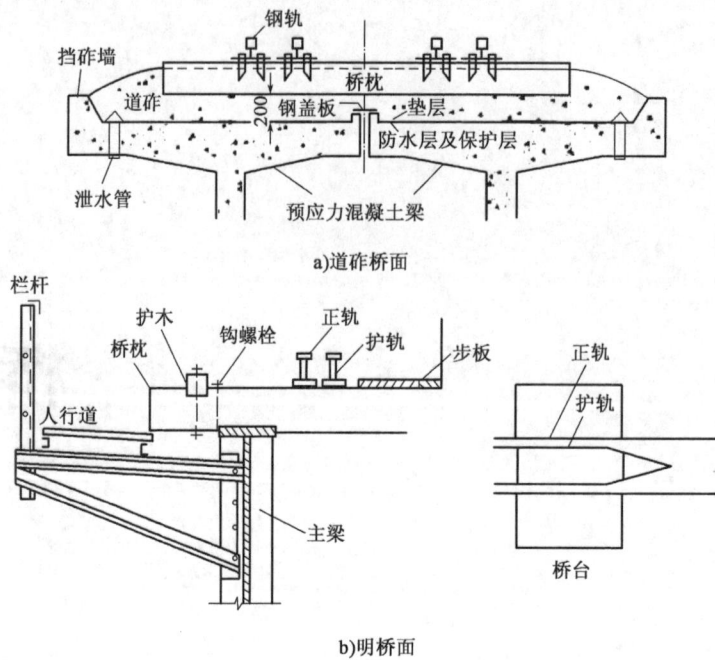

图 2-1-2　干线铁路桥面一般构造

木枕的特点是自重轻,具有较好的弹性。木枕的尺寸(宽×高×长)通常为 20cm×24cm×300cm。将枕下刻槽,搁置于主梁上,用钩螺栓与主梁上翼缘扣紧,以免行车时跳动。枕间净距不宜超过 21cm,这是为了防止当列车在桥上掉道时,车轮不致卡于两枕之间,以及在枕上继续滚动。正轨提供了列车正常运行轨道,除正轨外,还设有护轨。护轨两端应延伸到桥台以外一段距离,并弯向轨道中心。护轨的作用是当列车掉道后,用以控制车轮前进的方向,避免发生翻车事故。在木枕两端设有护木,用螺栓与木枕连牢。护木的作用是固定木枕之间的相对位置。一旦车轮脱轨并越出护轨后,护木还可以起到第二道护轨的作用。

我国高速铁路桥梁多采用双线整体桥面。桥面由轨道基础结构(道床)和桥面附属构造共同组成。道床分有砟道床和无砟道床两种。桥面分为有砟桥面和无砟桥面。高速铁路桥梁有砟桥面、无砟桥面构造示意图分别如图 2-1-3、图 2-1-4 所示。桥面附属构造主要包括人行道(用于检修)及栏杆、防排水体系、轨枕或轨道板、挡砟墙或防撞墙、电缆槽、接触网支柱等。特殊情况下,桥梁上还需设置声屏障或风屏障。

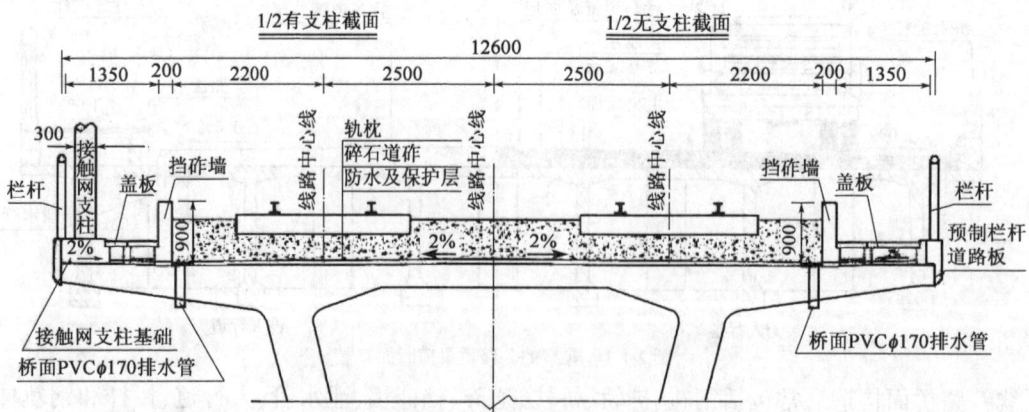

图 2-1-3　高速铁路桥梁有砟桥面构造示意图(尺寸单位:mm)

道床是高速铁路轨道系统的重要组成部分。图 2-1-3 所示的有砟道床构造与图 2-1-2a)类似,只是前者无须设置护轨。图 2-1-4 所示的无砟道床也称为整体道床,其基本构造是将预制轨道板通过水泥沥青砂浆调整层,铺设在现场浇筑的钢筋混凝土底座上。我国高速铁路采用的整体道床,已发展出CRTS(China Railway Track Slab)系列。

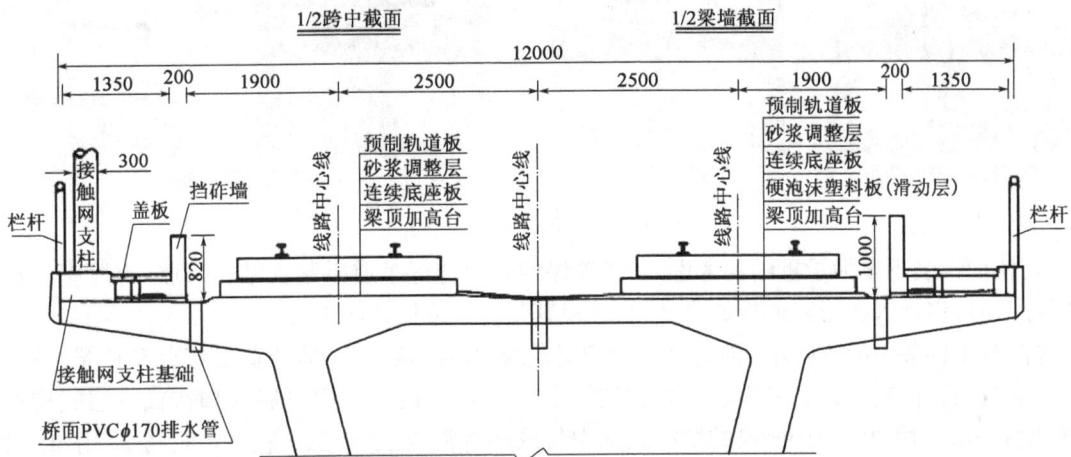

图 2-1-4　高速铁路桥梁无砟桥面构造示意图(尺寸单位:mm)

第二节　桥面铺装及防排水系统

一、桥面铺装

公路桥面铺装(也称行车道铺装、桥面保护层)设置在桥梁的行车道范围内,是直接与车轮相接触的桥面构造。桥面铺装(deck surfacing,wearing surface)的作用是,防止车辆轮胎直接磨耗属于承重结构的行车道板(主梁上翼缘),保护主梁免受雨水侵蚀,并对车辆轮重的集中荷载起到一定的扩散作用。因此,对桥面铺装材料及构造,要求有一定的强度,不易开裂,并耐磨。

公路桥面铺装有多种形式,包括水泥混凝土(包括纤维混凝土)、沥青混凝土、沥青表面处治和泥结碎石等。水泥混凝土和沥青混凝土桥面铺装能满足各项要求,使用较为广泛。它们的特点如下:水泥混凝土桥面铺装的造价低,耐磨性能好,适合重载交通,但养生期长,日后修补比较麻烦;沥青混凝土桥面铺装的重量较轻,维修养护方便,通车速度快,但易老化和变形;沥青表面处治和泥结碎石桥面铺装耐久性较差,仅在低等级的公路桥梁上使用。

桥梁上部结构顶面常用混凝土桥面和钢桥面两种类型,两种类型的桥面铺装形式有所不同。

1.混凝土桥面的桥面铺装

在公路混凝土桥和钢-混结合梁桥中,承担行车道板作用的桥面受力结构(桥面板)通常为钢筋混凝土或预应力混凝土结构。这种情况下桥面铺装主要采用水泥混凝土铺装,或沥青混凝土铺装,或混合型混凝土铺装。这几种常见混凝土桥面铺装的构造示意图如图 2-1-5 所示。

对水泥混凝土铺装,其厚度(不含调平层)不宜小于 80mm,混凝土强度等级不宜小于 C40。为使铺装层具有足够的强度和良好的整体性,应配置直径 8～12mm、间距 100～150mm 的方形钢筋网。混凝土桥面板上应预埋竖向锚固钢筋,方便钢筋网的定位,保障铺装层混凝土与桥面板的良好结合。根据需要,可以在混凝土中加入钢纤维(或聚丙烯纤维),形成纤维混凝土铺装,以进一步提高铺装层的耐磨性和抗裂性。

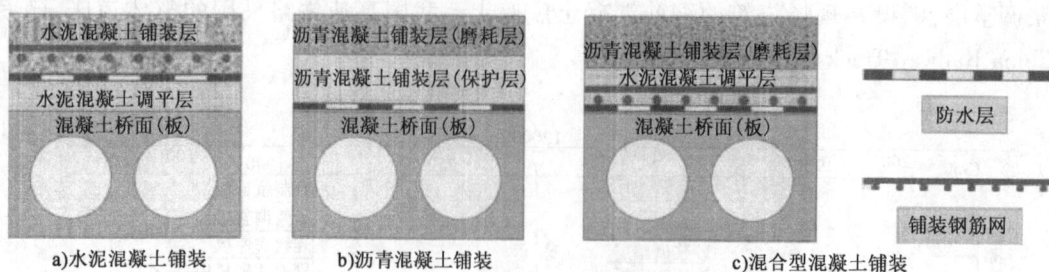

a)水泥混凝土铺装　　b)沥青混凝土铺装　　c)混合型混凝土铺装

图2-1-5　典型的混凝土桥面铺装

通常,桥面铺装不作为承重结构考虑,若能确保铺装层与行车道板紧密结合,则一定厚度的水泥混凝土铺装层还可以计入在行车道板的厚度内,并视其与行车道板共同受力。

沥青混凝土铺装一般由防水(黏结)层、保护层及磨耗层组成,它适宜于高等级公路桥梁、特大桥和大桥。大多数沥青混凝土铺装采用双层式构造[图2-1-5b)],也可采用单层式构造或三层式构造。上层(磨耗层)一般采用30~40mm厚的细粒式或中粒式沥青混凝土,下层(保护层)一般采用40~70mm厚的中粒式沥青混凝土。

混合型混凝土铺装是指面层采用沥青混凝土、底层采用水泥混凝土的组合形式,如图2-1-5c)所示。在底层水泥混凝土中,可根据需要设置钢筋网。沥青混凝土面层以及水泥混凝土底层的厚度和材料,可参考相应的铺装层构造进行设计。

混凝土桥面的铺装形式宜与桥梁所在的公路路面相协调,符合现行《公路沥青路面设计规范》(JTG D60)和《公路水泥混凝土路面设计规范》(JTG D40)的有关规定。

2.钢桥面的桥面铺装

公路钢桥的桥面铺装一般采用构造较复杂的沥青混凝土体系。考虑到钢桥面的防腐以及钢与沥青混凝土的黏结,将沥青混凝土铺装用于钢桥面时,铺装材料及构造应根据桥梁结构受力状态、桥面板构造、当地气象与环境条件、铺装材料性能等因素综合确定。

典型的钢桥面铺装通常采用高温拌和式沥青混合料、沥青玛蹄脂碎石混合料(SMA)、改性沥青、环氧树脂沥青等。钢桥面沥青铺装层厚度一般为40~100mm。图2-1-6为一个典型的钢桥面铺装结构及一个双层改性沥青铺装方案实例。

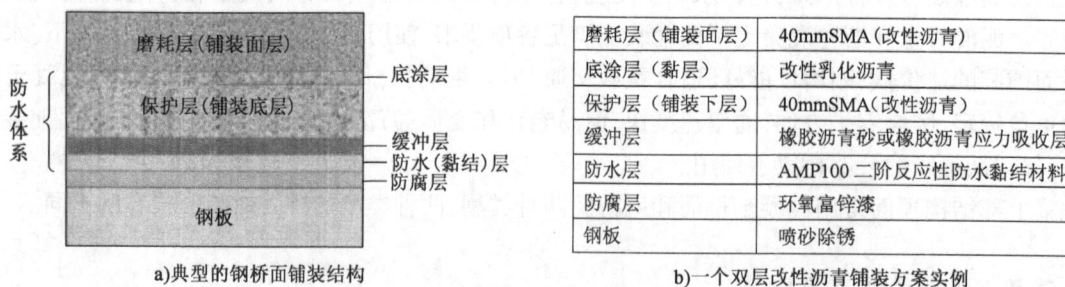

a)典型的钢桥面铺装结构

磨耗层（铺装面层）	40mmSMA(改性沥青)
底涂层（黏层）	改性乳化沥青
保护层（铺装下层）	40mmSMA(改性沥青)
缓冲层	橡胶沥青砂或橡胶沥青应力吸收层
防水层	AMP100二阶反应性防水黏结材料
防腐层	环氧富锌漆
钢板	喷砂除锈

b)一个双层改性沥青铺装方案实例

图2-1-6　典型的钢桥面铺装结构及方案实例

在铁路桥梁中,列车车轮直接与钢轨接触,通过轨枕、道床将载荷传递到梁顶,所以仅在梁顶设置防水铺装层和保护层。

二、桥面纵坡、横坡

前已述及,在桥面上设置纵坡有两方面原因:一方面是桥梁立面布置所需,另一方面则有利于排水,保证行车安全。在平原地区的通航河流上建桥时,为满足桥下通航要求,需要抬高通航孔的桥面高程;在两岸,则需要将桥面尽快降至地面,以减少桥头引道土方量,缩短桥长,从而节省工程费用。这样,就形成纵坡。桥面的纵坡,一般都做成双向纵坡,并通常在桥中心或主跨内设置竖曲线。

公路桥面横坡(lateral slope of deck)有双向横坡和单向横坡两种。双向横坡(又称为人字形横坡)可以起到汇水和排水的作用,防止或减少雨水对铺装层的渗透;单向横坡可以实现曲线段桥面上的横向超高设置(图2-1-7)。另外,人行道上也需要设置1.0%~1.5%的单向横坡。

公路桥面横坡,一般为1.5%~3%。双向横坡通常有以下三种设置方式:

(1)对于板桥(矩形板或空心板)或就地浇筑的肋板式梁桥,为节省铺装材料并减轻桥面恒载重力,可以将横坡直接设在墩台顶部,或通过调整支承垫石高度来形成横坡,从而使桥梁上部结构形成双向倾斜。此时,铺装层在整个桥宽上做成等厚的,分别如图2-1-7a)、c)所示。

(2)在装配式肋板式梁桥中,为使主梁构造简单、架设和拼装方便,通常将横坡直接设在行车道板上,即先铺设一层厚度变化的混凝土三角形垫层,形成双向倾斜,再铺设等厚的混凝土铺装层,如图2-1-7b)所示。

(3)对宽度较大的桥梁,用三角垫层设置横坡将使混凝土用量或桥面二期恒载重力增加太多。为此,可将行车道板做成倾斜面而形成横坡,如图2-1-7d)所示。

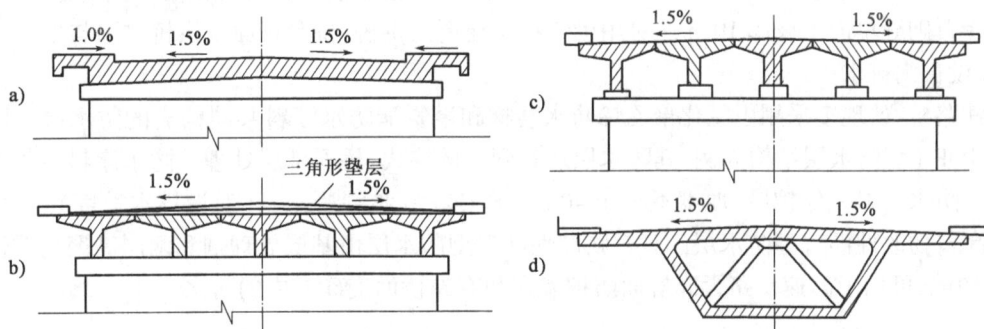

图2-1-7 公路桥面横坡的设置

对干线铁路桥,桥面宽度有限,一般是在道砟槽形板顶部铺设防水层和保护层,并形成单向或双向的排水横坡。对高速铁路桥梁,则需根据梁体构造、道床类型、线路股数等,并结合泄水管布设,采用人字形横坡或V形坡等排水横坡方式。

铁路桥梁的纵坡小而不利于汇水排水,因此,除设置排水横坡外,还应根据需要在纵向泄水管之间设置0.3%左右的汇水纵坡,形成双向汇水面。

三、桥面防水

对于混凝土桥面板,如果侵蚀物质(如雨水)进入混凝土内部,会导致钢筋锈蚀,进而降低混凝土桥面板的使用寿命;为提高结构的耐久性,通常需要在桥面板的顶面敷设专门的防水层或涂刷防水剂等。

对于钢桥面板,由于钢材本身更容易产生锈蚀,钢桥面板与桥面铺装层之间更需要设置专门的防腐和防水层。

我国早期桥梁设计中对混凝土桥面防水没有严格要求,只是建议根据桥址处的气温和雨量、桥梁结构、桥面铺装形式等具体情况来确定是否设置桥面防水层。随着对结构耐久性问题的日益重视,《公路装配式混凝土桥梁设计规范》(JTG/T 3365-05—2022)要求桥面铺装应设防水层。

常规的桥面防水层设置在桥梁行车道板的顶面,即三角垫层(调平层)之上、铺装面层之下,其作用是将透过桥面铺装层渗下的雨水汇集到排水设备(泄水管)排出。防水层要求不透水,具有较高的强度、弹性和韧性,耐高温、低温,腐蚀和老化,与沥青混凝土和水泥混凝土的亲和性好,施工安全、简便、快速。

公路桥面常用的粘贴式防水层由两层防水卷材（如油毛毡）和三层黏结材（沥青胶砂）相间组合而成，一般厚 1~2cm，如图 2-1-8a）所示。其他的防水措施：在三角垫层上设防水涂层（柔性防水层），[图 2-1-8b）]，或在铺装层上加铺一层沥青混凝土，或直接用防水混凝土做铺装层。近年来开发的新型防水涂层（卷材）较多，如聚合物沥青桥面防水涂料、PC 橡胶防水卷材等。

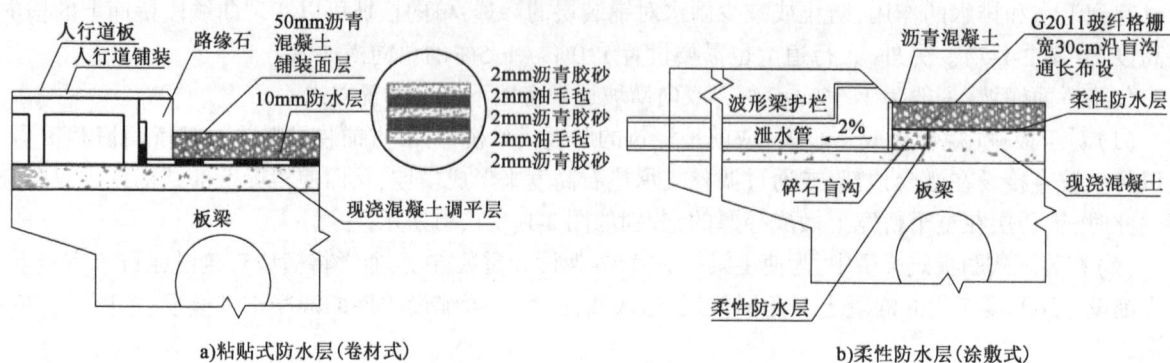

图 2-1-8　桥面防水层设置示例

防水层在桥面伸缩缝处应连续铺设，不可切断；沿纵向应铺过桥台背，沿横向则应铺过缘石底面，从人行道与缘石砌缝里向上叠起 10cm。对用砌体材料建造的拱桥，桥台背面及拱桥拱圈与填料间应设置防水层，并设盲沟排水。

对于铁路桥梁，现多采用由氯化聚乙烯防水卷材和聚氨酯防水涂料共同构成的防水层。以铁路混凝土桥面 TQF-I 型防水层结构为例，其防水层从底到顶的构成：桥面基层处理—防水涂料—防水卷材—防水涂料—防水卷材—保护层（厚度不小于 40mm 的 C40 纤维混凝土，其上设排水坡度）。除此之外，还可采用高聚物改性沥青型防水层。高聚物改性沥青型防水层由基层处理剂和两层高聚物改性沥青卷材（热熔）构成，可用于高速铁路无砟桥面防护墙内和有砟桥面道砟槽内的防水。

四、桥面排水系统

为防止雨水积滞于桥面并渗入梁体，从而影响桥的耐久性，除在桥面铺装内设置防水层外，还应使桥上的雨水被迅速引流排出桥外，为此需设计一个完整的排水系统。排水系统的设置应满足环保和安全的要求。

桥梁中使用的排水系统设置包括自然排水、泄水管排水和强制排水三种情况。具体如下：

（1）当公路桥桥面纵坡大于 2%，桥长小于 50m 时，一般能保证通过桥头引道自然排水，桥上可不设泄水管。此时，可在引道两侧设置流水槽，以免雨水冲刷引道路基。

（2）当桥面纵坡大于 2%，桥长大于 50m 时，除桥面纵横坡排水外，还需要设置泄水管排水。泄水管可沿行车道两侧左右对称排列，也可交错排列，一般每隔 12~15m 长度设置一个。

（3）当桥面纵坡小于 2% 时，泄水管就需要设置更密一些，一般每隔 6~8m 设置一个。通常，每平方米的桥面宜设置面积为 300mm² 左右泄水管。在高速公路和一级公路中，一般采用直径 150mm 的泄水管，间距为 4~5m。泄水管的具体布置位置，可参见前述各图。

在城市地道桥中，桥梁路面的纵向曲线处于竖曲线的凹点，雨水从地道桥的两头向桥梁中点汇集，若雨水汇流较多或自然排水受制时，则需要设置专门的雨水泵站，将汇集的雨水强制排到城市雨水管道中。

泄水管分为铸铁泄水管、PVC（聚氯乙烯）泄水管等不同形式。铸铁泄水管可分为竖向圆形管和横向矩形管。竖向圆形管的内径一般为 10~15cm，横向矩形管的静尺寸一般在 8×20cm 左右。PVC 泄水管是以 PVC 为主要原料，经挤出或注塑成型的塑料制品，主要由管盖、预埋件和下接管组成。PVC 管材的型号多样,种类齐全,具有防腐蚀、抗老化、耐候性好、便于运输安装等诸多优点。图2-1-9为铸铁泄水管和PVC泄水管实物图。

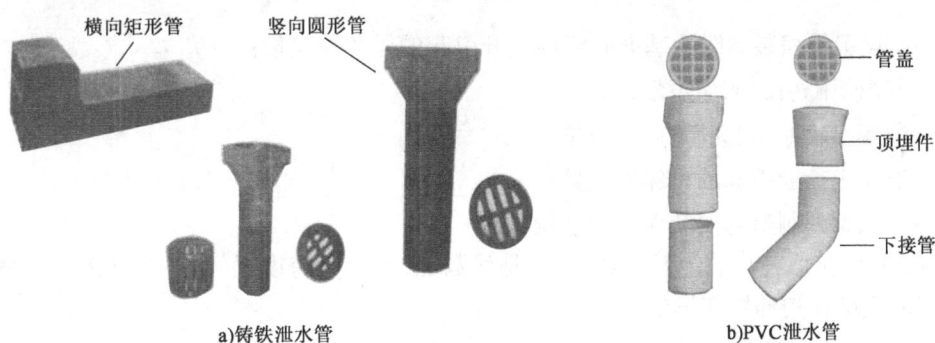

图 2-1-9 铸铁泄水管和 PVC 泄水管实物图

泄水管的布置形式有以下几种:

(1)竖向布置,即通过泄水管直接排水到桥面以下。采用竖向布置的泄水管排水时,泄水管应伸出结构物底面不小于30mm。

(2)横向布置,即通过泄水管直接排水到桥面以外,这种方式也要求泄水管管口须伸出构件最外侧30mm以上,以便滴水。横向布置的泄水管容易产生淤堵,影响排水效果,只适宜于小型桥梁。

(3)封闭式排水系统,即设置完整封闭的排水系统,将排水管道沿墩台接至地面排水系统。对于跨越城市道路、公路、铁路及通航河流的桥梁,为避免桥面排水对桥下交通环境的影响,尤须如此。

第三节 桥梁伸缩装置

桥跨结构在气温变化、活载作用、混凝土收缩和徐变等影响下会发生伸缩变形。为满足结构按照设计的计算图式变形,同时桥面能保证车辆平顺通过,应在相邻两梁端之间,或梁端与桥台之间,或梁的铰接位置处[这些位置的结构间的间隙称为伸缩缝(expansion joint)]的桥面设置伸缩装置(expansion installation)。简而言之,伸缩缝是指为适应材料胀缩变形对结构的影响,在桥跨结构的两端设置的间隙;伸缩装置是指为使车辆平顺通过桥面并满足桥面变形的需要,在伸缩缝处设置的各种装置的总称。

伸缩装置的构造应满足下列要求:在平行、垂直于桥梁轴线的两个方向,均能自由伸缩;伸缩装置本身及其与结构的连接牢固可靠;车辆驶过时应平顺、无突跳、无噪声;可防止雨水和垃圾泥土渗入阻塞;安装、检查、养护、清污均简易方便。

需要强调的是,在设置伸缩装置处,栏杆、路缘石与桥面铺装都需要断开。

伸缩装置是桥梁的薄弱位置,微小的不平整也会使它承受较大的冲击作用,因此常常遭到损坏(主要表现为接缝处错台而导致桥面破坏和跳车,影响行车平稳性和舒适性)而需要维护、更换。造成伸缩装置普遍破损的原因,除了交通流量增大、重型车辆增多(冲击作用明显增大)外,设计、施工和养护方面的失误也不容忽视。因此,对于伸缩装置的设计和构造处理绝不能简单行事。

一、伸缩量计算

伸缩装置多为定型产品,选用时需要计算出满足结构自由变形的伸缩量。

伸缩装置类型的选用主要取决于桥梁的伸缩量 Δl。伸缩量的计算公式为

$$\Delta l = \Delta l_t^+ + \Delta l_t^- + \Delta l_s^- + \Delta l_c^- + \Delta l_e \qquad (2\text{-}1\text{-}1)$$

式中：Δl_t^+——以设置伸缩装置时为基准的气温上升引起的梁体伸长量；

$\quad\Delta l_t^-$——气温下降引起的缩短量；

$\quad\Delta l_s^-$——混凝土收缩引起的梁体缩短量；

$\quad\Delta l_c^-$——混凝土徐变引起的梁体缩短量；

$\quad\Delta l_e$——计入梁的制造与安装误差的余量。

注意：式(2-1-1)是取各项的绝对值之和，不是代数和；对于大跨度桥梁，还应计入因荷载作用及梁体温差等引起的梁端转角伸缩变形量。

二、公路桥梁伸缩装置

公路桥梁的伸缩装置种类繁多，并得到不断改进。依据伸缩装置的伸缩方式及其构造特点，公路桥梁伸缩装置可以分为五类，即对接式伸缩装置、钢制支承式伸缩装置、板式橡胶伸缩装置、模数支承式伸缩装置、无缝式伸缩装置(含桥面连续构造)。

1.对接式伸缩装置

根据其构造形式和受力特点的不同，对接式伸缩装置可分为填塞对接型和嵌固对接型两种伸缩装置。

填塞对接型伸缩装置是用沥青、木板、麻絮、橡胶等材料填塞缝隙，伸缩体在任何情况下都处于受压状态。该类伸缩装置一般用于伸缩量在 40mm 以下的低等级公路桥梁上，但容易破损失效，目前已很少采用。

嵌固对接型伸缩装置是利用不同形状的钢构件将不同形状(如 W 形、M 形、箱形、鸟形等)的橡胶条(带)嵌牢固定，并以橡胶条(带)的拉压变形来适应梁体的变位。该类伸缩装置被广泛应用于伸缩量在 80mm 及以下的桥梁中。图 2-1-10 为国产 GQF-C 型伸缩装置构造示意图。它采用热轧整体成型的C 字形异型钢为主要构件，嵌固防水密封橡胶带为伸缩体，配以锚固系统所组成。

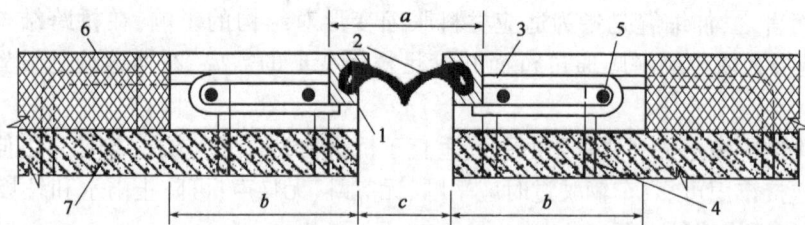

图 2-1-10 国产 GQF-C 型伸缩装置构造示意图

1-"C"字形异型钢；2-密封橡胶带；3-锚固钢筋；4-预埋钢筋；5-水平加强钢筋；6-桥面铺装；7-梁体；a-伸缩缝构造宽度；b-安装凿除修补宽度；c-梁间距离

2.钢制支承式伸缩装置

钢制支承式伸缩装置是用钢材装配制成的、能直接承受车轮荷载的一种构造。以前钢制支承式伸缩装置多用于钢桥，现在也可用于混凝土桥梁。钢制支承式伸缩装置的形状、尺寸和种类较多。国内常见的钢制支承式伸缩装置有钢板叠合式伸缩装置和钢梳形板伸缩装置两种。

钢板叠合式伸缩装置是一种用于中小跨度桥梁的伸缩装置，伸缩量一般为 70mm 以下。这类伸缩

装置构造主要是通过在伸缩缝端结构处预埋角钢,在角钢上设置一块跨缝钢盖板,其一端与角钢焊接固定,另一端则直接搭在另一侧的角钢上,利用上下叠合的钢构件间的滑动适应伸缩变形,利用跨缝钢板来直接承担车轮荷载,如图 2-1-11 所示。因容易受到冲击、振动影响,这类伸缩装置的钢板焊缝容易破坏,钢板容易发生变形而损坏、脱落。

图 2-1-12 为 SF 型钢梳形板伸缩装置的构造示意图及示例。这类伸缩装置的伸缩体采用一对钢制梳齿板组合而成。交错的梳齿部分通常设置结构伸缩缝的一侧,而跨越断缝的部分仍维持完整的钢板,以便承受车轮荷载;为便于滑动,面层的梳齿钢板下面与结构层顶面敷设不锈钢板;为便于防水,在梁体顶面设置橡胶防水层。该类伸缩装置由于其自身刚度大、抗冲击性能好,建筑高度低,伸缩量大(最大 420mm),可应用于公路、铁路的钢桥或混凝土桥梁。为便于更换,采用高强螺栓将梳齿钢板锚固于梁体,且在沿伸缩缝方向设置为多块单元板。

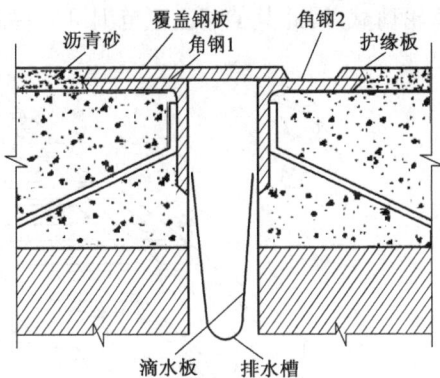

图 2-1-11　钢板叠合式伸缩装置构造示意图
(尺寸单位:mm)

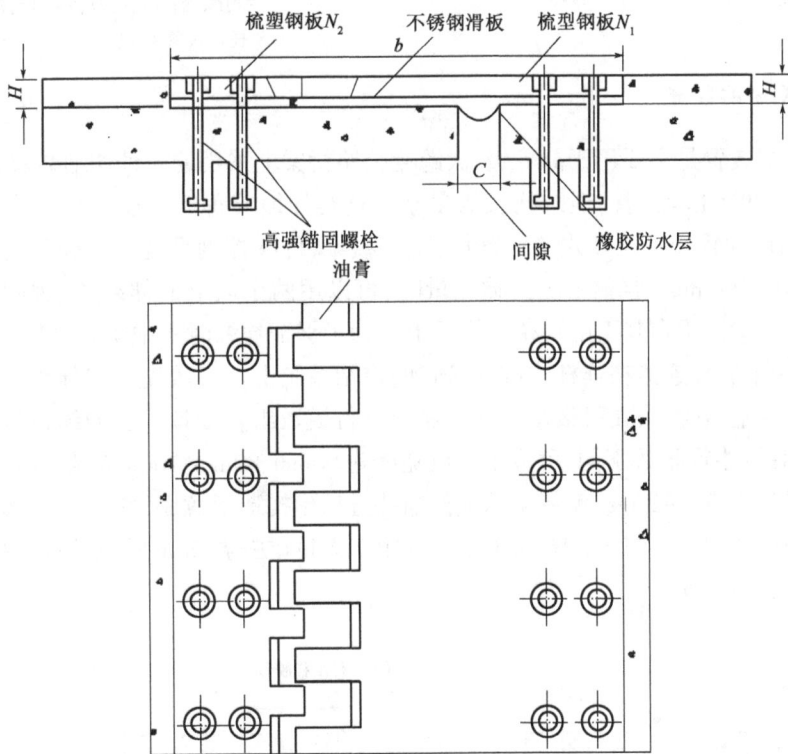

图 2-1-12　SF 型钢梳形板伸缩装置构造示意图及示例

3.板式橡胶伸缩装置

板式橡胶伸缩装置是利用橡胶剪切模量低的原理设计制造而成的。橡胶板上设有上下凹槽或"W"形褶皱槽,依靠凹槽间的橡胶体剪切与拉压变形来适应结构变位。板式橡胶伸缩装置分为普通板式橡伸缩装置和组合式橡胶伸缩装置两种。

普通板式橡胶伸缩装置中,需要在橡胶板内预埋加强钢板以提高橡胶的承载能力,适用于伸缩量小于 60mm 的桥梁,如图 2-1-13 所示。如果在橡胶板下方设置一层梳齿式钢托板,就可以形成组合式橡胶伸缩装置。组合式橡胶伸缩装置中,伸缩体由橡胶板和钢托板共同构成,而钢托板可以更好地承担竖向车轮荷载,因此其伸缩适应范围可以提高到不大于150mm的桥梁,如图2-1-14所示。

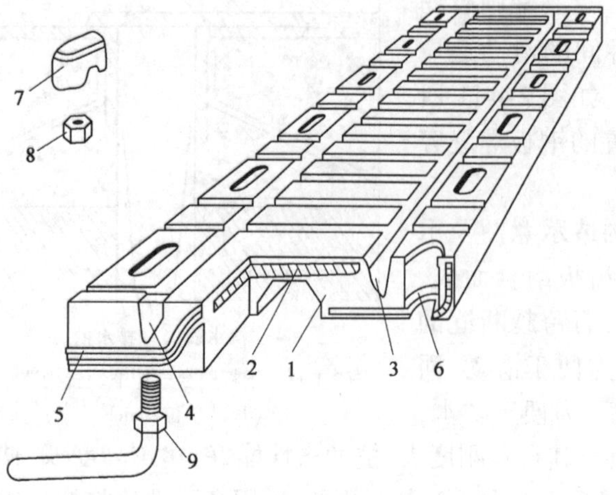

图2-1-13 普通板式橡胶伸缩装置一般构造
1-橡胶;2-加强钢板;3-伸缩用槽;4-止水块;5-嵌合部;
6-螺母垫板;7-腰形盖帽;8-螺母;9-螺栓

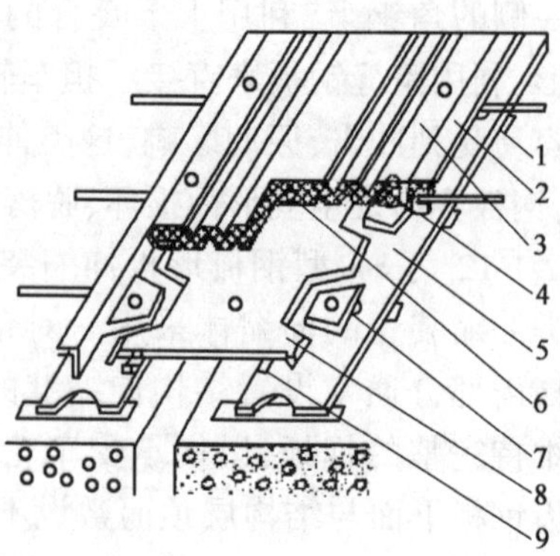

图2-1-14 组合式橡胶伸缩装置一般构造
1-预埋铁;2-边角铁;3-橡胶伸缩装置;4-内
六角螺栓;5-底钢板;6-螺栓;7-固定齿板;
8-托板;9-限位块

4.模数支承式伸缩装置

模数支承式伸缩装置是主要用于高等级、大跨度公路桥梁上采用的一种伸缩装置,其特点是伸缩量大(可达2000mm),功能比较完善,但结构较为复杂。这类伸缩装置的主要部分是由异型钢与橡胶条(各种截面形式)组成的犹如手风琴式的伸缩体,配上横梁、位移控制系统以及弹簧支承系统。每个伸缩体的伸缩量为60～100mm。当需要更大伸缩量时,可以用两个以上的伸缩体,中间用若干根横桥向布置的中梁隔开。中梁支承在其下的顺桥向横梁上。为了保证伸缩时各中梁始终处于正确位置并作同步水平位移,应将中梁底部连接在连杆式或弹簧式的控制系统上。模数支承式伸缩装置的最大特点是橡胶伸缩体与钢件可定型生产,并可根据伸缩量需求进行模数组合设计。当伸缩体做成60mm、80mm、100mm三种型号时,视中梁根数不同,可以组合成宽度为60mm、80mm、100mm及倍数的各种伸缩装置。

图2-1-15为德国毛勒(Maurer)模数支承式伸缩装置鸟形构造示意图,它采用Z形边梁和工字形中梁与鸟形橡胶带的组合构造。图2-1-16为南京长江第二大桥(主跨628m的钢箱梁斜拉桥)中使用的模数支承式伸缩装置实例图片。

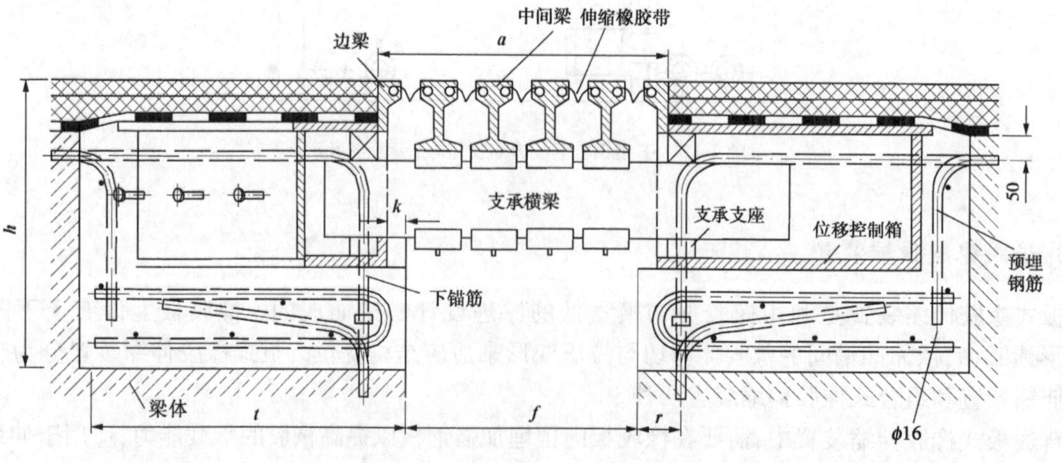

图2-1-15 德国毛勒模数支承式伸缩装置鸟形构造示意图(尺寸单位:mm)

图2-1-16 南京长江第二大桥中使用模数支承式伸缩装置实例图

5.无缝式伸缩装置

无缝式伸缩装置是指在伸缩缝处的桥面处填入专用弹塑性黏结材料,利用该材料的拉压变形来适应伸缩要求的一种构造措施。由于伸缩体与桥面铺装整体连续,外观上不存在伸缩装置的缝槽,也称为无缝式伸缩装置或暗缝式伸缩装置。

该构造的基本工艺是:在梁端部的伸缩缝间隙中填入弹性材料并铺上防水材料,然后在桥面铺装层中铺筑一窄条的弹塑性黏结材料。该材料可以吸收温度和车辆荷载产生的结构位移,保证伸缩体不开裂损坏,适用于桥梁上部构造的小量伸缩变形和转动变形。其主要特点是:行车平顺,不致产生冲击振动;在寒冷地区,易于机械化除雪养护;施工简便等。图2-1-17为TST弹塑体(高分子聚合物与沥青混合,并添加防老化剂等多种配剂)与碎石填充型伸缩装置的构造,适用于伸缩量50mm以下的情况。

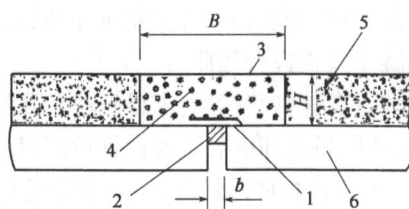

图2-1-17 TST弹塑体与碎石填充型伸缩装置构造
1-跨缝板;2-海绵体;3-TST弹塑体;4-碎石;5-桥面铺装层;6-梁体

从桥面铺装连续的角度看,桥面连续构造也可视为无缝式伸缩装置的一种特殊形式。为提高行车舒适度,减少伸缩装置的数量和养护工作量,桥面连续构造在高等级公路的小跨径多孔简支梁(板)桥中广泛采用。对多孔(通常3~5孔)简支梁桥,在相邻梁体处梁缝上的桥面铺装层连续敷设;通过构造措施,使该处的铺装层能释放梁体间的相对转角,形成类似铰缝的构造。这样,对采用桥面连续构造的多孔简支梁,在竖向荷载作用下的受力状态可按简支体系考虑,而在纵向水平力作用下则按连续体系考虑。实际工程中桥面连续构造有多种形式,图2-1-18所示为其中一种。

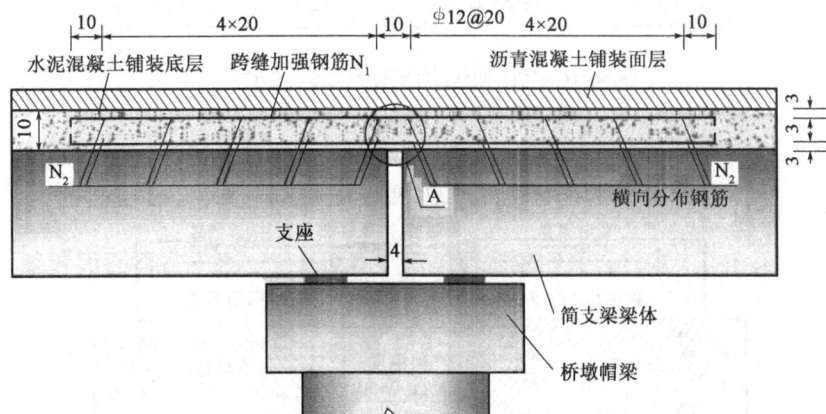

a)整体构造

图 2-1-18

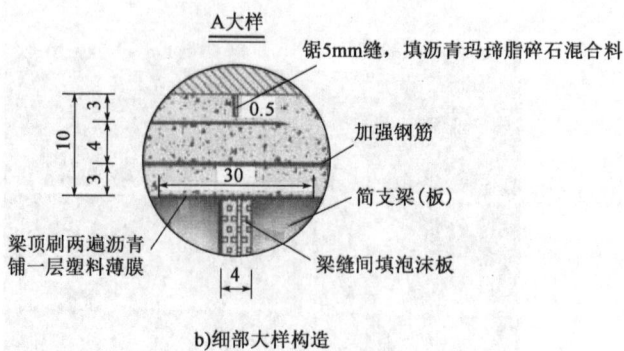

图 2-1-18　桥面连续构造(尺寸单位:cm)

三、铁路桥梁伸缩装置

在铁路桥梁中,为适应结构纵向变形释放需求,需要在桥梁上部结构上设置伸缩缝。对于道砟桥面,由于列车只是在桥面的轨道上运行,当桥梁纵向伸缩量较小时,不需要设置专门的桥梁伸缩装置,仅需要对结构伸缩缝处进行挡砟处理。在简支梁桥的梁与梁之间、梁与桥台之间的横向间隙,或者在装配式简支梁(至少由两片梁组成单线铁路桥)的梁与梁之间的纵向间隙,均可采用铺设在结构顶面的钢或混凝土盖板进行挡砟。

对高速铁路桥梁,需设置轨道及结构的伸缩装置,以适应桥梁结构的纵向位移。依据高速铁路的特点,铁路桥梁伸缩装置的设计应满足以下要求:

(1)计算伸缩量时,除应考虑混凝土徐变、收缩、温度变化力的影响外,还应考虑牵引力、制动力等因素的影响。

(2)伸缩装置应能方便地进行部分或整体更换;伸缩缝处应有良好的防、排水措施。

图 2-1-19 为适用于常规跨度的高速铁路客运专线梁桥采用的 TSSF100 型伸缩装置示意图。

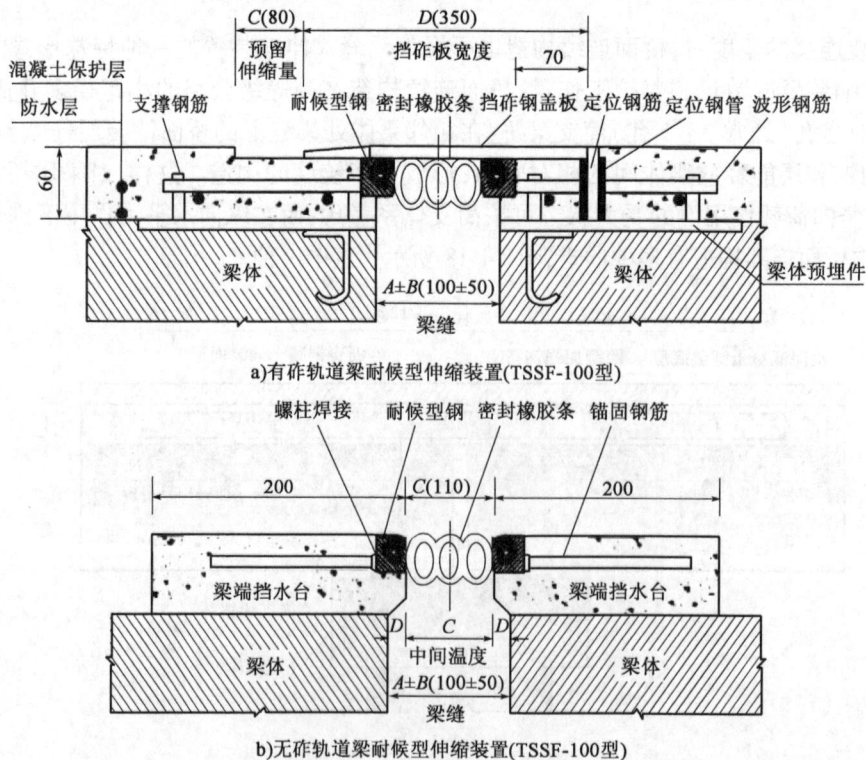

图 2-1-19　高速铁路客运专线梁桥采用的伸缩装置示意图(尺寸单位:mm)

在荷载与温度变化影响下,铁路桥梁上的(无缝)钢轨会随同桥梁一起伸长或缩短。但由于钢轨与梁体沿线路纵向的约束条件不同,两者的温度变化和温度系数有所不同,导致两者的伸缩长度有异;同时,由于钢轨与梁体之间的相对位移受到约束,进而产生相互作用力,这种附加纵向力对墩台和轨道的安全是不利的。因此,桥梁设计规范要求连续长度大于100m的桥梁,必须在梁端伸缩缝处或桥面其他合适位置设置钢轨伸缩调节器。钢轨伸缩调节器既可以用来减小相对位移和相互作用力,也可以保证车轮在连续的而不是断开的轨道上滚动。

钢轨伸缩调节器的种类有限,构造也较简单。图2-1-20为铁路桥梁单向钢轨伸缩调节器构造示意图。若将图中的尖轨做成两端一样,就成为双向钢轨伸缩调节器。这种钢轨伸缩调节器只需将原来对接的两号钢轨分别向内侧、外侧稍加弯曲,并平行地伸至对方一段距离。内侧钢轨的内缘磨削成尖状,使两根钢轨的内缘处在同一直线上,以便车轮通过。尖轨与外侧钢轨用弹簧抵紧,使钢轨伸缩时尖轨始终贴紧在外侧钢轨上,轨尖处不致出现缝隙。

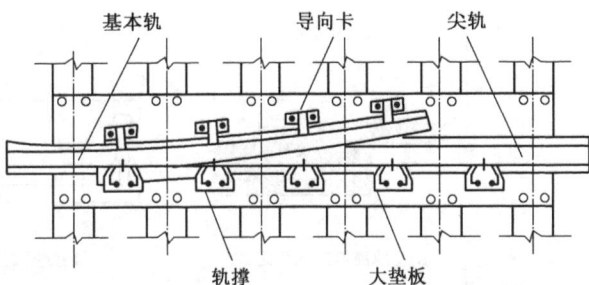

图2-1-20　铁路桥梁单向钢轨伸缩调节器构造示意图

第四节　其他桥面构造

在桥面构造中,除了行车道板上的桥面铺装及其防排水构造、梁端的伸缩装置外,还有一些用于保障行车、行人安全的其他桥面构造,如安全带、人行道、人行道栏杆、行车道护栏、桥上照明系统等。

对于城市道路桥梁,除了具有和公路桥梁相同的桥面构造外,还需要注重桥面构造(如栏杆、灯柱等)的造型与色彩,体现出结构与环境相协调、与文化相融合的美学需求。

一、人行道与栏杆

1.人行道

对位于城镇和近郊的公路桥梁以及城市道路桥梁,均应设置人行道(sidewalk)。人行道是桥面构造中用于行人通行的部分。人行道一般设置在桥面的两侧,其宽度由人行交通流量决定。单侧人行道的最小宽度一般为0.75m或1.0m;当其大于1.0m时,按0.5m的倍数递增。

为确保行人安全,人行道通常高于行车道0.25~0.35m。人行道与行车道衔接处通常设置与人行道等高的路缘石(curb)。城市桥梁中,经常会借用人行道板下的空间布设管线(如电力、通信、给水等)。

人行道的设置方式和构造措施多种多样,具体设计时需要结合桥梁用途、桥梁结构形式和人行需求加以考虑。

按照人行道的施工方法,人行道主要可以分为以下三种形式:

(1)就地浇筑式人行道:指人行道构造与桥梁承重结构连为整体,通过在主体结构侧边现浇抬高的悬臂板,再敷设人行道铺装层形成人行道,如图2-1-21a)所示。

(2)预制装配式人行道:指将人行道做成预制块件安装,预制块件可以为整体搁置式人行道预制块件,也可以为分块悬臂式人行道预制块件,如图2-1-22、图2-1-23所示。

（3）部分现浇+部分装配式人行道：指将人行道的路缘石、栏杆基座垫石、人行道板下垫块在桥面上直接现浇，再安装预制人行道板，形成架空的人行道构造。这是目前桥梁中较多采用的人行道构造，如图 2-1-21c）所示。

按照人行道在桥面上安装时与桥面主体结构的相对关系划分，人行道可以分为以下 3 种形式：

（1）分离式人行道：在行车道梁外专门设置用于承受人行道荷载的人行道桥跨结构。车行道梁与人行道梁在横向可连接或完全分离，如图 2-1-21b）所示。

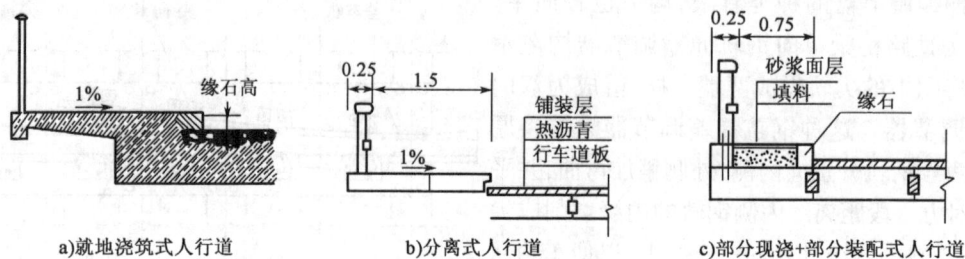

图 2-1-21　人行道的布置方式（尺寸单位：m）

（2）搁置式人行道：人行道结构搁置于主体结构之上。图 2-1-22 为整体搁置式人行道构造图，截面呈肋板式。人行道与行车道板之间无须联结，人行道板下可放置过桥的管线。

（3）悬臂式人行道：人行道结构的一部分悬出主体结构以外。图 2-1-23 为分块悬臂式人行道构造图。人行道由人行道板、人行道梁、支撑梁及路缘石组成。人行道梁搁在行车道的主梁上，一端悬臂挑出，另一端则通过预埋在人行道梁上的钢板与主梁预留的锚固钢筋焊接加以固定。

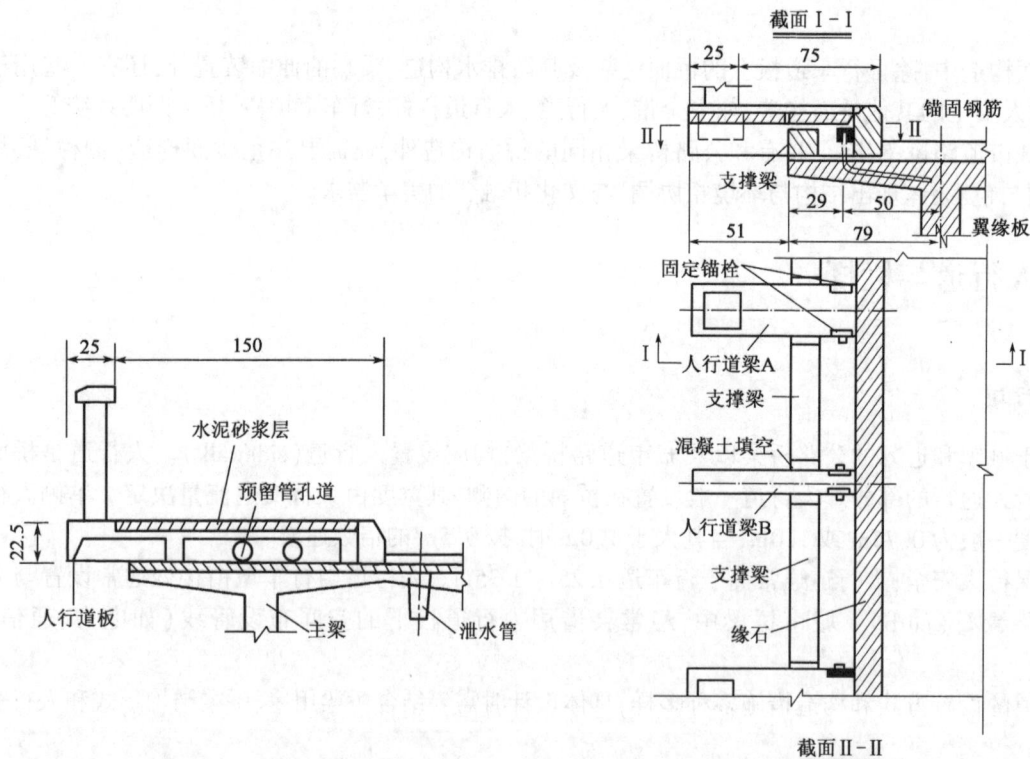

图 2-1-22　整体搁置式人行道构造图（尺寸单位：cm）

图 2-1-23　分块悬臂式人行道构造图（尺寸单位：cm）

人行道板顶面一般铺设 20mm 厚的水泥或沥青砂浆作为面层，也可镶砌彩色面砖，并做成 1% 左右的内倾排水横坡。

对于常规的铁路桥梁，人行道主要供养护维修人员通行及临时堆放材料（如道砟、枕木、钢轨等）。

明桥面应在轨道中心铺设步行板,并根据养护需要设置单侧人行道或双侧人行道。道砟桥面应设置双侧人行道。对装配式混凝土梁桥,人行道(包括栏杆)的标准构造如图 2-1-24 所示。在挡砟墙内,预埋了供安装人行道钢支架的 U 形螺栓。人行道支架、栏杆、扶手多采用型钢,人行道板系用钢筋混凝土制成。对于采用道砟桥面的箱梁桥,宜直接在整体桥面板上设置人行道。

高速铁路桥梁中的人行道为检修作业专门通道。人行道设置在桥面两侧,宽度不小于 0.8m。为确保作业人员不受高速列车通行时带来的风压危害,要求人行道栏杆内侧距线路中心线有一定的安全距离。图 2-1-25 为一个典型的高速铁路桥梁桥面人行道(包括栏杆)布置图,它包括防撞墙(对有砟道床则为挡砟墙)、人行道板、竖墙、遮板、人行道栏杆等。人行道的大部分构件可采用 C40 混凝土制作。

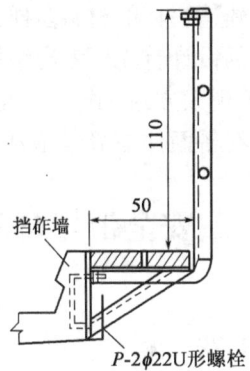

图 2-1-24　铁路桥梁人行道(包括栏杆)的标准构造(尺寸单位:cm)

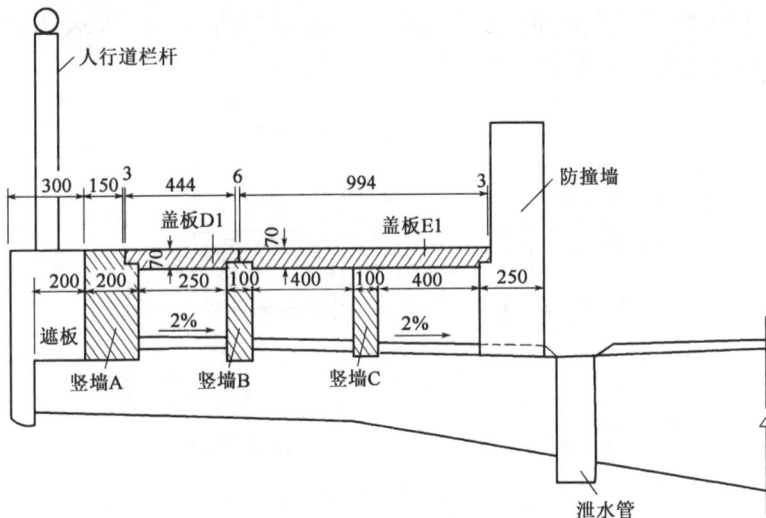

图 2-1-25　高速铁路桥梁桥面人行道(包括栏杆)布置图(尺寸单位:mm)

2.栏杆

栏杆(parapet)是桥上保护行人安全的设施,要求坚固耐用;同时,栏杆是适于表现桥梁美观的构造。传统栏杆的基本构成包括扶手、栏杆柱、横挡(栏板)。扶手是承担行人倚靠的水平构件,栏杆柱承受和传递行人作用的水平荷载,横挡是实现遮挡功能的主要构件。随着栏杆形式的多样化发展,上述构件的区分已不十分清晰,通常相互组合使用,以共同实现安全与美观功能。

在外观形式上,栏杆可分为节间式与连续式两种栏杆,其构造示意图如图 2-1-26 所示。节间式栏杆的构造如前所述。节间式栏杆的特点是便于预制安装,能配合灯柱设计,但对跨度不等的桥,在划分上较为困难。连续式栏杆无须栏杆柱,由连续的扶手、栏杆板及底座组成。连续式栏杆有规则的栏杆板,富有节奏感,较简洁明快。

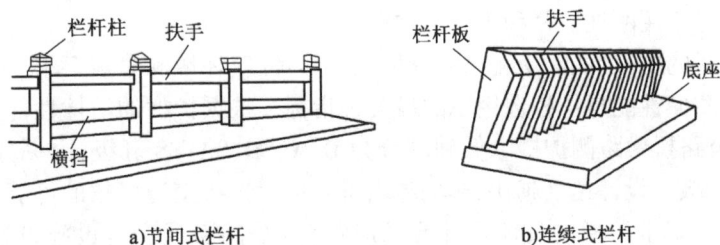

a)节间式栏杆　　　　　　　　b)连续式栏杆

图 2-1-26　栏杆构造示意图

建造栏杆的材料多样,可以采用混凝土、石材、木材、铸铁、不锈钢等材料,也可混合使用上述材料。栏杆的设计首先要考虑结构安全可靠,栏杆柱或栏杆底座要与桥面板结构牢固连接;其次要考虑经济适用,美观大方,施工简单,互换方便。一般,栏杆高度不应小于1.1m,栏杆柱的间距大致在2.5m左右。

在桥面伸缩缝竖面内,人行道(包括路缘石、栏杆)必须断开,避免与结构共同受力而受到破坏。

二、安全带与安全护栏

1.安全带

安全带是指在不设人行道的低等级公路桥梁中,为保障交通安全,在行车道边缘沿桥纵向设置的高出行车道的带状构造物。安全带与栏杆共同设置。一般,安全带宽度不小于0.25m,高度在0.25~0.35m。安全带可以做成混凝土预制块件拼装或与桥面铺装层一起现浇。预制的安全带有矩形截面和肋板式截面两种,以矩形截面最为常用。安全带构造示意图如图2-1-27所示,现浇的安全带需每隔2.5~3m做一断缝,以免参与主梁受力而被损坏。

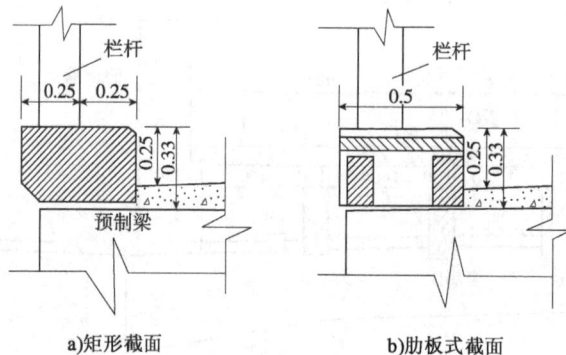

图2-1-27　安全带构造示意图(尺寸单位:m)

2.安全护栏

在桥梁上设置各种形式的安全护栏(guardrail),可以在一定程度上防止和减轻交通事故对车辆和人员的伤害。对高速公路和干线一级公路上的桥梁,须设置路侧护栏及中央分隔带护栏;对二级公路和跨越深沟、峡谷、江、河、湖泊的三、四级公路上的桥梁,须设置路侧护栏;对其他路段的桥梁,可视情况决定是否需要设置护栏。

护栏形式多种多样。按照桥梁构造特征划分,安全护栏可分为梁柱式钢制护栏、钢筋混凝土墙式护栏和组合式护栏;按照护栏碰撞变形性能划分,安全护栏可分为刚性护栏、半刚性护栏和柔性护栏金属或混凝土护栏,如图2-1-28所示。钢筋混凝土墙式护栏为刚性护栏,它通过失控车辆碰撞后爬高并转向来吸收碰撞能量。波形梁护栏为半刚性护栏,它具有一定的强度和刚度,利用立柱和波形钢板的变形来吸收能量。缆索护栏是一种具有较大缓冲能力的柔性护栏结构,它由数根施加初拉力的缆索固定于端柱上而形成。桥梁上多用刚性护栏和半刚性护栏。

设计时应根据护栏的防撞性能、受碰撞后的护栏变形程度、环境和景观要求、护栏的全寿命成本等综合考虑护栏形式。防撞性能是护栏选用中的最关键指标。根据护栏的防撞性能差异,可划分为不同的等级。目前,我国公路桥梁路侧护栏由低到高分为B、A、SB、SA、SS五级,中央分隔带护栏由低到高分为Am、SBm、SAm三级。设计速度越快,车辆越出桥外造成二次交通事故的可能性就越大,要求桥梁护栏的防撞等级越高。安全护栏的具体设计要求应符合《公路交通安全设施设计细则》(JTG D81—2017)等的规定。

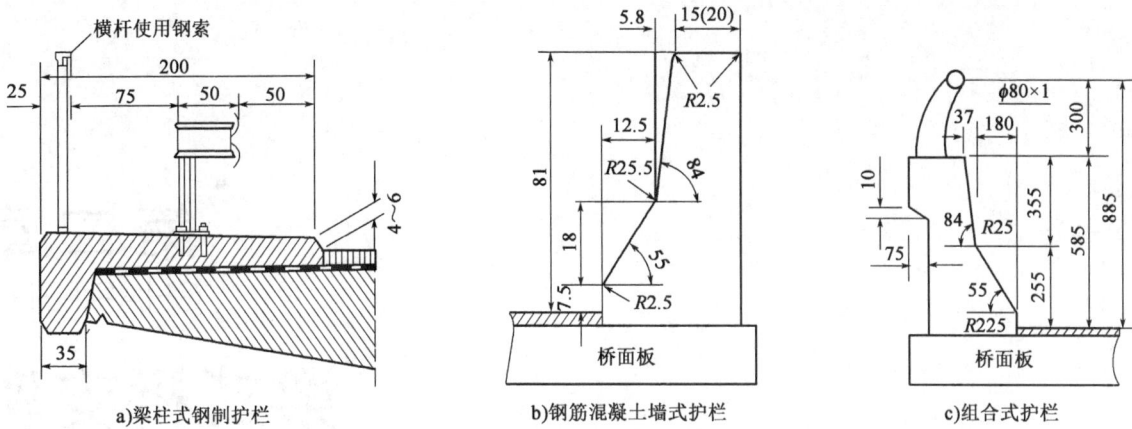

图 2-1-28 安全护栏(尺寸单位:cm)

为避免与桥梁结构共同承受竖向荷载,钢筋混凝土墙式护栏需要按一定间距设置结构断缝。在跨越伸缩缝时,各类护栏均应设置能适应或释放伸缩装置变形的构造。

三、桥面照明

在城市内及城郊行人和车辆较多的桥梁上需要设置照明设备,一般采用灯柱在桥梁上实现照明。灯柱的设计需考虑设置间距、照度要求、安全防护要求等,并与桥面安全、可靠的锚固连接。灯柱及照明设备的设计应经济合理,选型应注意美观协调。灯柱可设置在路缘石上或人行道上,也可以利用栏杆立柱;对于有中央分隔带的桥面,灯柱可以布置在中央分隔带内。照明用灯一般高出桥面5m左右。

在城市桥梁中,除采用灯柱照明外,还可根据需要,应用多样化的光源(如护栏、栏杆照明,结构表面照明等)形成桥梁景观照明系统。

第二章
CHAPTER 2
梁式桥支座

按照梁式桥受力的要求,在桥跨结构和墩台之间常需设置支座。支座的主要作用是将上部结构的支承反力(包括结构自重和可变作用引起的竖向力和水平力)传递到桥梁墩台,同时保证结构在汽车荷载、温度变化、混凝土收缩和徐变等因素作用下能自由变形,以使上、下部结构的实际受力情况符合结构的静力图式(图2-2-1)。

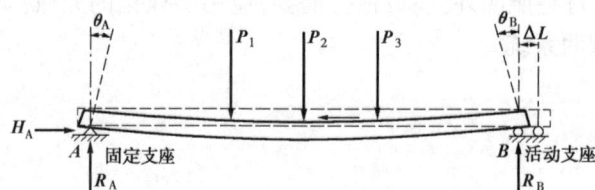

图 2-2-1　简支梁的静力图式

按照支座变形的可能性划分,梁式桥支座一般分成固定支座和活动支座两种。固定支座既要固定主梁在墩台上的位置并传递竖向压力,又要保证主梁发生挠曲时在支承处能自由转动,如图2-2-1左端所示;活动支座只传递竖向压力,但要保证主梁在支承处既能自由转动又能水平移动,如图2-2-1右端所示。

第一节　常用支座的类型和构造

一、简易垫层支座

对于跨径小于5m的涵洞,可不设专门的支座结构,而是采用由几层油毛毡或石棉做成的简易垫层支座(图2-2-2)。为了防止墩、台顶部前缘与上部结构相抵,通常应将桥墩、桥台顶部的前缘削成斜角,并且最好在板或梁端底部以及墩、台顶部内增设1~2层钢筋网予以加强。实践表明,这种简易垫层的变形性能较差。

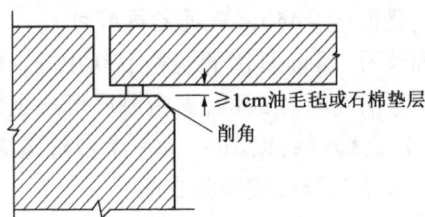

图 2-2-2　简易垫层支座

二、橡胶支座

当前,橡胶支座已经得到越来越广泛的使用。橡胶支座的优点包括:①具有构造简单、加工方便、造价低、结构高度小、安装方便和使用性能良好;②能够方便地适应任意方向的变形,故特别适用于宽桥、曲线桥和斜交桥;③橡胶的弹性能削减上、下部结构所受的动力作用,对抗震十分有利。

橡胶支座一般可分为板式橡胶支座、聚四氟乙烯滑板式橡胶支座、球冠圆板式橡胶支座和盆式橡胶支座四类。

1.板式橡胶支座

板式橡胶支座由几层橡胶和薄钢片叠合而成,如图 2-2-3 所示。板式橡胶支座的活动机理是:①利用橡胶的不均匀弹性压缩实现转角 θ;②利用其剪切变形实现微量水平位移 Δ。

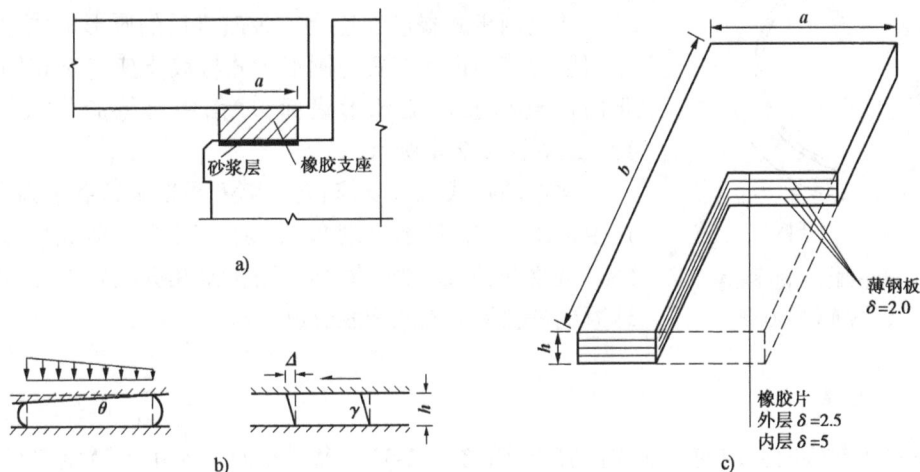

图 2-2-3　板式橡胶支座(尺寸单位:mm)

我国《公路桥梁板式橡胶支座》(JT/T 4—2019)规定支座成品的物理力学性能应满足表 2-2-1 的要求。

支座成品的物理力学性能　表 2-2-1

项目	指标	项目	指标
极限抗压强度(MPa)	≥70	橡胶片容许剪切正切值	≤0.5(不计制动力) ≤0.7(计制动力)
抗压弹性模量 E_e(MPa)	$5.4G_eS^2$	支座与混凝土表面摩擦系数 μ	≥0.3
常温下抗剪弹性模量 G_e(MPa)	1.0	支座与钢板摩擦系数 μ	≥0.2

注:表中形状系数 S 与中间层橡胶片厚度、支座短边尺寸、支座长边尺寸有关。

板式橡胶支座一般不分固定支座和活动支座,这样就能将水平力均匀地传递给各个支座且便于施工,如有必要设置固定支座时可采用不同厚度的橡胶支座来实现。

目前,我国生产的板式橡胶支座的竖向承载力为 100～1000kN,可选择氯丁胶、天然胶、三元乙丙胶三种胶种,适宜温度最高为 + 60℃,最低达 - 45℃(三元乙丙胶种)。

对于矩形板式橡胶支座的平面尺寸,目前常用的规格有 0.12m × 0.14m、0.14m × 0.18m、0.15m × 0.20m 等。橡胶片的厚度为 5mm,薄钢板厚为 2mm,支座厚度可根据橡胶支座的剪切位移而采用不同层数组合而成,一般从 14mm(两层钢板)开始,以 7mm 为一个台阶递增。

对于斜桥或圆形柱墩的桥梁可采用圆形板式橡胶支座。

在安装橡胶支座时,支座中心应尽可能对准上部构造的计算支点。为防止支座受力不均匀,应使上部结构底面及墩台顶面不仅保持表面清洁和粗糙,而且都能与支座接触面保持水平和紧密贴合,以增加接触面的摩阻力,从而避免相对滑动,必要时可先铺一薄层水灰比不大于 0.5 的 1 : 3 水泥砂浆垫层。

2.聚四氟乙烯滑板式橡胶支座

聚四氟乙烯滑板式橡胶支座是按照支座平面尺寸大小,在普通板式橡胶支座上黏附一层聚四氟乙烯板(厚 2 ~ 4mm)而成的。它除具有普通板式橡胶支座的优点外,还能利用聚四氟乙烯板与梁底不锈钢板之间的低摩擦系数(通常 $\mu = 0.06$),使得桥梁上部构造的水平位移不受限制。

聚四氟乙烯滑板式橡胶支座适用于较大跨度的简支梁桥、桥面连续的桥梁和连续桥梁,也可以用作连续梁顶推施工的滑块。

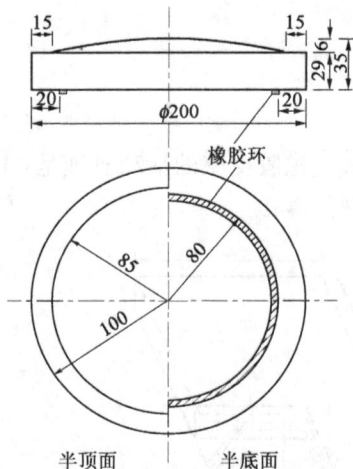

图 2-2-4 球冠圆板式橡胶支座
(尺寸单位:mm)

3.球冠圆板式橡胶支座

球冠圆板式橡胶支座是一种改进后的圆形板式橡胶支座,其中间层橡胶和钢板布置与圆形板式橡胶支座完全相同,而在支座顶面用纯橡胶制成球形表面,球面中心橡胶最大厚度为 4 ~ 10mm,如图 2-2-4 所示。

球冠圆板式橡胶支座传力均匀,可明显改善或避免支座底面产生偏压、脱空等不良现象,特别适用于纵横坡度较大(3% ~ 5%)的立交桥及高架桥。但公路桥涵在纵坡较大时,不宜使用带球冠或带坡形的板式橡胶支座。

4.盆式橡胶支座

当竖向承载力较大时则应使用盆式橡胶支座(图 2-2-5)。盆式橡胶支座由不锈钢滑板、聚四氟乙烯板、盆环、氯丁橡胶块、钢密封圈、钢盆塞及橡胶防水圈等组成。盆式橡胶支座是利用设置在钢盆中的橡胶板达到对上部结构承压和转动的功能,在聚四氟乙烯板和不锈钢板之间的平面滑动来适应桥梁的水平位移要求。

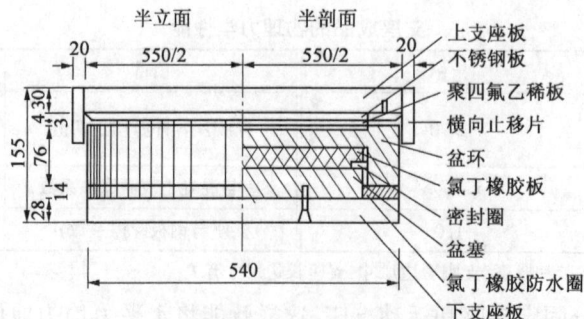

图 2-2-5 盆式橡胶支座构造(尺寸单位:cm)

盆式橡胶支座按其工作特征可以分为固定支座、多向活动支座和单向活动支座三种。与板式橡胶支座相比,盆式橡胶支座具有承载能力大、水平位移量大、转动灵活等优点,特别适用于大跨度桥梁。

我国目前生产的盆式橡胶支座竖向承载力为 1000~50000kN,有效水平位移量为 ±40~±250mm,支座的容许转角为 40′,设计摩阻系数为 0.05,可依据不同情况选购使用。

三、特殊功能的支座

除上述常用支座外,还有一些具有特殊功能的支座,包括如下。

1.球形钢支座

为了适应多向转动且转动量较大的情况,还可选择使用球形钢支座,其构造示意图如图 2-2-6 所示。球形钢支座具有受力均匀、转动量大(设计转角可达 0.05rad 以上)且各向转动性能一致等优点,特别适用于曲线桥和宽桥。由于球形钢支座不再使用橡胶承压,不存在橡胶变硬或老化等不良影响,因此特别适用于低温地区。

球形钢支座可分为固定支座、单向活动支座和多向活动支座三种。活动支座主要由下支座凹板、中间球形钢衬板、上支座滑板、不锈钢位移板、聚四氟乙烯板(平面和球面各一块,简称四氟板)、橡胶密封圈和防尘罩等部件组成。

目前,球形钢支座已在国内独柱支承连续弯板结构、独柱支承的连续弯箱梁结构、双柱支承的连续 T 构及大跨度斜拉桥中获得广泛应用。

2.拉力支座

在连续梁桥、悬臂梁桥、斜桥、宽悬臂翼缘箱梁桥以及小半径曲线桥上,在某些会出现拉力的支点处,必须设置拉力支座,以便抗拉且承受相应的转动和水平位移。

球形钢支座、盆式橡胶支座和板式橡胶支座都能变更功能作为拉力支座。板式橡胶拉力支座(图 2-2-7)适用于拉力较小的桥梁,对于反力较大的桥梁,则用球形抗拉钢支座或盆式拉力支座更适合。

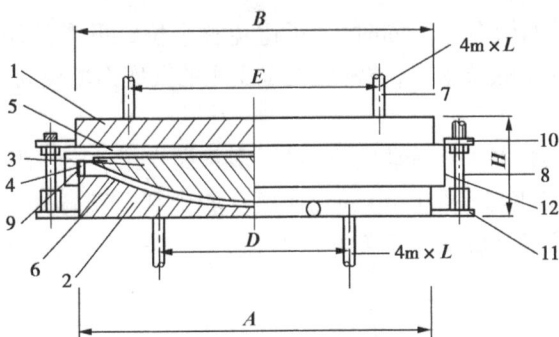

图 2-2-6　球形钢支座构造示意图

1-支座板;2-下支座板;3-钢衬板;4-钢挡圈;5-平面聚四氟乙烯板;6-球面聚四氟乙烯板;7-锚固螺栓;8-连接螺栓;9-橡胶防尘条;10-上支座连接板;11-下支座连接板;12-防尘板

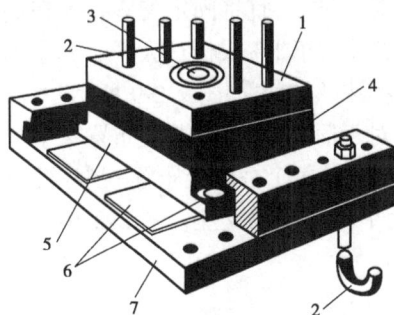

图 2-2-7　板式橡胶拉力支座

1-上支座板;2-锚筋;3-受拉螺栓;4-承压橡胶块;5-滑板;6-奥氏体钢;7-下支座板

3.抗震支座

地震地区的桥梁应使用具有抗震和减震功能的支座。抗震支座的作用是尽可能将结构或部件与可能引起破坏的地震地面运动分离开来,以大大减小传递到上部结构的地震作用力和能量。目前,国内主要的抗震支座的类型有抗震型球形钢支座(图 2-2-8)、铅芯橡胶支座和高阻尼橡胶支座等。

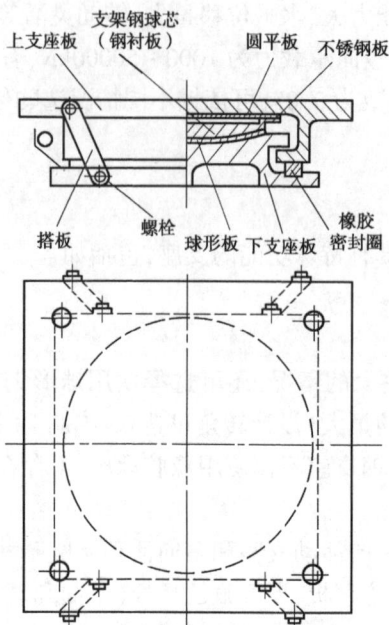

图 2-2-8　KQGZ 抗震型球形钢支座结构示意图

第二节　支座布置

支座的布置应以有利于墩台传递纵向水平力和梁体的自由变形为原则。根据梁桥的结构体系以及桥宽,支座在纵、横桥向的布置方式主要有以下四种:

(1)对于坡桥,宜将固定支座布置在高程低的墩台上。同时,为了避免整个桥跨下滑,影响车辆的行驶,当纵坡大于1%或横坡大于2%时,应使支座保持水平,通常在设置支座的梁底面增设局部的楔形垫块。坡桥楔形垫块如图 2-2-9 所示。

(2)对于简支梁桥,每跨宜布置一个固定支座和一个活动支座;对于多跨简支梁,一般把固定支座布置在桥台上,每个桥墩上布置一个(组)活动支座与一个(组)固定支座。若个别墩较高,也可在高墩上布置两个(组)活动支座。图 2-2-10 为单跨简支梁桥支座布置示意图。

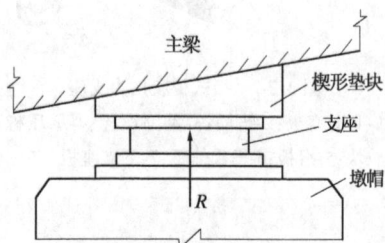

图 2-2-9　坡桥楔形垫块

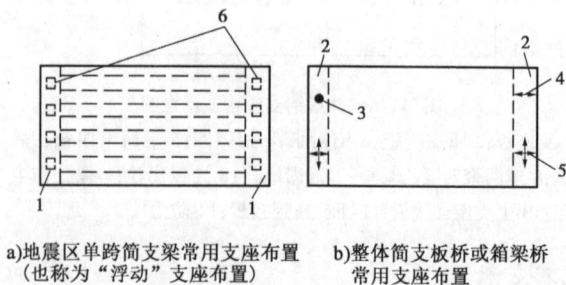

a)地震区单跨简支梁常用支座布置
(也称为"浮动"支座布置)

b)整体简支板桥或箱梁桥
常用支座布置

图 2-2-10　单跨简支梁桥支座布置示意图

1、2-桥台;3-固定支座;4-单向活动支座;5-多向活动支座;6-橡胶支座

（3）对于连续梁桥及桥面连续的简支梁桥，一般在每一联设置一个固定支座，并宜将固定支座设置在靠近温度中心，以使全梁的纵向变形分散在梁的两端，其余墩台上均设置活动支座。在设置固定支座的桥墩（台）上，一般采用一个固定支座，其余为横桥向的单向活动支座；在设置活动支座的所有桥墩（台）上，一般沿设置固定支座的一侧，均布置顺桥向的单向活动支座，其余均为双向活动支座。图2-2-11为连续结构支座布置示意图。

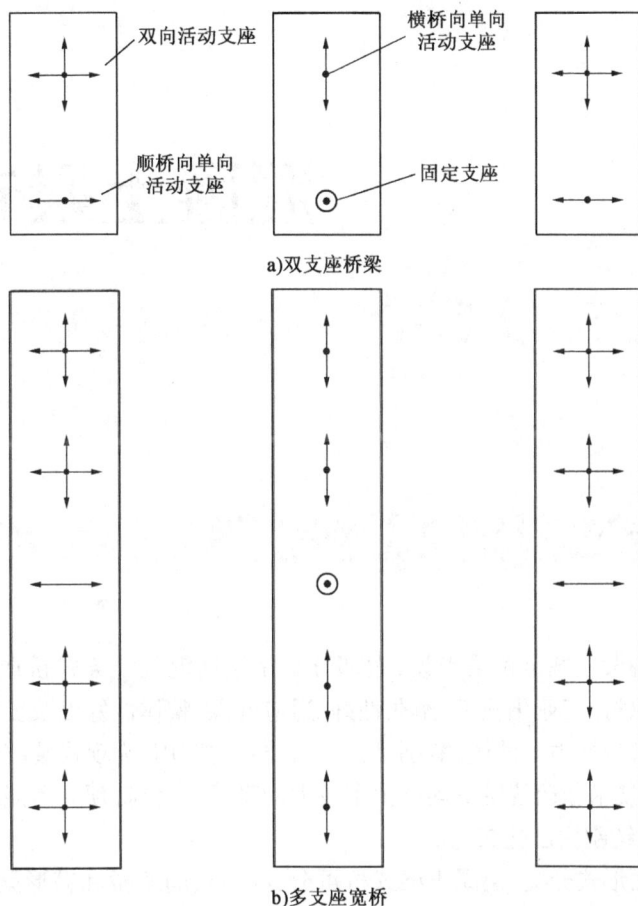

图 2-2-11　连续结构支座布置示意图

（4）对于悬臂梁桥，锚固孔一侧布置固定支座，另一侧布置活动支座；挂孔支座布置与简支梁相同。

第三章
CHAPTER 3

混凝土梁式桥构造

对于中小跨径公路桥梁或城市桥梁来说,大部分采用钢筋混凝土梁式桥或预应力混凝土梁式桥。这两种梁桥具有能就地取材、工业化施工、耐久性好、适应性强、整体性好以及美观等优点。预应力混凝土梁桥兼具降低梁高和跨越能力大的优,特别是预应力技术的应用,为现代装配式结构提供了最有效的接头和拼装手段,使建桥技术和运营质量均产生了较大的飞跃。目前,预应力混凝土简支梁的跨径已达 $50 \sim 100m$,最大跨径的连续刚构已达 330m。

按照承重结构横截面形式分类,混凝土梁式桥可分为板桥、肋梁桥和箱形梁桥。板桥[图 2-3-1a)]是最简单的构造形式,施工方便;肋梁桥[图 2-3-1b)]是在板桥截面的基础上,将梁下缘受拉区混凝土尽可能挖空,从而使结构自重显著减轻,跨越能力得到提高;箱形梁桥[图 2-3-1c)]截面提供了能承受正、负弯矩的足够的混凝土受压区,抗弯、抗扭能力强,更适用于较大跨径的悬臂体系梁桥和连续体系梁桥。

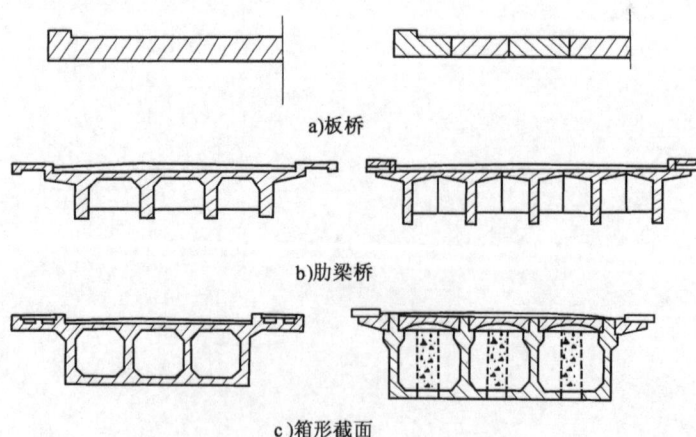

a)板桥

b)肋梁桥

c)箱形截面

图 2-3-1　典型的混凝土梁桥横截面

按照受力特点分类,混凝土梁式桥分为简支梁(板)桥、连续梁(板)桥和悬臂梁(板)桥。简支梁桥[图2-3-2a)]属静定结构,是建桥实践中受力和构造最简单的桥型,其应用广泛;连续梁桥[图2-3-2b)]属超静定结构,因在荷载作用下支点截面产生负弯矩,从而大大减小了跨中的正弯矩,跨越能力大,适用于桥基良好的场合;悬臂梁桥[图2-3-2c)]属于静定结构,跨越能力比简支梁桥大,但逊于连续梁,并且因行驶状况不良,目前较少采用。

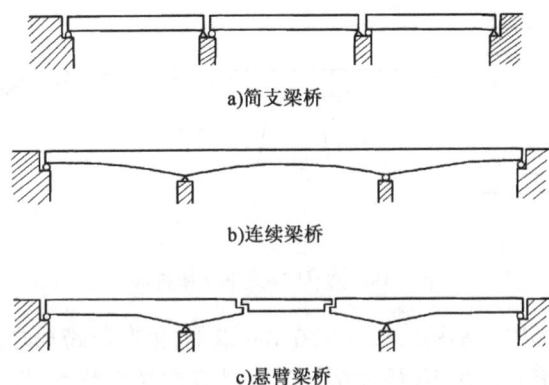

a)简支梁桥

b)连续梁桥

c)悬臂梁桥

图2-3-2 梁式桥的基本体系

按照施工方法分类,混凝土梁式桥可分为整体浇筑式梁桥和预制装配式梁桥两类。整体浇筑式梁桥具有整体性好的优点,而预制装配式梁桥具有施工方便,大量节省支架模板,不受季节性影响等优点。按照装配式结构块件划分方式的不同,装配式梁可分为纵向竖缝划分[图2-3-3b)]、纵向水平缝划分和纵、横向竖缝划分(图2-3-3)三种。根据现场实际的预制、运输和起重等条件,确定拼装形式以及拼装单元的最大尺寸和质量,尽量减少接头数量和块件尺寸形式,确保接头牢固可靠,施工方便。

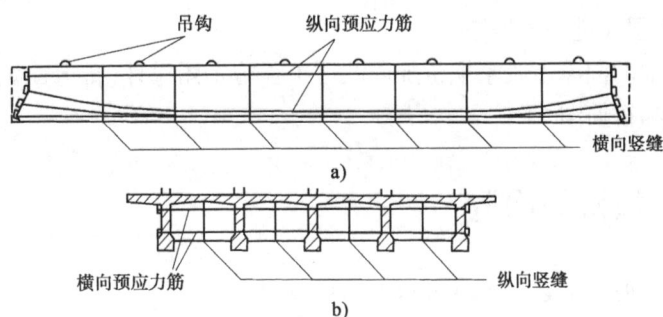

图2-3-3 纵、横向分段装配式梁(串联梁)

第二节 板桥构造

因板桥在建成后外形上像一块薄板,所以称之为板桥。板桥的优点是:建筑高度小,适用于桥下净空受限制的桥梁;外形简单,制作方便,既便于现场整体浇筑,又便于工厂成批生产,并且装配式板桥构件的质量小,架设方便。板桥的主要缺点是跨径不宜过大。

按照结构静力体系划分,板桥可以分为简支板桥、悬臂板桥和连续板桥三种。本节重点介绍简支板桥的构造。

一、整体式简支板桥的构造

整体式简支板桥一般做成实体式等厚度的矩形截面[图 2-3-4a)]，为了减轻自重也可做成肋板式截面[图 2-3-4b)、c)、d)]，这也是常见的城市高架桥的板桥截面形式。

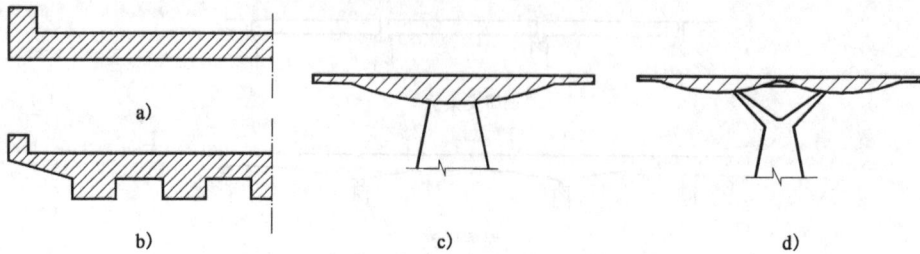

图 2-3-4 整体式简支板桥横截面

钢筋混凝土整体式简支板桥的常用跨径一般在 8m 以下，板厚与跨径之比一般为 1∶12 ~ 1∶16，其桥面宽度往往大于跨径。在荷载作用下，桥面板实际上呈双向受力状态，即除板的纵向产生正弯矩外，板的横向也产生较大的弯矩。因此，当桥面板宽较大时，除配置纵向的受力钢筋外，尚应计算配置板的横向受力钢筋。

整体式简支板桥行车道的主钢筋直径应不小于 10mm，间距一般不应大于 20cm，也不宜小于 7cm；分布钢筋直径不小于 8mm，间距不应大于 20cm，并且在单位板长中的截面面积一般不宜少于板截面面积的 0.1%。

为保证混凝土结构在设计年限内具有足够的耐久性，混凝土内的钢筋不被腐蚀，应保证混凝土保护层厚度和密实性。在一般环境条件下，板的主钢筋与板缘间的净距（保护层厚度）应不小于 3cm，对于有侵蚀环境的情况，保护层应进一步增厚。

本教材数字资源包中的湘潭市渡家坝桥加固改造工程施工图设计（部分图纸）为一标准跨径 6m 的整体现浇实体板构造图和钢筋图。

二、装配式简支板桥的构造

装配式板桥的横截面形式主要有实心板和空心板两种。

1.矩形实心板桥

矩形实心板具有形状简单、施工方便、建筑高度小等优点，一般使用跨径为 1.5 ~ 8m，板高为 0.16 ~ 0.36m，常用的桥面净宽有净 -7.0m、净 -9.0m 两种。

2.空心板桥

当跨径增大时，应采用空心板截面，它不仅能减轻自重，而且能充分利用材料。空心板的开孔形式如图 2-3-5 所示。图 2-3-5a)、b)为单孔截面形式，挖空率大，质量小，但顶板需配置横向受力钢筋来承担荷载的作用，其中图 2-3-5a)顶部略呈拱形，可以节省一些钢筋，但模板较复杂。图 2-3-5c)、d)为双圆孔形截面形式，其中图 2-3-5c)为双圆孔截面形式，施工时可用无缝钢管（或充气囊）作芯模，但挖空率小，质量较大；图 2-3-4d)所示芯模则由两个半圆和两块侧模板组成，当板的厚度改变时，只需改变侧板高度即可。

3.装配式板桥的横向连接

装配式板桥的板块之间必须采用横向连接构造,以保证板块共同承受车辆荷载。装配式板桥常用的横向连接方式为企口式混凝土铰接,如图2-3-6所示。

在块件安装就位后,在铰缝内插入钢筋,填实细集料混凝土;如果要使桥面铺装层也参与受力,也可以将预制板中的钢筋伸出与相邻板的同样钢筋互相绑扎,再浇筑在铺装层内。铰的上口宽度应满足施工时使用插入式振捣器的需要,铰槽的深度宜为预制板高的2/3。

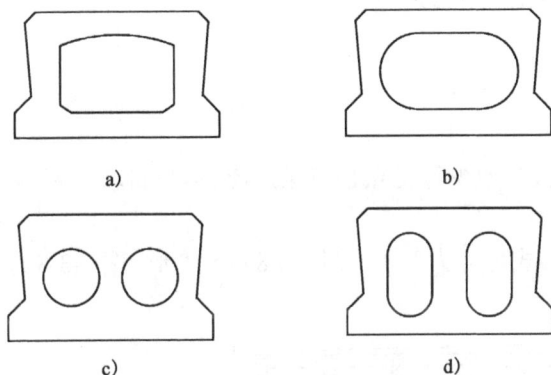

图2-3-5　空心板截面形式

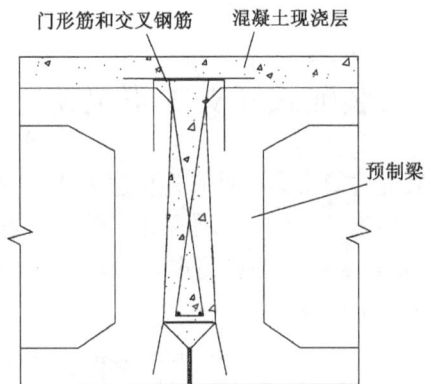

图2-3-6　企口式混凝土铰接

第三节　简支梁桥构造

混凝土肋梁桥具有受力明确、构造简单、施工方便等优点,是中小跨径桥梁中应用最广泛的桥型。简支肋梁桥的上部构造由主梁、横隔梁、桥面板、桥面构造等部分组成。主梁是桥梁的主要承重结构;横隔梁保证各根主梁相互结成整体,以提高桥梁的整体刚度;主梁的上翼缘构成桥面板,组成行车(人)平面,承受车辆(人群)荷载的作用。这类桥梁主要采用整体现浇和预制装配两种不同的方式进行施工,也可采用组合装配式施工。

一、整体式简支 T 形梁桥

整体式简支梁桥在城市立交桥中应用较广泛,具有整体性好、刚度大、易于做成复杂形状等优点,多数在桥孔支架模板上现场浇筑,个别也有整体预制、整孔架设的情况。

常用的整体式简支 T 形梁桥横截面,如图2-3-7所示。在保证抗剪、稳定的条件下,主梁的肋宽为梁高的$1/6 \sim 1/7$,但不宜小于16cm,以利于浇筑混凝土;当肋宽有变化时,其过渡段长度不小于12倍肋宽差。主梁高度通常为跨径的$1/8 \sim 1/16$。为了减小桥面板的跨径(一般限制在$2 \sim 3m$范围内),还可以在两根主梁之间设置次纵梁,如图2-3-7b)所示。为了合理布置主钢筋,梁肋底部可做成马蹄形。

整体式简支 T 形梁桥桥面板的跨中板厚不应小于10cm。桥面板与梁肋衔接处一般都设置承托结构,承托长高比一般不大于3。

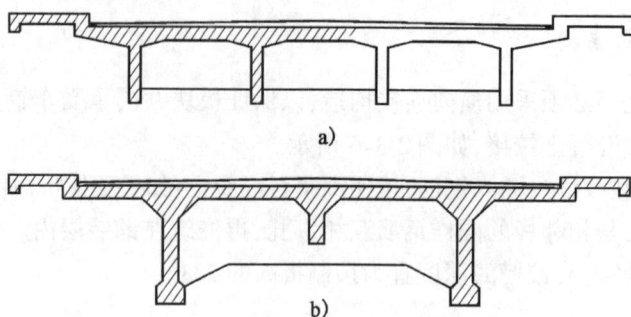

图 2-3-7　常用的整体式简支 T 形梁桥横截面

二、装配式简支 T 形梁桥

装配式简支梁桥具有建桥速度快、工期短、模板支架少等优点且应用广泛，本教材教学资源包中梅子溪中桥施工图设计就是采用了简支 T 形梁桥结构。

图 2-3-8 所示的装配式简支梁主梁的横截面形式可分为 Π 形［图 2-3-8a)］、T 形［图 2-3-8b) ~ d)］和箱形［图 2-3-8e)］三种。

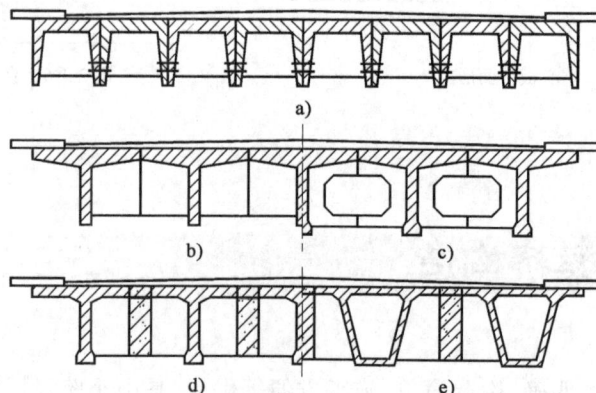

图 2-3-8　装配式简支梁桥横截面

Π 形主梁的特点是截面形状稳定，横向抗弯刚度大，块件堆放、装卸方便；但当跨径较大时，混凝土和钢的用量较大，横向联系较差，现在已很少采用。

装配式简支 T 形梁桥是使用最为普遍的结构形式，其优点是制造简单、整体性好、接头也方便。

箱形梁除了肋和上部翼缘板外，在底部尚有扩展的底板，因此能提供承受正、负弯矩的混凝土受压区。另外，箱形梁桥在一定的截面面积下能获得较大的抗弯惯矩，而且抗扭刚度也很大，在偏心活载作用下各梁肋的受力比较均匀。

1. 主梁

(1)构造

常用的装配式简支梁桥主梁尺寸的经验数据见表 2-3-1。其变化范围较大，跨径较大时应取较小的比值；反之，则应取较大的比值。

常用的装配式简支梁桥主梁尺寸的经验数据

表 2-3-1

桥梁形式	适用跨径(m)	主梁间距(m)	主梁高度	主梁肋宽度(m)
钢筋混凝土简支梁	$8 < L < 20$	1.5 ~ 2.2	$h = (1/11 ~ 1/18)L$	$b = 0.16 ~ 0.20$
预应力混凝土简支梁	$20 < L < 50$	1.8 ~ 2.5	$h = (1/14 ~ 1/25)L$	$b = 0.18 ~ 0.20$

主梁梁肋厚度在满足抗剪要求下可适当减薄,但梁肋过薄,混凝土不易振捣密实。梁肋端部 2.0 ～ 5.0m 范围内可逐渐加宽,以满足抗剪和安放支座要求。对于预应力主梁梁肋,一般做成马蹄形,端部宽度尚应满足预应力锚具布置的要求。

当吊装起重量允许时,主梁间距采用 1.8 ～ 2.4m 为宜。

(2)预应力钢筋的布置

预应力钢筋的布置形式与桥梁结构体系、受力情况、构造形式、施工方法都有密切关系。

从梁的立面来看,预应力束筋应该布置在束界界限内,以保证梁的任何截面在弹性工作阶段时,梁的上、下缘应力不超过规定值。束筋一般在梁端三分点处起弯,同时考虑横截面的位置及锚固位置,具体多在第一道内横隔板附近起弯,弯起角度不宜大于 20°。

从梁体横断面来看,预应力束筋在满足构造要求的同时,应尽量紧密靠拢,以减小下马蹄形梁肋的尺寸,减小自重,并保证在满足梁底保护层的前提下,重心尽可能靠下,以达到提高效率、节约钢材的目的。

2.翼缘板及桥面板横向连接构造

(1)翼缘板构造

预制装配式简支 T 形梁桥翼缘板一般采用变厚形式,其厚度随主梁间距而定,翼缘板根部(与梁肋衔接处)的厚度应不小于梁高的 1/10,边缘厚度不应小于 10cm;当板间采用横向整体现浇连接时,悬臂端厚度不应小于 14cm。主梁间距小于 2.0m 的铰接梁桥,边缘厚度可采用 12cm(桥面铺装不参与受力)或 10cm(桥面铺装通过预埋的连接钢筋与翼缘板共同受力)。

装配式简支 T 形梁桥的翼缘板布筋,板上缘承受负弯矩,按《公路钢筋混凝土及预应力混凝土桥涵设计规范》(JTG 3362—2018)(以下简称《桥规》)要求,受力钢筋直径不小于 10mm,间距不大于 20cm,但其最小净距不应小于 30mm,并不小于钢筋直径;在垂直于主筋方向布置分布钢筋,其直径不小于 8mm,间距不大于 20cm,且分布钢筋的截面面积不宜小于板截面面积的 0.1%。在主钢筋的弯折处,应布置分布钢筋。

(2)桥面板横向连接构造

预制装配式简支 T 形主梁吊装就位后,当设有横隔梁时,必须借助横隔板和翼缘板的接头将所有主梁连接成整体。对于少横隔板的主梁,应在翼缘板上加设接头和加强桥面铺装,使横向连成整体。因此,接头应有足够的强度以保证结构的整体性,并使在运营过程中安全承受荷载的反复作用和冲击作用而不发生松动。

常用的桥面板(翼缘板)横向连接有湿接接头。通过一定措施将翼缘伸出钢筋连成整体,在接缝铺装混凝土内再增补适量加强钢筋。

3.横隔梁及其横向连接构造

(1)横隔梁构造

横隔板刚度越大,梁的整体性越好,在荷载作用下各主梁越能更好地共同受力。端横隔梁是必须设置的;对于跨内的横隔梁,将随跨径的大小宜每隔 5.0 ～ 10.0m 设置一道。

从运输和安装的稳定性角度考虑,通常将端横隔板做成与梁同高,跨内横隔梁的高度一般为梁肋高度的 0.7 ～ 0.9 倍。预应力梁的横隔梁常与马蹄形梁肋的斜坡下端齐平,其中部可挖空,以减小质量和利于施工。横隔板的厚度一般为 15 ～ 18cm,为便于施工脱模,一般做成上宽下窄或内宽外窄的楔形。

预制装配式简支 T 形梁桥内梁横隔板钢筋布置,在每一块横隔板的上缘布置 4 根 $\underline{\Phi}$25 受力钢筋。若预应力钢束或梁肋钢筋与横隔板钢筋相干扰时,可适当挪动横隔板钢筋。

(2)横隔梁横向连接构造

横隔板连接接头采用湿接法。横隔板中钢筋在现浇段内需采用单面焊连接,其焊缝长度不得小于 10d。

三、组合梁桥

组合梁桥也是一种装配式的桥跨结构,即用纵向水平缝将桥梁的梁肋部分与桥面板(翼板)分隔开来,使单梁的整体截面变成板与肋的组合截面。施工时,先架设梁肋,再安装预制板(有时采用微弯板,以节省钢筋),最后在接缝内或连同在板上现浇一部分混凝土使结构连成整体。目前国内外采用的组合梁桥有I形组合梁桥[图2-3-9a)、b)]和箱形组合梁桥[图2-3-9c)]两种。前者适用于混凝土简支梁桥,后者适用于预应力混凝土梁桥。组合式梁桥的优点在于可以显著地减小预制构件的质量,便于集中制造和运输吊装。

在组合梁中,梁与现浇板的结合面处,应做成凹凸不小于6mm的粗糙面,板的厚度不应小于15cm;当梁顶伸入板中时,梁顶以上板的厚度不应小于10cm。

组合梁是分阶段受力的,在梁肋架设后,所有事后安装的预制板和现浇桥面混凝土(甚至现浇横隔梁)的质量,以及梁肋本身的质量,都要由尺寸较小的预制梁肋支承。这与装配式简支T形梁由主梁全截面来承受全部恒载不同,因而组合梁梁肋的上下缘应力远大于T形梁上下缘的应力。图2-3-10示出了装配式简支T形梁与组合梁的跨中截面在恒载+活载工况下的截面应力图比较。

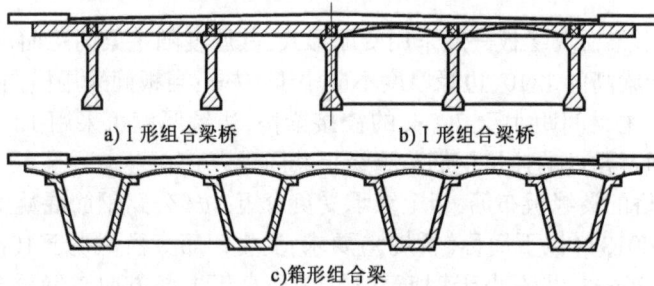

图2-3-9 组合式梁桥横截面

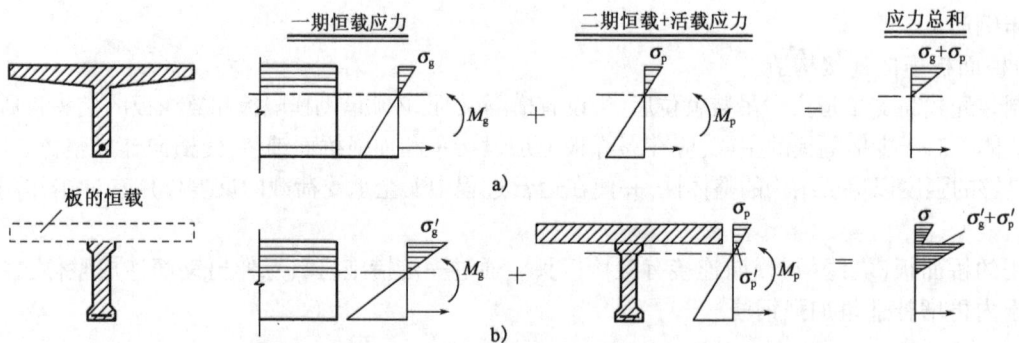

图2-3-10 装配式简支T形梁与组合梁的截面应力图比较

<h2 style="display:inline">第四节</h2> 连续体系梁桥构造

普通钢筋混凝土和预应力混凝土简支梁桥的经济跨径分别为20m和40m左右。当跨径超出此范围时,跨中恒载弯矩和活载弯矩将会迅速增大,从而导致梁的截面尺寸和自重显著增加,这样不但会因材料耗用量大而不经济,而且会因安装质量很大给装配式施工造成较大的困难。因此,为了降低材料用量指标,对于较大跨径的桥梁,宜采用能减小跨中弯矩值的其他体系梁桥,如连续体系梁桥。

随着交通运输特别是高等级公路的迅速发展,对行车平顺舒适方面提出了更高的要求。超静定结构连续梁桥以其具有结构刚度大、变形小、伸缩缝少和行车平稳舒适等突出优点而得到了迅速发展。普通钢筋混凝土连续梁桥的适用跨径为 15～30m。当跨径进一步增大时,结构自重产生的弯矩迅速增大,混凝土开裂难以避免,于是预应力混凝土连续梁桥得到广泛采用。预应力结构通过高强钢筋对混凝土预压,不仅充分发挥了高强材料的特性,而且提高了混凝土的抗裂性,促使结构轻型化。因此,预应力混凝土结构具有比钢筋混凝土结构大得多的跨越能力。

一、预应力混凝土连续梁桥

1.等截面连续梁桥

(1)力学特点

超静定结构连续梁在恒载和活载作用下,支点截面负弯矩一般比跨中截面正弯矩大,当跨径不大,这个差值不是很大时,可以考虑采用等截面连续梁桥,并采取一定的构造措施予以调节,从而简化了主梁的构造。

(2)构造特点

等截面连续梁桥可选用等跨和不等跨两种布置方式,如图 2-3-11 所示。

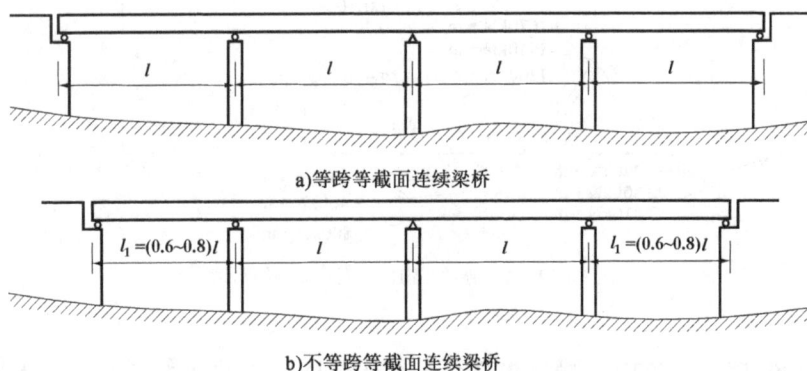

a)等跨等截面连续梁桥

b)不等跨等截面连续梁桥

图 2-3-11　等截面连续梁桥的立面布置

等跨布置的跨径大小主要取决于经济分孔和施工的设备条件。高跨比一般为 1∶15～1∶25;在顶推施工的等截面连续梁桥中,梁高 H 与顶推跨径 l_0 之比一般为 1∶12～1∶17。

当标准跨径较大时,有时为减小边跨正弯矩,将边跨跨径取小于中跨的结构布置。一般边跨与中跨跨长之比为 0.6～0.8。

当标准跨径不能满足通航或桥下交通要求而需要加大个别桥跨的跨径时,常常不改变高度,而是采用增加钢筋束和调整截面尺寸的方式予以解决,使桥梁外观仍保持等截面布置。这样做既能使桥梁的立面协调一致,又能减少构件及模板的规格。

(3)适用范围

等截面连续梁一般适应以下情况:桥梁一般采用中等跨径,以 40～60m 为宜(国外也有达到 80m 跨径者),这样可以使主梁构造简单、施工快捷;立面布置以等跨径为宜,也可以采用不等跨径布置;适用于有支架施工、逐孔架设施工、移动模架施工及顶推法施工。

2.变截面连续梁桥

(1)力学特点

当连续梁桥的主跨跨径接近或大于 70m 时,若主梁仍采用等截面布置,在恒载和活载作用下,主梁支点截面的负弯矩将比跨中截面的正弯矩大得多，从受力的角度分析显得不太合理且不经济，这时，采用变截面连续梁桥更符合受力要求，高度变化基本上与内力变化相适应。

图2-3-12为3跨连续梁惯性矩变化影响的示例。由图2-3-12中分析可以得知，当加大支点附近的梁高（加大了截面惯性矩）做成变截面连续梁时，还能进一步降低跨中的设计弯矩。在均布荷载 $g=10\text{kN/m}$ 的作用下，三种不同的支点梁高（1.50m、2.50m 和 3.50m）所对应的跨中弯矩分别为 800kN·m、460kN·m和330kN·m。也就是说，将支点附近的梁高局部地从1.50m加大到3.50m时，跨中最大弯矩比等高梁降低一半多。一般地说，加大支点附近梁高是合理的，因为这样做既对恒载引起的截面内力影响不大，也与桥下通航的净空要求无甚妨碍，并且能适应抵抗支点处剪力很大的要求。这也是连续体系梁桥比简支梁桥甚至比悬臂梁能跨越更大跨径的原因。可见，连续梁采用变截面结构不仅外形美观，还可节省材料并增大桥下净空高度。同时，采用变截面布置适合悬臂法施工（悬臂浇筑和悬臂拼装），施工阶段主梁的刚度大，且内力与运营阶段的主梁内力基本一致。

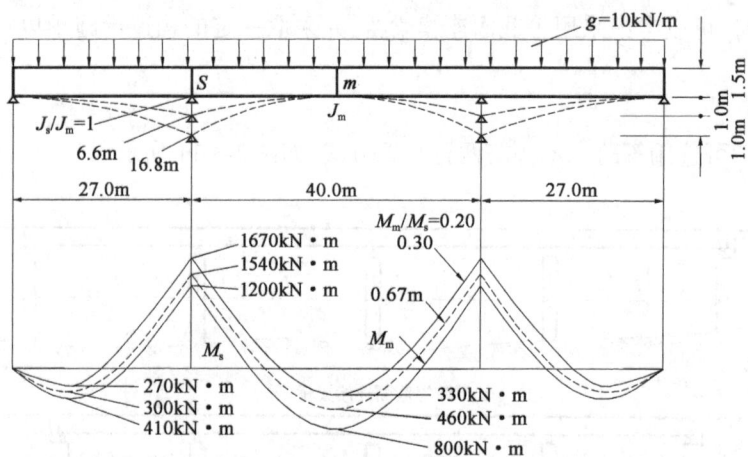

图2-3-12　3跨连续梁惯性矩变化影响的示例

（2）构造特点

连续梁桥连续超过5跨时的内力情况虽然与5跨时相差不大，但连续过长会增大温度变化的附加影响，造成梁端伸缩量很大，需设置大位移量的伸缩缝，因此连续孔数一般不超过5跨，但也有为减少伸缩缝而采用多于5跨的情形。当需要在宽阔的河流或旱谷上修建多孔连续梁桥时，通常可按3~7孔为一联，分联布置，联与联的衔接处可以通过两排支座支承在一个桥墩上。

变截面连续梁的大跨径预应力混凝土梁桥的立面布置一般采用不等跨。但超过3跨的连续梁桥，除边跨外，其中间各跨一般采用等跨布置，以方便悬臂法施工。对于超过两跨的连续梁桥，其边跨一般为中跨的0.6~0.8倍，如图2-3-1a）所示。当采用箱形截面的3跨连续梁时，边孔跨径甚至可减少至中孔的0.5~0.7倍。有时为了满足城市桥梁或跨线桥的交通要求而需增大中跨跨径时，可将边跨跨径设计成仅为中跨的0.5倍以下，在此情况下，端支点上将出现较大的负反力，因此，必须在该位置设置能抵抗拉力的支座或压重以消除负反力，如图2-3-13b）所示。

在不受总体设计中建筑高度限制的前提下，连续箱梁的梁高宜采用变高度的，其底曲线可采用二次抛物线、折线和介于折线与二次抛物线之间的1.5~1.8次抛物线变化形式，抛物线的变化规律应与连续梁的弯矩变化规律基本接近。采用折线形截面变化布置的特点是，连续桥梁的构造简单，施工方便。具体的选用形式应按照各截面上下缘受力均匀、容易布筋的原则确定。

根据已建成桥梁的资料分析，支点截面的梁高 $H_\text{支}$ 为 $(1/16 \sim 1/18)l$（l 为中间跨跨长），一般不小于 $l/20$，跨中梁高 $H_\text{中}$ 为 $(1/1.5 \sim 1/2.5)H_\text{支}$。在具体设计中，应根据边跨与中跨比例、荷载等级等因素通过几个方案的分析比选确定。在大跨径预应力混凝土连续梁桥中，除截面高度变化外，还可将截面的底板、顶板和腹板做成变厚度，以满足主梁内各截面的不同受力要求。

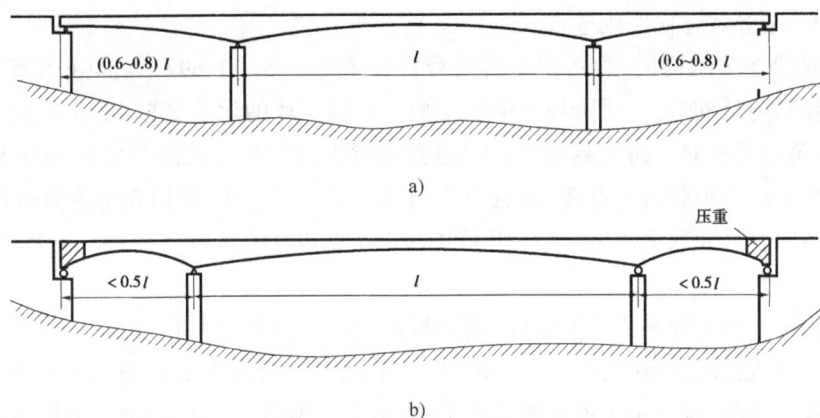

图 2-3-13 变截面连续梁桥的立面布置

（3）适用范围

当连续梁桥的主跨跨径达到70m及以上时,适合悬臂浇筑和悬臂拼装两种施工方法。当大跨径预应力混凝土连续梁桥采用悬臂法施工时,存在墩梁临时固结和体系转换的工序,对结构稳定性应予以重视,施工较为复杂。此外,主墩需要布置大型橡胶支座,给养护甚至更换增加了难度。

二、连续刚构桥

预应力混凝土连续刚构桥是连续梁桥与T形刚构桥的组合体系,也称为墩梁固结的连续梁桥,如图 2-3-14所示。

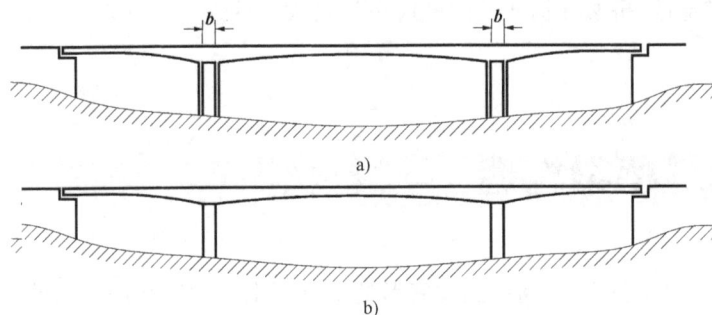

图 2-3-14 连续刚构桥

1.力学特点

大跨径连续刚构桥结构的受力特点主要包括:梁体连续,墩、梁、基础三者固结为一个整体共同受力;在恒载作用下,连续刚构桥与连续梁桥的跨中弯矩和竖向位移基本一致,但在采用双肢薄壁墩的连续刚构桥[图 2-3-14a）]中,墩顶截面的恒载负弯矩要较相同跨径连续梁桥的小;由于墩梁固结共同参与工作,连续刚构桥由活载引起的跨中正弯矩较连续梁的要小,可以降低跨中区域的梁高,使恒载内力进一步降低。因此,连续刚构桥的主跨径可以比连续梁桥的主跨径大一些。

2.构造特点

（1）主梁

连续刚构桥的主梁在纵桥向大都采用不等跨变截面的结构布置形式,以适应主梁内力的变化。主梁底部的线形基本上与变截面连续梁桥相类似,可以是曲线形、折线形、曲线加直线形等,具体应根据主梁内力的分布情况,按等载强比原则选定。

国内外已建成的连续刚构桥,边跨和主跨的跨径比值为0.5~0.692,大部分比值为0.55~0.58。这说明变截面连续刚构桥的边、主跨跨径比值比变截面连续梁桥的比值范围(0.6~0.8)要小。其原因在于墩梁固结,边跨的长短对中跨恒载弯矩调整的影响很小,而边、主跨跨径之比为0.54~0.56时,不仅可以使中墩内基本没有恒载偏心弯矩,而且由于边跨合龙段长度小,可以在边跨悬臂端用导梁支承于边墩上,进行边跨合龙,从而取消落地支架,施工也十分方便和经济。

(2)主梁截面高度

大跨连续刚构桥主梁一般采用箱形截面,箱梁根部截面的高跨比一般为1:20~1:16,其中大部分为1:18左右,也有少数桥梁达到或低于1:20。跨中截面梁高通常为支点截面梁高的1/3.5~1/2.5,略小于连续梁的跨中梁高,这是由于连续刚构桥墩梁固结,活载作用于中跨时,与相同跨径的连续梁相比,连续刚构桥跨中正弯矩较小的缘故。

(3)桥墩

预应力混凝土连续刚构桥主要适用于高桥墩的情况。大跨度连续刚构桥的桥墩不仅应满足施工、运营等各阶段支承上部结构重力和稳定性等方面的要求,而且桥墩的柔度应适应由于温度变化、混凝土收缩、徐变以及制动力等因素引起的水平位移,以尽可能减小这些因素对结构产生的次内力。如果桥墩的水平抗推刚度较大,则因主梁的预应力张拉、收缩、徐变、温度变化等因素所引起的变形受到桥墩的约束后,将会在主梁内产生较大的次拉力,并对桥墩也产生较大的水平推力,从而会在结构混凝土上产生裂缝,降低结构的使用功能。

由此可见,连续刚构桥桥墩的水平抗推刚度宜在满足桥梁施工、运行稳定性要求的前提下尽可能小。相反,大跨连续刚构桥在横桥向的约束很弱,桥梁在横向不平衡荷载或风载作用下,易产生扭曲、变位,为了增大其横向稳定性,桥墩在横向的刚度应设计得大一些。

第五节 无缝桥梁构造

桥梁一般均需设置伸缩装置,以满足温度变形的要求。由于设置在桥面的伸缩缝处,伸缩缝受到结构集中变形、外部环境侵蚀和汽车荷载的反复冲击作用,成为桥梁结构中最易遭到破坏的部位,桥梁伸缩装置易损难修是国内外公认的难题。

对于中小桥梁,当温度变化时,由于桥两端的位移量较小,因此,可采用特殊的无缝化技术取消伸缩缝,以减少桥梁维护费用,提高行车舒适性,增强抗震能力。中小桥量大面广,因此,在中小桥上实现无缝化构造具有重要的意义。

美国是最早研究整体式无缝桥梁结构的国家。在20世纪40年代,美国就开始了整体式桥台的研究。截至2004年10月统计数据表明,至少40个州内共建成了包括弯桥、斜桥在内的整体式(半整体式)桥梁共13000余座,占全部桥梁的2.2%。

一、国外无缝桥梁主要结构形式

无缝桥梁取消了传统桥梁在桥台处设置的伸缩装置,且在桥梁的任何位置都不设置伸缩装置,梁的伸缩变形延至台后接线路面,如图2-3-15所示。

桥梁体系

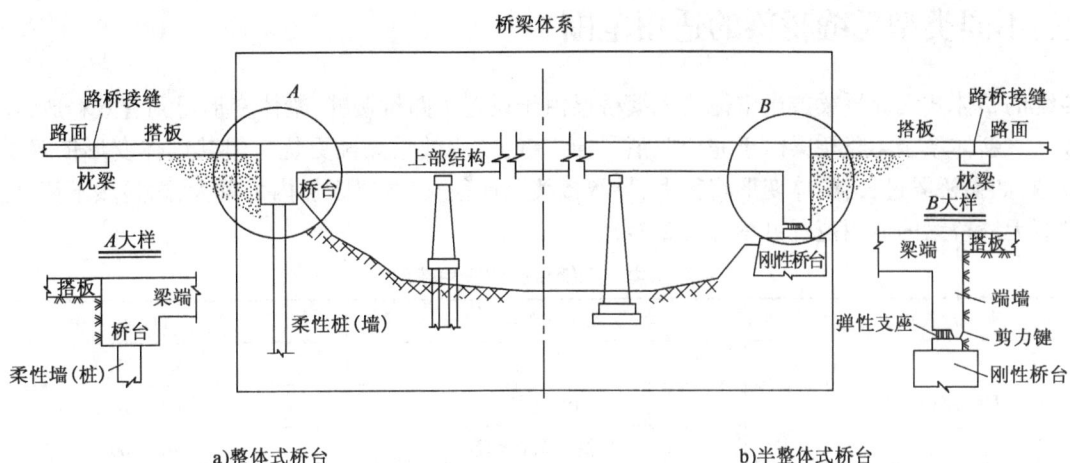

a)整体式桥台　　　　　　　　　　　　　b)半整体式桥台

图 2-3-15　国外两种无缝桥梁体系

根据与梁体连接方式的不同,无缝桥梁的桥台可分为整体式桥台和半整体式桥台两种。

整体式桥台是指柔性桥台与梁采取全弯矩连接方式,取消了支座和伸缩装置,使用最多的结构形式是台帽与单排柔性桩的结合,如图 2-3-15a) 所示。台下柔性桩大部分采用 H 钢桩,有的采用预应力混凝土桩、钢筋混凝土桩、木桩和薄壁钢管混凝土桩;有的采用扩大基础式整体桥台。

半整体式桥台是刚性桥台与梁体采用零弯矩的连接,能最大限度地把转动位移传递到刚性桥台或粗短柱式桥台下的桩基础上。典型的半整体式桥台如图 2-3-15b) 所示。

上述无缝桥梁构造将结构变形引至道路,既保证了桥梁结构的无缝,也使桥梁结构不会因为桥梁伸缩缝的问题而受到伤害,但是这种路面接缝仍然可能出现混凝土路面板缺损、跳车等病害。

二、半整体式全无缝桥梁新体系

传统的无缝桥梁虽然解决了桥梁伸缩缝的诸多问题,但搭板末端的接缝仍处于易损状态。为克服这一难题,可利用道路设计中连续配筋混凝土路面允许带裂缝工作的特点,实现真正意义的全无缝桥梁,即在常规的整体式(半整体式)无缝桥的基础上,采用搭板两端分别与主梁及连续配筋接线路面连接,并在接线路面的端部设置地梁的方式,进一步取消路桥结合处的路面接缝。新型无缝桥梁结构示意图如图 2-3-16 所示。

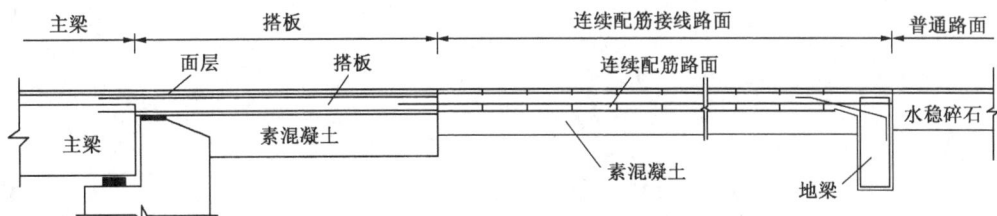

图 2-3-16　新型无缝桥梁结构示意图

半整体式全无缝桥梁的工作原理:当温度等因素发生变化时,梁体的变形通过搭板传递至加筋接线路面,并通过带锯缝的接线路面微裂缝吸纳全部变形,随着温降作用的增大,接线路面受到搭板的拉力变大,将由近而远产生很多横向裂缝,直到完全吸收梁体变形。接线路面上设置锯缝的目的是使裂缝分布更均匀,并减小对主梁的拉力。接线路面上铺设沥青混凝土,接线路面的微裂缝并不会反射到沥青铺装上,沥青路面是完好无损的。

三、不同类型无缝桥梁的适用范围

传统的整体式无缝桥梁或半整体式无缝桥梁由于设置了路桥接缝，梁体变形得到有效释放，其应用范围较广。新体系全无缝桥梁由于完全取消了伸缩缝，使用效果无疑更优。但其梁体变形依赖于接线路面吸纳，如果桥梁过长，梁体变形将很大，导致接线路面很长，主梁附加内力偏大，这显然不符合要求。不同类型无缝桥梁的适用范围可参考表 2-3-2。

不同类型无缝桥梁的适用范围   表 2-3-2

结构限制	无缝桥梁类型	PC 梁
最大跨径(m)	整体式	18.3 ~ 61.0
	半整体式	27.5 ~ 61.0
	半整体式全无缝	10 ~ 100
桥梁总长(m)	整体式	45.8 ~ 358.4
	半整体式	27.5 ~ 1000
	半整体式全无缝	10 ~ 100
斜交角(°)	整体式	15 ~ 70
	半整体式	20 ~ 45
	半整体式全无缝	15 ~ 70

第四章
CHAPTER 4
简支钢板梁桥和钢桁梁桥

一般,把桥跨结构用钢制成的桥梁(不论桥梁墩台用什么材料建造)称为钢桥(steelbridge)。在各种建筑材料中,钢材的抗拉、抗压和抗剪强度均较高(这可使所需的受力截面尺寸较小,重量较轻,建筑高度较小),材质较为均匀(屈服强度变异性不大,这可使容许应力较高),有一明显的屈服台阶(这使结构在破坏前发生显著变形,发出预警,可提供时间用于抢修)。因此,钢桥具有较大的跨越能力和良好的使用功能。当要建造的桥梁跨度特别大,采用其他建筑材料建桥有困难时,常采用钢桥。

钢桥的基本特点包括:材料力学性能良好,与混凝土相比自重小(通常采用质量强度比表示不同材料在结构意义上的相对轻重),适用于梁桥、拱桥、悬索桥和斜拉桥等所有桥式;材料可加工性能好,构件特别适合用工业化方法来制造,便于运输,工地架设或安装(erection)速度快,建造工期较短;材料延性好,可提高结构的抗震性能;在受到损伤后,易于修复和更换;旧桥可回收,资源可再利用,有利于环保;普通钢材的耐候性差、易锈蚀,后期维护费用较高;铁路钢桥采用明桥面时噪声大;材料价格相对较高。

我国中小跨径的铁路桥,曾较多地采用上承式或下承式简支钢板梁;对较大跨径的铁路桥,则采用上承式或下承式简支(连续)钢桁架梁。近年来,大跨径铁路钢拱桥和钢斜拉桥得到迅速发展。在公路桥方面,随着跨径的不断增大,大跨径钢梁桥、钢拱桥和钢斜拉桥的应用越来越普遍,而特大跨径的悬索桥只能采用钢材(主缆采用高强钢丝编制而成,加劲梁采用钢桁架或扁平箱梁)。为加快建造速度,满足对建筑高度的要求,减少对交通的干扰,一些城市桥梁也逐步采用中小跨径的钢板梁或钢箱梁桥。

一、钢桥所用的材料

钢桥所用的钢主要有低碳钢和低合金钢两类。低碳钢是指含碳量为 $0.03\% \sim 0.25\%$ 的钢,其易于加工。低合金钢是指在低碳钢基础上,加入少量合金元素且各种合金元素总含量不超过 3% 的钢,其韧性高于低碳钢,具有良好的焊接性能和耐蚀性能。

适用于钢桥的钢材主要有板材(plate,sheet)及型材(shape steel),其他的管材(如空心圆钢)、棒材(如方钢、扁钢等)和线材(如钢筋、钢丝、钢绞线等)在钢桥上部结构中的应用有限。钢板按厚度分为薄板、中板、厚板和特厚板(钢材的强度、韧性会随板厚的增加而下降)。桥梁用钢板一般按厚度16~100mm、宽度1.5~4.0m、长度3.0~18.0m供货。型材通常采用轧制的H型钢、工字钢、角钢、T型钢、槽钢等。钢桥的主要构件多用板材加工而成,次要构件可采用型钢。除钢板和型钢外,建造钢桥的材料还包括高强螺栓、焊接材料、锻钢和铸钢(用于制作钢支座)等。

用于制造钢桥的钢又称桥梁钢(bridge steel),可视其为结构钢(structural steel)的一种,其冶金技术标准从相关的结构钢标准中选用。

用钢材制造钢桥,要经过机械加工和连接,制成的钢桥应能够承受很大的静力荷载与冲击荷载。因此,所选用的钢材,要求既能适应制造工艺要求,又能满足使用要求。

为了满足钢桥的制造和使用需要,对用来造桥的钢的化学成分和力学性能都有严格的规定。钢的化学成分是指钢中的各种合金元素的多少。合金元素除锰、硅基本元素外,强度较高的钢还包含微量元素,如铬、镍、钒、铌、氮等。有害杂质(如硫、磷等)的含量必须加以限制。钢的主要力学性能指标有强度、延伸率、断面收缩率、冷弯和冲击韧性。

二、钢桥的连接

钢桥由各种杆件或部件连接而形成整体结构,而这些杆件或部件又都是由钢板及各种型钢连接形成的。因此,连接在钢桥中占有重要地位,并直接影响其制造安装、经济指标和使用性能。钢桥的连接既包括将型钢、钢板组合成杆件与部件,也包括将杆件及部件接成钢桥整体。进行连接设计时,应遵循安全可靠、节约材料、构造简单、安装方便、便于维护等原则。钢桥所用的连接主要有铆接、焊接和栓接三种。

1.铆接

铆接(rivet connection)即用铆钉进行连接。铆钉种类繁多,应用广泛。在桥梁工程领域,铆接是钢桥连接的传统方式的,其传力可靠,整体性好,连接变形小,使用历史很长。钢桥铆接是指在工地将半成品铆钉加热到1050~1150℃,塞入钉孔,利用铆钉枪将钉身镦粗,填满钉孔,并将另一端打成钉头(图2-4-1);或在工厂将铆钉加热至650~750℃,用铆钉机铆合。这种连接传力可靠,但费时(既要钻孔又要铆合)、费料、费力(工人在操作中消耗体力大),而且,技术要求较严,工作环境不好(噪声大)。因此,这一连接方式目前在钢桥中已极少采用。

常用铆钉直径为22mm及24mm,比孔径小1~1.5mm 材料为ML(铆螺)2号钢或ML3号钢,其钢质较软,便于顶锻加工。

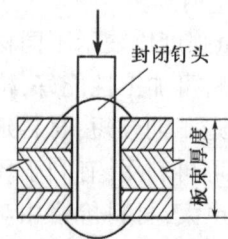

图2-4-1 铆接

在使用铆接前,在早期的链杆悬索桥和钢桁梁桥中还曾经用过销接(pin connection),即在链杆连接处或桁架的节点处,只用一个大直径的钢销,贯穿于所有交汇杆件的端部,在节点处形成一个铰(hinge)。销接的缺点是销子和销孔要求嵌配精密,制造加工很费事;且当销孔因反复磨耗而扩大后,在动荷载作用下,桥梁的变形加大。因此,销接方式很快被铆接所代替,现只作为钢构件的临时定位,或在一些临时性结构(如挂篮、贝雷梁等)上采用。

2.焊接

焊接(welding)即电焊连接。早在20世纪20年代末,美国和波兰就建造了全焊钢桥,但直到20世纪50年代,钢梁制造才全面引进焊接技术。焊接结构的板面上无孔削弱,无须附加连接板、连接角钢等零件,比铆接结构省料;工厂作业方便,且可改善工作环境(但在野外恶劣天气条件下作业时受到一定的限制)。

金属的焊接方法多种多样,分为熔焊、压焊和钎焊三大类。熔焊是指通过电能将被焊钢材连接面和焊接材料熔化,形成一条把两个部件连接在一起的焊缝。不同的钢材应选用不同的焊接材料。焊接材料有焊丝、焊条、熔剂。焊接时所采用的电流、电压的大小,以及焊接速度的快慢,均随焊接材料的不同而有所不同。

钢桥焊接主要采用熔焊中的电弧焊,包括自动或半自动的电弧焊、埋弧焊和气体保护焊等。钢桥采用的接头形式有对接、T 形接和角接等。焊缝接头形式主要有熔透对接焊缝和不熔透贴角焊缝,如图 2-4-2 所示。焊接前,需要在一个或两个部件的连接处加工出不同形式的坡口,如 K 形、X 形、V 形、U 形等。按照施焊姿态划分,焊接可分为平焊、横焊、立焊和仰焊。在钢桥的工厂焊接作业中,大量采用自动焊和半自动焊。

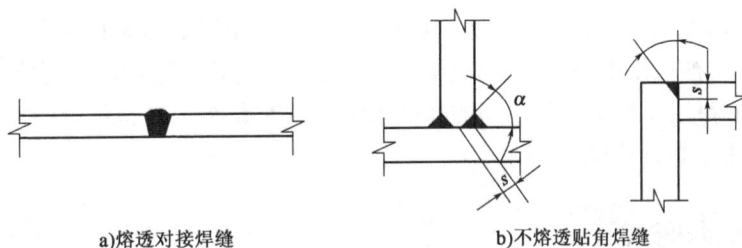

a)熔透对接焊缝　　　　b)不熔透贴角焊缝

图 2-4-2　焊缝接头形式

由于焊接时的高温作用,焊缝部位的材质可能变脆;由于不均匀加热与冷却,焊接过程中会产生焊接残余应力和变形;同时,焊接还可能产生咬边、气孔、夹渣、弧坑裂纹等焊接缺陷。因此,对钢桥的重要构件,焊后通常需要消除残余应力,矫正焊接变形。另外,还要严格控制和及时处理焊接缺陷,要求焊缝的力学性能不低于母材。

3.栓接

栓接(bolted connection)即高强度螺栓(high-strength bolt)连接。1951 年,美国旧金山金门大桥加固时,首次采用高强度螺栓代替铆钉。焊接技术在钢桥制造中广泛应用的同时,栓接技术已广泛用于钢桥构件的连接。

栓接指将已成形的杆件与连接用部件(拼接板,如桁梁桥的节点板),用高强度螺栓拼装成钢桥整体。按材料划分,螺栓可分为普通螺栓和高强度螺栓。普通螺栓是通过螺杆受剪和板件孔壁承压传力或螺杆受拉传力。高强度螺栓是通过板件接触面的摩擦力传力或板件间的预压力传力。钢桥上常用的是高强度摩擦型螺栓。高强度螺栓连接示意图如图 2-4-3 所示。杆件内力 N 通过钢板与拼接板表面的摩擦力来传递,而这一摩擦力则是由于高强度螺栓拧紧后,对钢板束施加了强大的夹紧力 P 产生的。只有当外力 N 超过了抵抗滑动的摩擦力之后,板层才会产生相对滑动(即失效)。抵抗滑动的摩擦力是夹紧力 P 与钢板表面摩擦系数的乘积。

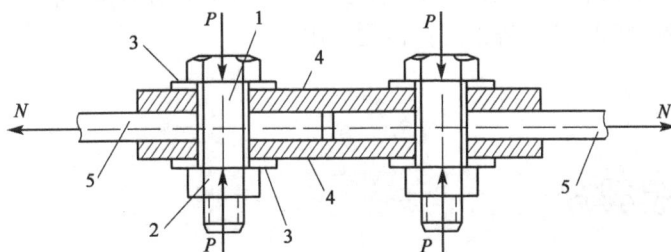

图 2-4-3　高强度螺栓连接示意图

1-高强度螺栓;2-高强度螺母;3-高强度垫圈;4-拼接板;5-杆件

高强度螺栓、螺母、垫圈合称为连接副。其形式与尺寸及技术条件在相应国家标准中均有详细规定。直径规格 M12 ~ M36,长度 35 ~ 300mm,材料采用 40 硼钢(40B)或 20 锰钛硼(20MnTiB)钢。在钢桥中常用的为 M22、M24、M27,芜湖长江公铁两用桥采用的是 M30。根据材料及性能,高强度螺栓主要有 12.9 级、10.9 级和 8.8 级。10.9 级螺栓强度较高，在钢桥中广为采用。螺母及垫圈也随螺栓的级别不同而采用不同的级别。

高强度螺栓的常用安装方法是扭矩法拧紧工艺，即利用安装时施加在螺母上的扭矩来控制螺栓的预紧力。高强度螺栓的一项工艺技术指标是扭矩系数。根据扭矩系数、螺栓直径和设计预紧力就可以计算出高强度螺栓施拧时所要施加的扭矩的大小。10.9 级高强度螺栓的设计预紧力 P 见表 2-4-1。

10.9 级高强度螺栓的设计预紧力 P

表 2-4-1

规格	M22	M24	M27	M30
P(kN)	200	230	300	370

我国早期的钢桥均采用铆接。在 20 世纪 50 年代，我国开始了焊接和栓接的应用研究；1965 年起正式大量在铁路钢桥中推广使用，并逐步形成了目前广泛采用的栓焊钢桥。所谓栓焊钢桥，是指工厂内板件之间的连接采用焊接，工地上杆件之间的连接采用高强度螺栓。20 世纪 90 年代以后，在大跨斜拉桥、悬索桥中开始采用全焊钢箱梁。

三、钢桥的结构形式

钢桥的结构形式多种多样。一座钢桥采用哪种结构形式，主要取决于桥梁的技术要求和桥址的水文、地形及地质情况。各种桥式均可采用钢作为建桥材料。

在铁路桥的发展初期，多采用钢作为建桥材料，桥的结构形式主要是梁。在 20 世纪 50—60 年代，我国铁路桥梁多采用上承式简支钢板梁桥，跨径 20～32m。20 世纪 60 年代，从节约钢材的角度出发，我国铁路曾经让跨径不大于 32m 的新建梁桥都采用钢筋混凝土与预应力混凝土梁。当桥址处的地形和河流水文条件要求降低桥梁的建筑高度时，对于跨径 20～40m 的铁路桥，可采用下承式简支钢板梁桥。对于跨径 56～80m 的钢桥，20 世纪 80 年代及以前，我国铁路桥均采用简支或连续钢桁梁桥。对大跨径的铁路桥和公铁两用桥，均采用连续钢桁梁，如武汉长江大桥、南京长江大桥等，所用材料和连接方式从开始的低碳钢和铆接逐步改为低合金钢和栓焊连接。20 世纪 80 年代中期开始，随着大跨径预应力混凝土连续梁的发展，对于跨径在 100m 左右的桥梁，倾向于采用混凝土梁代替钢桁架梁。

在铁路钢桥的发展过程中，也曾采用过简支箱梁（如架设在北京西北环线上的整孔焊接箱梁，跨径 40m，1979 年）、斜腿刚架（安康汉江专用线，跨度 176m，薄壁箱梁结构，1983 年）等结构形式。

20 世纪 90 年代以来，更大跨径的铁路桥和公铁两用桥得到快速发展，结构形式也更加丰富多彩。20 世纪 90 年代修建的九江长江大桥、芜湖长江大桥等构建了梁-拱组合体系和矮塔加劲连续梁等体系。近年来修建的钢桥则有桁架拱或钢箱拱、钢桁架斜拉桥等。

在 20 世纪 80 年代及以前，受材料供应和造价的限制，公路钢桥的数量十分有限。近 30 年来，公路钢桥得到迅猛发展，主要结构形式是钢箱拱桥、钢箱斜拉桥以及采用钢箱或桁架作为加劲梁的悬索桥。近年来，中小跨度的钢板梁和钢箱梁桥也逐步得到应用。

第二节 钢板梁桥

钢板梁桥（plate girder bridge）是指由两片或多片 I 形梁为主要承重结构的桥梁。I 形梁多由钢板焊接而成，称为主梁（main girder）或主纵梁。各主梁顺桥轴横向间隔并列，其间需要设置横向布置的桁式构件或板式构件，以连接各主梁而形成稳定的整体式承重结构。在承重结构之上，布设桥面系（桥面传力体系）或桥面板。

钢板梁桥有多种分类方法:按照支承条件和受力特点划分,钢板梁桥可分为简支钢板梁桥、连续钢板梁桥和悬臂钢板梁桥;按照桥面板材料划分,钢板梁桥可分为钢筋混凝土桥面板梁桥(也称结合梁桥)和钢桥面板梁桥;按照车行道布置划分,钢板梁桥可分为上承式钢板梁桥和下承式钢板梁桥;按照连接方式划分,钢板梁桥可分为铆接板梁桥、全焊板梁桥和栓焊板梁桥(常用者);等等。

本节主要介绍简支钢板梁桥。钢板梁桥的特点是构造简单,设计便捷,制造简单,架设方便,适用于中、小跨径的铁路桥和公路桥,其构造形式也可用于其他钢桥。钢板梁桥的构造和计算是钢桥设计的基础。

一、上承式钢板梁桥

1.铁路桥

干线铁路上的上承式钢板梁桥的上部结构主要由两片Ⅰ形梁、联结系和桥面组成,如图 2-4-4 所示。主梁由上、下两块翼缘板(flange)和一块腹板(web)焊接而成。为防止腹板失稳,需视情况设置竖向加劲肋(stiffener)和横向加劲肋。主梁是钢板梁桥的主要承重结构,其主要作用在于把桥面和联结系传来的荷载传递到支座,并通过支座传至墩台。当跨径较小时,主梁一般采用等截面梁;当跨径较大时主梁可采用变截面梁(增加翼缘厚度或改变翼缘宽度)。

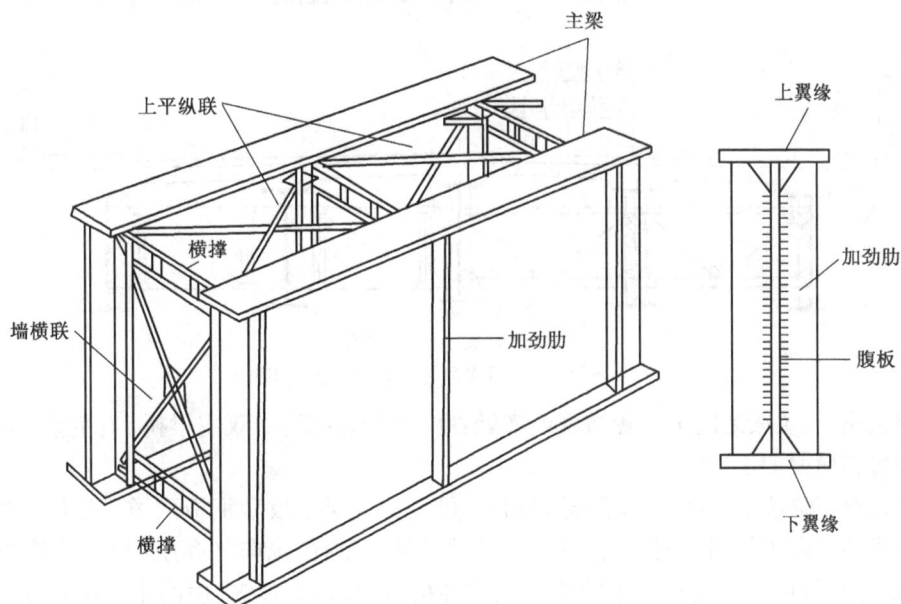

图 2-4-4　单线铁路上承式钢板梁桥组成及主梁横断面示意(未示桥面)

联结系(bracing)是将主梁联结成稳定的空间结构,并承受各种横向荷载(如风力、列车横向摇摆力等)。联结系分为横向联结系和纵向联结系两种。

横向联结系(sway bracing)是由横撑(strut)、竖向交叉杆、主梁加劲肋和一部分腹板组成的一个平面结构,垂直于主梁腹板,简称“横联”。横联位于主梁跨间的称为“中间横联”,位于主梁两端的称为“端横联”。横向联结系使得各主梁受力较均匀,并增强了结构的抗扭刚度,防止主梁侧向失稳。

纵向联结系(lateral bracing)是由横撑、水平交叉杆、主梁翼缘组成的一个平面桁架结构,布置在主梁上、下翼缘板面内。布置在顶面的,称为上水平纵向联结系(简称“上平纵联”);布置在底面的,称为下水平纵向联结系(简称“下平纵联”)。一般,跨径小于16m 的上承式钢板梁,可不设下平纵联。纵向联结系增强了结构的整体稳定性,并与横向联结系共同承担横向水平力及其扭矩作用,制约主梁翼缘的侧向变形和横向振动。

桥面采用明桥面构造,无须另行设置桥面系。明桥面主要由桥枕、护木、正轨、护轨等组成,其主要功能是提供桥梁的行车部分,同时把列车荷载向下传递。

当跨度小于40m时,铁路钢板梁桥比钢桁梁桥经济,所以小跨度的钢桥常用钢板梁桥。

2.公路桥

公路上承式钢板梁桥主要由主梁、联结系和桥面板等组成。公路桥与铁路桥相比,不同之处主要在于桥面板构造及其上面的桥面铺装。根据桥面宽度,公路上承式钢板梁桥可以设置双主梁(图2-4-5)或多主梁(图2-4-6),横联的构造可采用空腹桁架式(横联)或实腹梁式(横梁)。因钢板梁桥的多片主梁和横梁在平面上呈格子状,又称为梁格体系。

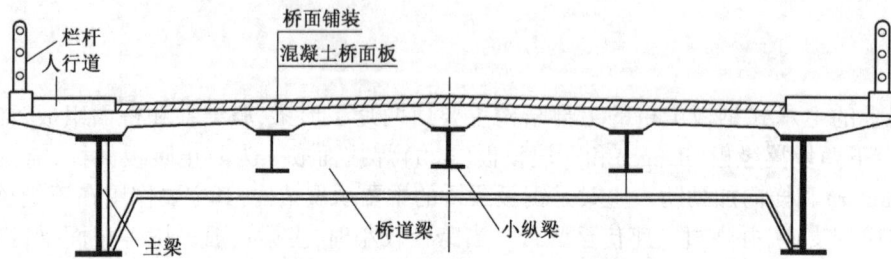

图2-4-5　公路上承式双主梁桥横断面示意

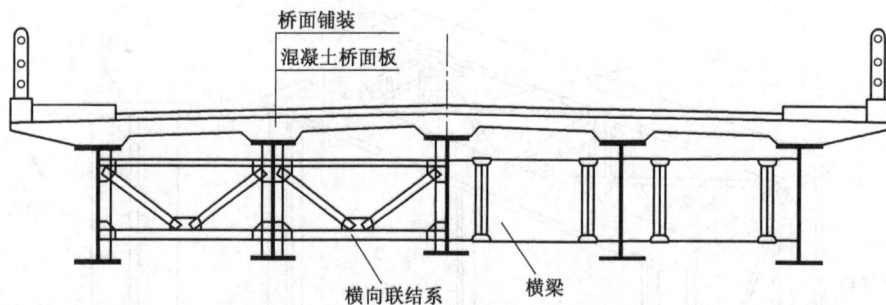

图2-4-6　公路上承式多主梁桥横断面示意图

对公路钢板梁桥,主梁之间可设置横联或横梁,也可以不设置;对双主梁桥,当主梁间距较大时,可设置小纵梁搁置在横梁上。

公路上承式钢板梁桥的桥面板,按照材料划分,可分为混凝土板和钢板两类。采用混凝土板者,习惯性称为结合梁桥。常用的钢桥面板由面板以及焊接于板底面的纵向加劲肋(以下简称"纵肋")和横梁(横肋)组成,顶板同时充当主梁的上翼缘。在这种构造中,桥面板纵、横两个方向的刚度不同,受力特性表现为各向异性,称为正交异性板(orthotropic plate),其构造示意图如图2-4-7所示。试验和理论证明,正交异性板具有很高的承载能力,同时可显著地减轻钢梁的自重。(图2-4-7)

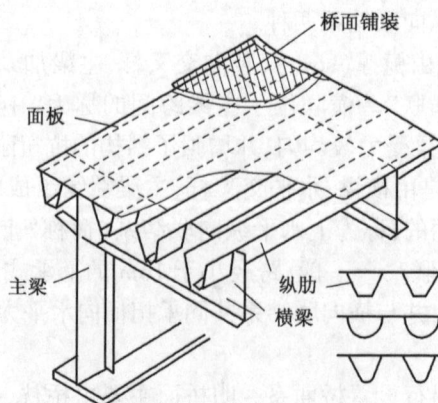

图2-4-7　正交异性板构造示意图

正交异性板中的顶板,一般采用厚度为 12 ~ 14mm 的钢板。纵肋平行于桥轴方向布置,间距较小,有开口截面纵肋(如 L 形、倒 T 形等)和闭口截面纵肋(如梯形、U 形、V 形等)。横梁垂直于桥轴方向布置,多采用倒 T 形截面,间距较大,尺寸也较大,起到联结各主梁、支撑顶板、提高桥梁整体刚度的作用。沿桥轴方向,视需要可间隔设置横向联结系。

二、铁路下承式钢板梁桥

铁路下承式(也称半穿式)钢板梁桥(图 2-4-8)的主要承重结构也是两片 I 形截面的主梁。在两片主梁之间,需设置由纵梁、横梁及纵梁之间的联结系组成的桥面系(floor system),以形成承受列车荷载的桥面传力系统。桥面(通常为明桥面)不是搁置在主梁上,而是搁置在桥面系的纵梁上。由于纵梁高度较主梁高度小得多,这样就大大缩小了建筑高度(自轨底至梁底)。

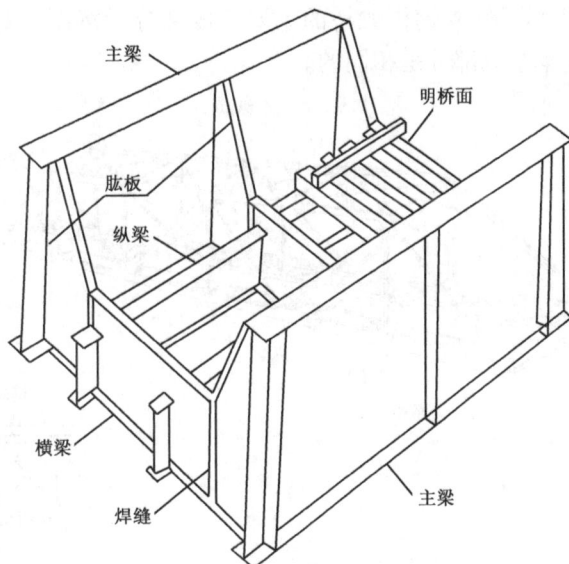

图 2-4-8 铁路下承式钢板梁桥示意图

由于桥面是布置在两片主梁之间,列车在两片主梁之间通过,这样就要求两片主梁之间的净宽能满足铁路桥建筑限界的规定,单线铁路桥的限界宽度只需 4.88m,而下承式钢板梁桥(标准设计)的两片主梁中心的距离仅为 5.4m。

为了使下承式板梁桥成为一个空间稳定结构,在其主梁下翼缘面内设有下平纵联。由于要满足建筑限界的要求,无法设置上平纵联,所以在横梁与主梁之间,加设肱板。肱板的作用有两个:一是肱板对主梁上翼缘起支撑作用,保证上翼缘及腹板的稳定;二是肱板与横梁连成一片,可起到横联的作用。

铁路下承式钢板梁桥与上承式钢板梁桥相比,在结构方面增加了桥面系,因此用料较多,制造费工;由于它比较宽大,不能通过铁路整孔运送,增加了运输与架梁的难度。所以,当铁路桥梁采用钢板梁桥时,应尽可能不采用下承式。但是,由于下承式板钢板梁桥具有较小的建筑高度,在某些条件下仍是需要的。

公路桥因桥面较宽,一般情况下,宜避免采用下承式钢板梁桥。

三、结合梁桥

所谓结合(组合)梁桥(composite beam bridge),是指用剪力键(shear connector)或其他方法将混凝土桥面板与钢板梁、钢箱梁、钢桁梁等梁式结构组合成一体的桥梁。结合梁可按结构体系、构造方式、连接刚度、施工方法等分为多种类型,其中最常用的是简支钢-混凝土结合板(箱、桁)梁。为保证钢-混凝土两者的共同工作，钢梁与混凝土板之间必须可靠结合。因为混凝土桥面板参与钢板梁上翼缘受压，提高了桥梁的抗弯能力，所以可以节省用钢量或降低建筑高度。与钢板梁桥相比，结合梁桥具有截面刚度大、行车噪声小、坡度和超高设置容易等优点。试验证明，结合梁桥承受超载的潜力比钢板梁桥要大。鉴于此因，在中小跨度的梁桥中，结合梁桥已获得较广泛的应用。

第三节　简支钢桁梁桥

简支钢桁梁桥（truss bridge）一般由主桁、桥面系（桥面板）、桥面、联结系和支座五个部分组成。图2-4-9为我国常用的铁路下承式简支钢桁梁桥的主要组成部分示意图。对采用其他结构体系（如连续梁等）的钢桁梁结构，其基本组成部分是相同的。

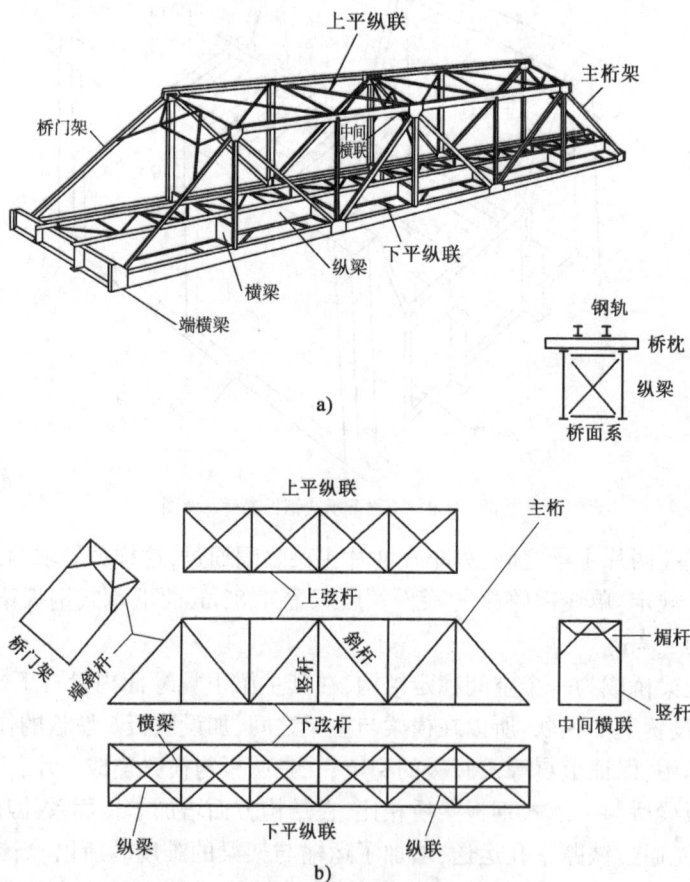

图2-4-9　铁路下承式简支桁架桥各组成部分

一、主桁与节点

主桁是简支钢桁梁桥的主要承重结构，常规的单线铁路钢桁梁桥由两片主桁组成，每片主桁由上弦杆（chord）、下弦杆、腹杆（web member）及节点（node；joint）组成。倾斜的腹杆称为斜杆，竖直的腹杆称为竖杆。杆件交汇的地方称为节点，纵向两节点之间称为节间。通常使用节点板（gusset plate）及高强螺栓连接各主桁杆件。

随着高铁和客专的发展，桥梁上的线路时常会达到4线甚至更多。常规的简支钢桁梁桥由两片主桁组成的钢桁梁结构,需要加以改进,或采用三片主桁结构(如武汉天兴洲大桥、南京大胜关大桥等)。

节点构造示意图如图2-4-10所示。这种普通的拼装式节点无须焊接,但节点散件多,螺栓用量多,现场工作量大。近年来,基于杆件在节点外拼接的思路,发展了焊接整体节点。这种节点可提高工厂制造化程度,方便工地安装,但节点连接处焊缝多,刚度大,对结构受力有一定影响。整体节点的设计与主桁图式、杆件截面形式、桥面系构造等有关。

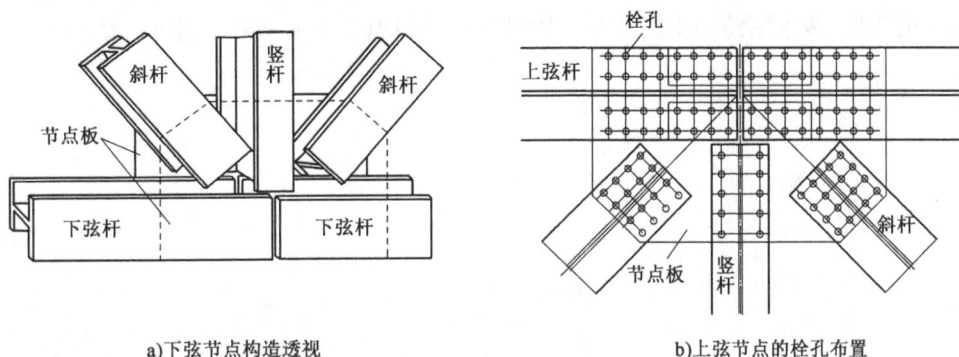

a)下弦节点构造透视　　　　　　　　　b)上弦节点的栓孔布置

图2-4-10　节点构造示意图

二、桥面系

常规钢桁梁桥的桥面系由纵梁(stringer)、横梁(floor beam)及纵梁间的联结系组成。纵梁可连接于横梁间,也可搁置在横梁顶板上(对上承式桁梁桥)。联结系包括设置在纵梁上翼缘平面内的平纵联,以及设置在纵梁跨中的横联(由一对交叉杆组成,通过一吊杆与主桁的下平纵联相连)。桥面系的主要作用是将桥面传来的荷载传递给主桁节点。为减小横梁因与弦杆共同作用所承受的水平弯矩,在主桁跨径大于80m时,必须在主桁中间的某一个节间内将纵梁断开,设置活动纵梁。

在高铁和客专线路中的钢桁梁桥中,把传统的桥面系改造为肋板式,发展了各种形式的桥面系(桥面板)构造,形成不同的板桁组合结构。按桥面系(桥面板)的主要构造特征,桥面系(桥面板)可分为混凝土板和钢正交异性板。采用混凝土板的桥面系,由钢纵梁、钢横梁和混凝土板组成。通常,混凝土板与纵梁、横梁结合为一体,参与受力。采用钢正交异性板的桥面系有两种:一种是由纵梁、横梁和正交异性板组成的体系,另一种是密横梁加正交异性板体系,形成正交异性整体钢桥面板。

采用混凝土板的桥面系,需注意混凝土板的开裂问题;采用钢正交异性板的桥面系,需注意构造细节的疲劳问题。相比而言,在大跨径钢桁梁结构上,正交异性钢桥面板既能减小结构自重,又具有良好的耐久性,应用更为广泛。

三、桥面

通常,传统的铁路钢桁梁桥采用明桥面。在近年来修建的高速铁路钢桁梁桥中,为满足高速列车对桥面结构刚度和轨道平顺的要求,或采用混凝土板的桥面系,配道砟桥面;或采用钢正交异性板的桥面板,桥面板上铺设(用抗剪栓钉相连)预制的道砟槽板,形成道砟桥面。

四、联结系

传统的钢桁梁桥的联结系主要由上平纵联、下平纵联、中间横联和桥门架(端部横向联结系,portal-bracing)构成。桥门架由两根端斜杆及其间的撑杆组成。联结系的作用:构成稳定的空间桁架结构,使主桁受力均匀;增强结构的整体刚度,提高其侧向稳定性。

对多线的大跨径铁路桁梁桥,由于活载大,桥面宽,需要更为强劲的横联。因为桥面系与主桁连为一体,刚度足够,所以无须设置主桁的下平纵联。

五、支座

传统的钢桁梁桥,多采用铸钢支座。有关桥梁支座的知识参见本书第二篇第二章。

第五章
CHAPTER 5

拱桥构造

　　拱桥是我国公路上使用较广泛的一种桥型。拱桥与梁桥的区别,不仅在于外形不同,更重要的是两者受力性能有较大差别。拱式结构在竖向荷载作用下,两端将产生水平推力。正是这个水平推力,使拱内产生轴向压力,从而大大减小了拱圈的截面弯矩,使之成为偏心受压构件,截面上的应力分布[图2-5-1a)]与受弯梁的应力[图2-5-1b)]相比,较为均匀。因此,可以充分利用主拱截面材料强度,增大跨越能力。

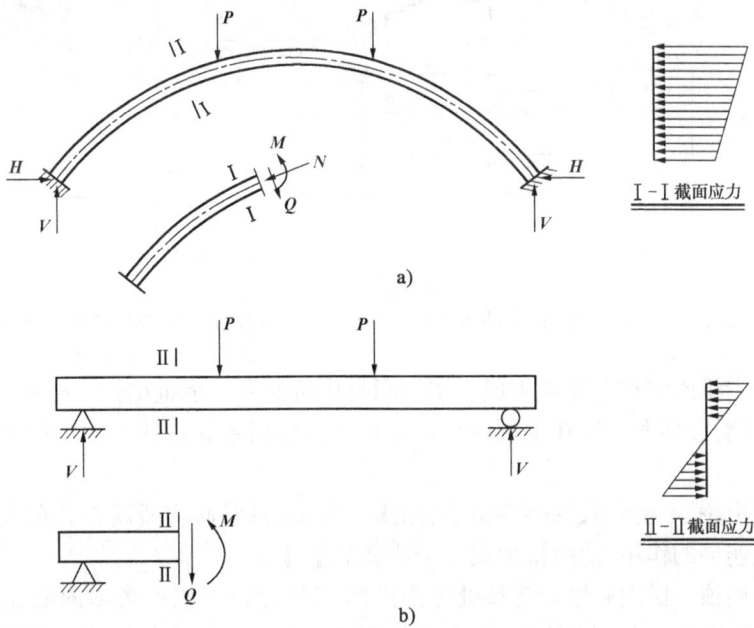

图2-5-1 拱和梁的应力分布

拱桥的主要优点：

（1）跨越能力较大。

（2）能充分就地取材，与混凝土梁式桥相比，可以节省大量的钢材和水泥。

（3）耐久性能好，维护费用少。

（4）外形美观。

（5）构造较简单。

拱桥的主要缺点：

（1）自重较大，相应的水平推力也较大，增加了下部结构的工程量；当采用无铰拱时，施工风险较大。

（2）由于拱桥水平推力较大，在连续多孔的大、中桥梁中，为防止一孔破坏而影响全桥的安全，需要采用较复杂的措施（如设置单向推力墩等），也会增加造价成本。

（3）与上承式梁式桥相比，上承式拱桥的建筑高度较高，当用于城市立交及平原地区时，因桥面高程提高，使两岸接线长度增长，或者因桥面纵坡增大，增加了造价成本且对行车不利。

第二节 拱桥组成及主要类型

一、拱桥主要组成

实腹式拱桥如图 2-5-2 所示。拱桥的上部结构和下部结构各主要组成部分的名称以及拱桥的主要技术名称介绍如下。

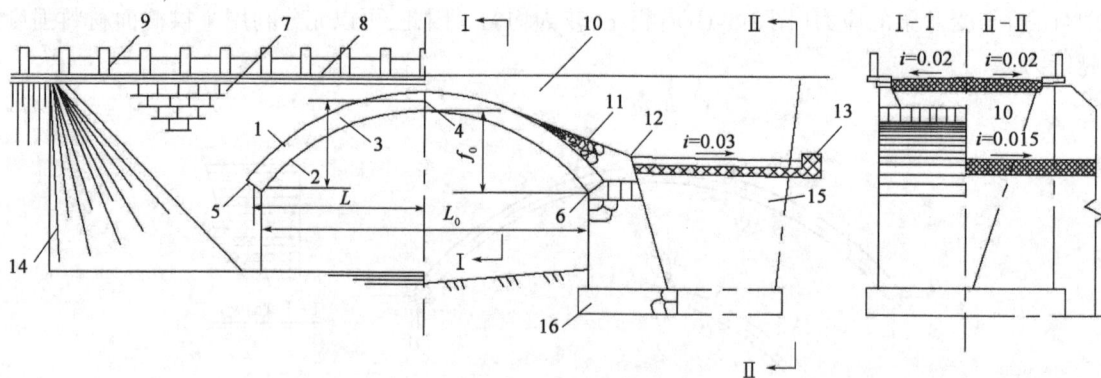

图 2-5-2 实腹式拱桥

1-拱背；2-拱腹；3-拱轴线；4-拱顶；5-拱脚；6-起拱线；7-侧墙；8-人行道；9-栏杆；10-拱腹填料；11-护拱；12-防水层；13-盲沟；14-锥坡；15-桥台；16-基础

拱桥上部结构由主拱圈和拱上建筑组成。主拱圈是拱桥的主要承重结构。桥面与主拱圈之间需要有传力的构件或填充物，以使车辆能在平顺的桥道上行驶。桥面系和这些传力构件或填充物统称为拱上结构或拱上建筑。

拱桥的下部结构由桥墩、桥台及基础等组成，用于支承桥跨结构，将桥跨结构的荷载传至地基。桥台起到与两岸路堤相连接的作用，使路桥形成一个协调的整体。

拱圈最高处称为拱顶。拱圈和墩台连接处称为拱脚（起拱面）。拱圈各横向截面（换算截面）的形心连线称为拱轴线。拱圈的上曲面称为拱背，拱圈的下曲面称为拱腹。起拱面与拱腹相交的直线称为起拱线。

下面介绍拱桥的几个主要技术名称：

净跨径：每孔拱跨两个起拱线之间的水平距离。

计算跨径：相邻两拱脚截面形心点之间的水平距离。因为拱圈(拱肋)各截面形心点的连线称为拱轴线，所以计算跨径也就是拱轴线两端点之间的水平距离。

净矢高：拱顶截面下缘至起拱线连线的垂直距离。

计算矢高：拱顶截面形心点至相邻两拱脚截面形心点之间连线的垂直距离。

矢跨比：拱圈(拱肋)的净矢高与净跨径之比，或计算矢高与计算跨径之比。一般将矢跨比大于或等于1：5的拱称为陡拱；矢跨比小于1：5的拱称为坦拱。

二、拱桥类型

拱桥形式应遵循因地制宜、就地取材的原则，并根据桥位处的地形、水文、通航等要求，结合施工设施等条件综合选择。为了便于研究，我们按照不同的方式对拱桥进行分类。

(1)按照建桥材料(主要是针对主拱圈使用的材料)不同分类，拱桥可分为圬工拱桥、钢筋混凝土拱桥及钢拱桥等。

(2)按照主拱圈所采用的拱轴线的形式不同分类，拱桥可分为圆弧拱桥、抛物线拱桥或悬链线拱桥等。

(3)按照拱上结构的形式不同分类，拱桥可分为实腹式拱桥与空腹式拱桥。空腹式拱桥的特点是构造简单，施工方便，但重力大。对于小跨径拱桥，可采用实腹式拱桥；对于大、中跨径拱桥，宜采用空腹式拱桥。

(4)按静力图式分类，拱桥可分为以下三类：

①三铰拱桥。三铰拱属于静定结构，温度变化、墩台沉陷均不会在拱圈截面内产生附加内力；由于铰的存在，不仅会使其构造复杂，施工困难，而且会降低整体刚度，尤其减小了抗震能力。同时，拱的挠度曲线在拱顶铰处出现转折，对行车不利。因此，对于大、中跨径的主拱圈，一般不宜采用三铰拱。三铰拱一般用作大、中跨径空腹式拱上建筑的腹拱。

②无铰拱桥。无铰拱属于三次超静定结构，在荷载作用下，拱的内力分布比三铰拱好。无铰拱的特点是构造简单，施工方便。但是，温度变化、材料收缩、墩台位移将使拱圈内产生附加内力。无铰拱宜于在地基良好的条件下修建。

③两铰拱桥。两铰拱是一次超静定结构。其结构整体刚度较三铰拱好，当因地基条件较差，而不宜修建无铰拱时，可采用两铰拱。

(5)按拱圈横截面形式(图2-5-3)不同分类，拱桥可分为以下六类：

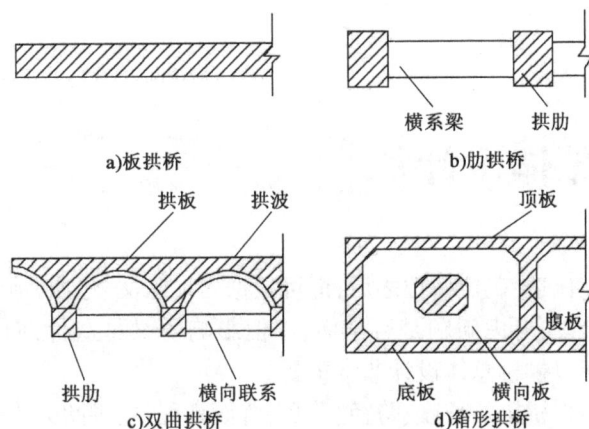

a)板拱桥

b)肋拱桥 横系梁 拱肋

c)双曲拱桥 拱板 拱波 拱肋 横向联系

d)箱形拱桥 顶板 腹板 底板 横向板

图2-5-3 主拱圈横截面形式

①板拱桥[图 2-5-3a)]。承重结构的主拱圈在整个宽度内砌成矩形,构造简单,施工方便。但从力学性能方面来看,在相同截面积的条件下,实体矩形截面比其他形式截面的截面抵抗矩小。所以通常只在地基条件较好的中、小跨圬工拱桥中采用板拱形式。

②肋拱桥[图 2-5-3b)]。将板拱划分成两条或两条以上,并将其分离成独立的拱肋,肋与肋之间用横系梁连接,这样就可用较小的截面积获得较大的截面抵抗矩,以节省材料,减轻拱圈本身重力。一般肋拱多用于较大跨径的拱桥。

③双曲拱桥[图 2-5-3c)]。主拱圈在纵向和横向均呈曲线形,截面的抵抗矩较相同材料用量的板拱大得很多,可以节省材料。另外,双曲拱桥还具有装配式桥梁的特点。其缺点是施工程序多,组合截面的整体性较差,易开裂等。因此,双曲拱只宜在中小跨径桥梁中采用。

④箱形拱桥[图 2-5-3d)]。其外形和板拱相似,由于截面挖空,使箱形的截面抵抗矩较相同材料用量的板拱大很多,可以节省材料。由于它是闭口箱形截面,截面的抗扭刚度大,横向的整体性和稳定性均较好,适用于无支架施工。其缺点是箱形截面施工制作较复杂。一般情况下,跨径在 50m 以上的拱桥宜采用箱形截面。

⑤钢管混凝土拱桥。钢管混凝土(Concrete Filled Steel Tube,CFST),属于钢-混凝土组合结构中的一种,主要用于以受压为主的结构。它既可以借助内填混凝土增强钢管壁的稳定性,又可以利用钢管对核心混凝土的套箍作用,使核心混凝土处于三向受压状态,高抗压强度和抗变形能力。在总体性能方面,由于钢管混凝土承载能力大,正常使用状态是以应力控制设计,外表不存在混凝土裂缝问题,因而可以相应减小使主拱圈截面及其宽度,进而减小桥面上由承重结构所占的宽度,提高了中、下承式拱的桥面宽度的使用效率。在施工方面,钢管本身相当于混凝土的外模板,具有强度高、质量轻、易于吊装或转体的特点,可以先将空管拱肋合龙,再压注管内混凝土,从而大大降低了大跨径拱桥施工的难度,省去了支模、拆模等工序,并适用于先进的泵送混凝土工艺。钢管混凝土材料的缺点:对于管壁外露的钢管混凝土,在阳光照射下,钢管膨胀,容易造成钢管与内填混凝土之间出现脱空现象;由于施工中钢管先于管内混凝土受力,往往造成钢管应力偏高而混凝土不能发挥应有的作用。这些问题都需要予以解决。

⑥劲性骨架混凝土拱桥。劲性骨架混凝土拱桥与普通钢筋混凝土拱桥的区别在于前者用钢骨拱桁架作为受力筋,它可以是型钢,也可以是钢管。采用钢管作劲性骨架混凝土拱又称为内填外包型钢管混凝土拱。它主要用于大跨径拱桥中,同时解决了大跨径拱桥施工的"自架设问题",即首先架设自重轻、刚度、强度均较大的钢管骨架,然后在空钢管内压注混凝土形成钢管混凝土,使骨架进一步硬化,再在钢管混凝土骨架上外挂模板浇筑外包混凝土,形成钢筋混凝土结构。在这种结构中,钢管和随后形成的钢管混凝土主要是作为施工的劲性骨架来考虑的。成桥后,它也可以参与受力,但其用量通常是由施工设计控制。目前,世界最大跨径的钢筋混凝土拱桥——万县长江大桥就是用钢管作劲性骨架的拱桥。劲性骨架混凝土拱桥跨越能力大、超载潜力大、施工方便,是一种极具发展前途的拱桥结构形式。

第三节 拱桥总体设计

在通过必要的桥址方案比选,确定桥位之后,即可根据当地水文、地质、地形等具体情况进行拱桥的总体设计。总体布置是否合理,考虑问题是否全面,不但影响桥梁总造价,而且对桥梁今后的使用、维修、管理带来直接的影响,所以拱桥总体设计非常重要。

拱桥的总体设计主要包括桥梁的长度、跨径、孔数、桥面高程、主拱圈矢跨比等。

一、设计拱桥高程及主拱圈矢跨比

拱桥高程主要有四个,即桥面高程、拱顶底面高程、起拱线高程、基础底面高程,如图 2-5-4 所示。拱桥高程的合理确定对拱桥的设计有直接的影响。

拱桥的桥面高程应注意两个方面:一方面由两岸线路的纵断面设计来控制,另一方面要保证桥下净空能满足宣泄洪水或通航的要求。设计时须按有关规定,并与有关部门(如航运、防洪、水利等)商定。

当桥面高程确定后,由桥面高程减去拱顶填料厚度(一般包括路面厚度在内为 0.30 ~ 0.50m),即可得到拱顶上缘(拱背)的高程。随后可以根据跨径大小、荷载等级、主拱圈材料规格等条件估算出拱圈的厚度,由此可推求出拱顶底面高程。

拟定起拱线高程时,为了尽量减小桥墩(台)基础底面的弯

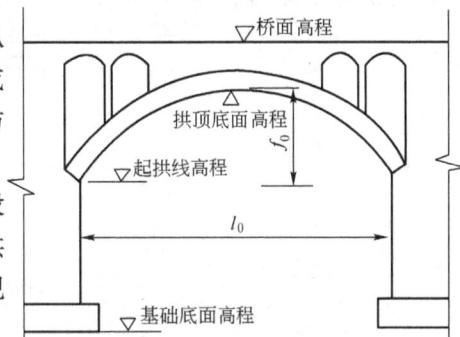

图 2-5-4　拱桥的主要高程示意图

矩、节省墩台的圬工数量,一般宜选用低拱脚设计方案。但具体设计时,拱脚的位置又常常受到通航净空、排洪、流水等条件的限制。

基础底面高程主要根据冲刷深度、地质情况及地基承载能力等因素确定。

拱桥主拱圈矢跨比是设计拱桥的主要参数之一。它的大小不仅会影响拱圈内力的大小,而且会影响拱桥的构造形式和施工方法的选择。计算表明,恒载的水平推力 H_g 与垂直反力 V_g 的比值随矢跨比的减小而增大。当矢跨比减小时,拱的推力增大,反之则拱的推力减小。众所周知,拱的推力越大,相应地在拱圈内产生的轴向力也大,这对拱圈自身的受力状况是有利的,但对墩台基础不利。同时,当拱圈受力后因其弹性压缩,或因温度变化、混凝土收缩、墩台位移等原因,都会在无铰拱的拱圈内产生附加内力,而拱矢跨比越小,附加内力越大。当拱的矢跨比过大时,拱脚区段过陡,给拱圈的砌筑或混凝土浇筑带来困难。另外,拱桥的外形是否美观、与周围景物能否协调等,均与矢跨比有很大关系。因此,在设计时,矢跨比的大小应经过综合比较后进行选定。

通常,对于砖、石、混凝土板拱桥及双曲拱桥,矢跨比一般为 1/4 ~ 1/6,不宜小于 1/8;箱形拱桥的矢跨比一般为 1/6 ~ 1/8,圬工拱桥的矢跨比一般都不宜小于 1/10。钢筋混凝土桁架拱、刚架拱桥的矢跨比一般为 1/6 ~ 1/10,或者更小一些,但不宜小于 1/12。

国外曾将跨度的平方与矢高之比值,即 L^2/f,称为"大胆度",并用它来作为比较和评价拱桥的规模,设计和施工的复杂与难易程度的指标。一般认为,大胆度在 1000 以上的拱桥是具有较高水平且比较复杂的大型拱桥。

二、不等跨的处理

为了便于施工和平衡桥墩上所受的推力。同一方案中各孔跨径最好相等。但有时考虑到通航要求,或技术经济问题,或考虑到协调周围环境,也可采用不等跨。为了尽量减少因结构重力引起推力不平衡对桥墩和基础的偏心作用,可以采取如下措施。

1. 采用不同的矢跨比

利用在跨径一定矢跨比与推力大小成反比的关系,在相邻两孔中,大跨径用较陡的拱(矢跨比较大),小跨径用较坦的拱(矢跨比较小),使两相邻孔在恒载作用下的不平衡推力尽量减小。

2.采用不同的拱脚高程

由于采用了不同的矢跨比,致使两相邻孔的拱脚高程不在同一水平线上。因大跨径孔的矢跨比大、拱脚降低,减小了拱脚水平推力对基底的力臂,这样可以使大跨径孔与小跨径孔的恒载水平推力对基底所产生的弯矩得到平衡(图2-5-5)。但因拱脚不在同一水平,使桥梁外形欠美观,构造也稍复杂。

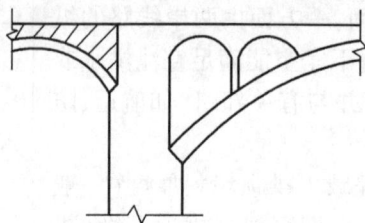

图2-5-5 相邻孔拱脚高程不在同一水平线上

3.调整拱上建筑的恒载重量

在必须使两相邻孔的拱脚放置在相同(相接近)的高程上时(如美观要求等),也可用调整拱上建筑的重量来减小相邻孔间的不平衡推力。因此,大跨径可用轻质的拱上填料或空腹式拱上建筑,小跨径可用重质的拱上填料或实腹式拱上建筑,以改变恒载来调整拱桥的恒载水平推力。

4.采用不同类型的拱跨结构

小跨径孔采用板式结构,大跨径孔采用分离式肋拱结构,以减轻大跨径孔的恒载来减小恒载的水平推力。

在具体设计,可采取上述措施中的任意一种或同时几种的组合。如果仍不能达到完全平衡恒载水平推力的目的,则需设计成体形不对称的或加大尺寸的桥墩的基础来予以解决。

第 六 章
CHAPTER 6

桥梁墩台构造

　　桥梁墩台是桥梁结构的重要组成部分,称为桥梁的下部结构。它主要由墩台帽、墩台身和基础三部分组成。图 2-6-1 为梁桥重力式墩台。

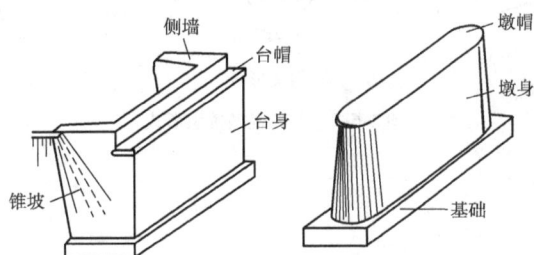

图 2-6-1　梁桥重力式墩台

　　桥墩是指多跨(不少于两跨)桥梁的中间支承结构,是支承桥跨结构(又称上部结构)和传递桥梁荷载的结构物。它除承受上部结构自重以及作用于其上的车辆荷载作用外,还将荷载传给地基,并且承受流水压力、水面以上风力以及可能出现的冰压力、船只和漂流物的撞击力等。桥台是设置在桥的两端、支承桥跨结构并与两岸接线路堤衔接的构造物。它既要挡土护岸,又要承受台背填土及填土上车辆荷载所产生的附加土侧压力。因此,桥梁墩台不仅自身应具有足够的强度、刚度和稳定性,而且对地基的承载能力、沉降量、地基与基础之间的摩擦阻力等提出一定的要求,以避免在上述荷载作用下产生危害桥梁整体结构的水平位移、竖向位移和转角位移。这一点对超静定结构桥梁尤为重要。

　　桥梁墩台设计应遵循安全耐久、满足交通要求、造价低、养护费用少、施工方便、工期短、与周围环境协调、造型美观等原则。桥梁墩台设计涉及的影响因素包括:与桥跨结构形式及其受力有关;与地质构造和土质条件有关;与水文、水流流速和河床地质以及其埋置深度有关;与通航要求有关。因此,桥梁墩台设计应充分考虑各种因素的组合作用,确保墩台在洪水、地震、桥梁活载等动力作用下安全、耐久。

桥梁墩台的修建,在很多情况下较之建造桥跨结构更为复杂和困难。

对于城市立交桥,在桥梁下部结构的造型上,将比一般的公路桥梁有更高的要求。因此,在选型上,除了前述的总原则外,还应注意以下几点:①从整体造型着眼,力求形式优美、构造轻盈、线条明快;②各部分的形状尺寸要符合桥体结构受力的规律,结构匀称,比例适度,给人以稳重安全的感觉;③与周围环境、文化、习俗相协调,使其色彩和谐,开阔明朗,令人舒适爽快。

近年来,国内外的城市桥梁中,涌现出丰富多彩的桥墩构造形式,主要包括:①单柱式墩[图2-6-2a)],其截面形状有圆形、矩形、多角形等,这种桥墩的特点是外观轻巧,视空开阔,造价经济;②多柱式墩[图2-6-2b)],其柱顶各自直接支撑上部结构的箱梁底板,柱间不设横系梁,显得挺拔有力,干净利落;③矩形薄壁墩[图2-6-2d)、e)],这种墩常将表面做成纹理(竖向或横向纹理),从而收到美观的效果;④双叉形墩[图2-6-2g)];⑤四叉形墩[图2-6-2h)];⑥T形墩、V形墩和X形墩[图2-6-2c)、f)、i)]等,这些桥墩形式除满足结构受力的要求外,都是为了达到造型美观的目的。

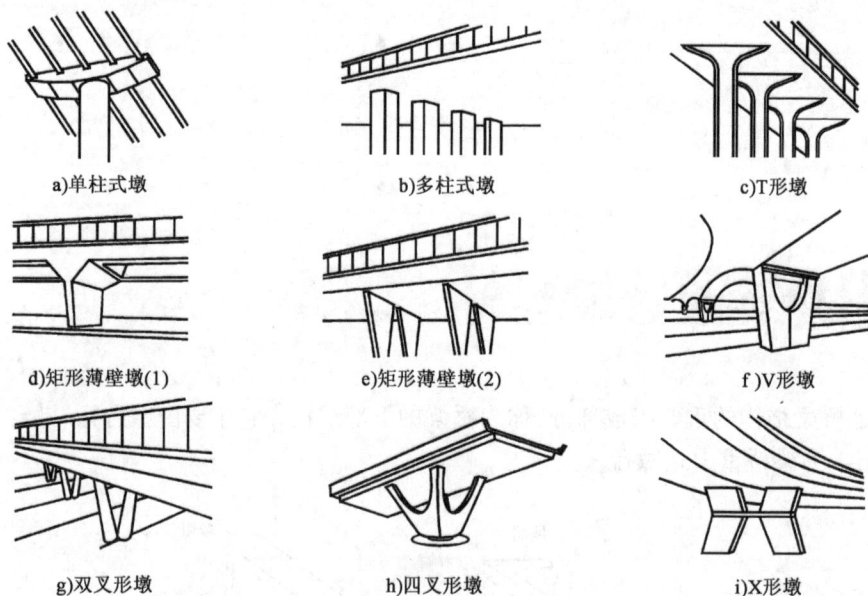

a)单柱式墩   b)多柱式墩   c)T形墩

d)矩形薄壁墩(1)   e)矩形薄壁墩(2)   f)V形墩

g)双叉形墩   h)四叉形墩   i)X形墩

图2-6-2 各种轻型桥墩形式

第二节 桥墩构造

桥墩按其构造可分为实体桥墩、空心桥墩、柱式桥墩、柔性排架桩墩和框架桥墩等五种类型。墩身横截面形状可分为矩形、圆形、圆端形、尖端形和各种空心墩。

一、实体桥墩

实体桥墩是由一个实体结构组成。实体桥墩按其截面尺寸和桥墩质量的不同可分为实体重力式桥墩(图2-6-3)和实体薄壁式桥墩(墙式桥墩)(图2-6-4)。实体桥墩由墩帽、墩身和基础构成。墩帽是桥墩顶端的传力部分,它通过支座支承上部结构,并将相邻两孔桥上的恒载和活载传到墩身上,因此,墩帽的强度要求较高,一般都用C20以上的混凝土做成。另外,在一些桥面较宽、墩身较高的桥梁中,为了节省墩身及基础的圬工体积,常常利用挑出的悬臂或托盘来缩短墩身横向的长度。悬臂式或托盘式墩帽一般采用C20或C25钢筋混凝土。

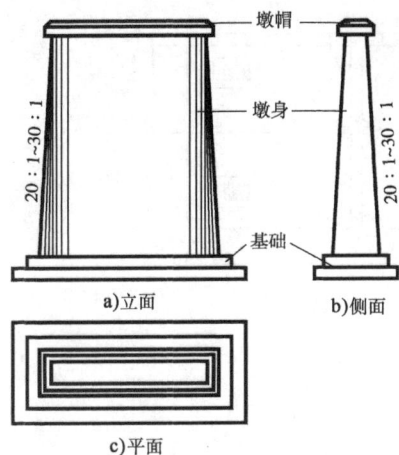

图 2-6-3 实体重力式桥墩

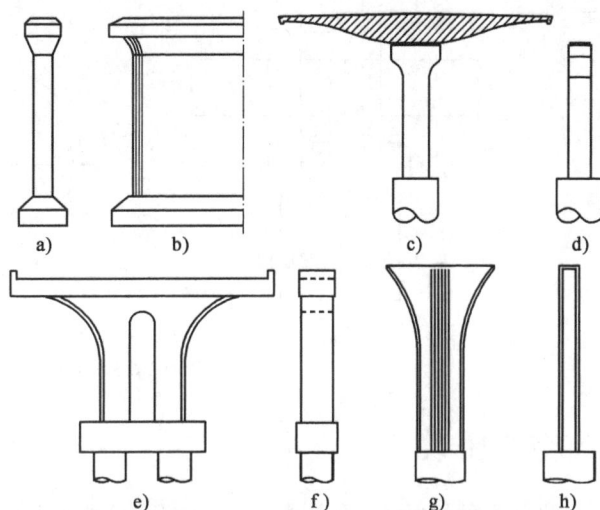

图 2-6-4 实体薄壁式桥墩

墩帽长度和宽度视上部结构的形式和尺寸、支座尺寸和布置、上部构造中主梁的施工吊装要求等条件而定。

1. 顺桥向的墩帽宽度 b

顺桥向的墩帽宽度 b[图 2-6-5a)]可由下式计算,即

$$b \geqslant f + \frac{a + a'}{2} + 2c_1 + 2c_2 \tag{2-6-1}$$

式中:f——相邻两跨支座间的中心距;它由支座中心至主梁端部的距离(e_1、e_1')和两跨间伸缩缝宽度 e_0(中小桥为 $2 \sim 5$cm;大跨径桥可按温度变化及施工可能出现的误差等决定)确定,即 $f = e_1 + e_0 + e_1'$;

$a + a'$——支座垫板顺桥向宽度;

c_1——出檐宽度,一般为 $5 \sim 10$cm;

c_2——支座边缘到墩身边缘的距离,其值按表 2-6-1 规定的数值采用。

支座到台、墩身边的最小距离(cm)　　　　　　表 2-6-1

跨径	桥向		
	顺桥向	横桥向	
		圆弧形端头(自支座边角量起)	矩形端头
$150 \leqslant l$	30	30	50
$50 \leqslant l < 150$	25	25	40
$20 \leqslant l < 50$	20	20	30
$5 \leqslant l < 20$	15	15	20

注:当采用钢筋混凝土或预应力混凝土悬臂墩帽时,可不受本表限制,应以便于施工、养护和更换支座而定。

一般情况下,对于小跨径桥梁,墩帽纵向宽度不得小于100cm;中等跨径桥梁不宜小于 $100 \sim 200$cm。

2. 横桥向墩帽最小宽度 B

横桥向墩帽最小宽度 B[图 2-6-5b)]可由下式计算,即

$$B \geqslant 桥跨结构两外侧主梁中心距 + 支座底板横向宽度 + 2c_1 + 2c_2 \tag{2-6-2}$$

对于中小跨径的桥梁墩帽的厚度不得小于30cm;对于大跨径桥梁墩帽的厚度不得小于40cm。拟定墩帽尺寸除满足上述构造要求外,还应符合墩身顶宽的要求,安装上部结构的要求以及抗震设防措施所需要的宽度。

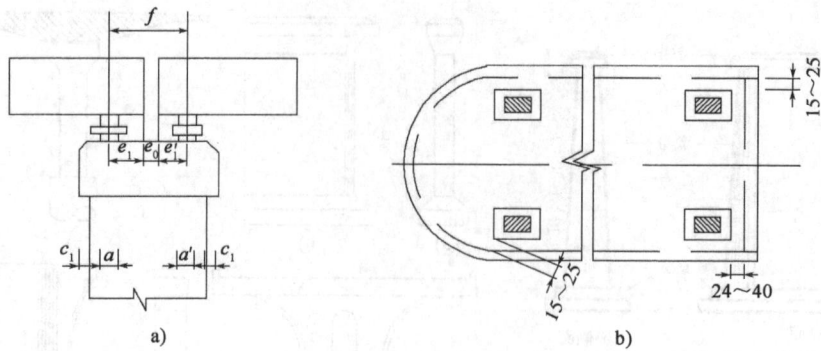

图 2-6-5　桥墩尺寸拟定

二、空心桥墩

在一些高大的桥墩中,为了减少圬工体积,节约材料,减轻自重,减少软弱地基的负荷,也可将墩身内部做成空腔体,即空心桥墩。空心桥墩在外形上与实体重力式桥墩并无大的差别,只是自重较实体重力式桥墩轻,因此,它介于实体重力式桥墩和轻型桥墩之间。常见的空心桥墩有圆形空心桥墩(图 2-6-6)和方形空心桥墩(图 2-6-7)两种。

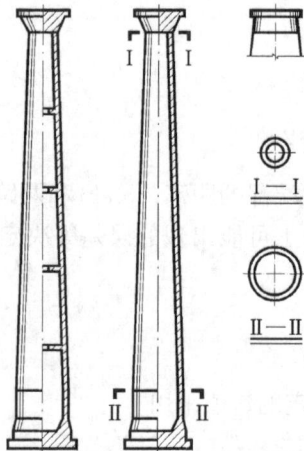

图 2-6-6　圆形空心桥墩

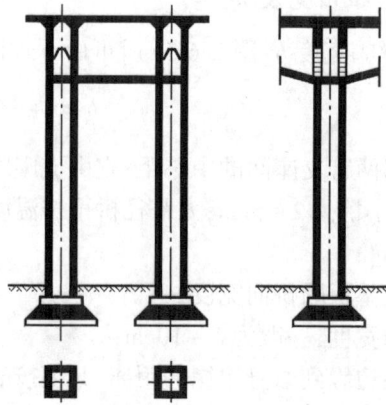

图 2-6-7　方形空心桥墩

空心桥墩在构造尺寸上应符合下列规定:

(1)墩身最小壁厚,若用钢筋混凝土不宜小于 30cm,若用混凝土不宜小于 50cm。

(2)墩身内应设横隔板或纵、横隔板,以加强墩壁的抗撞能力。

(3)墩帽下需有一定高度的实心部分以传递墩帽的压力,墩顶实体段以下应设置带门的进入洞或相应的检查设备。

(4)墩身周围应设置适当的通风孔或泄水孔,壁孔的直径宜为 20～30cm,用以调节壁内外温差和平衡水压力。

三、柱式桥墩

柱式桥墩的结构特点是由分离的两根或多根立柱(桩柱)组成。柱式桥墩的外形美观,圬工体积少,柱式桥墩是目前公路桥梁中广泛采用的桥墩形式之一,特别是在较宽较大的城市桥和立交桥中。

柱式桥墩的墩身沿桥横向常有 1～4 根立柱组成,柱身为 0.6～1.5m 的大直径圆柱或方形、六角形等形式。当柱式桥墩的墩身高度大于 6m 时,可设横系梁加强柱身横向联系。柱式桥墩的优点是刚度较大,适用性较广,并可与柱基配合使用;柱式桥墩的缺点是模板工程较复杂,柱间空间小,易于阻滞漂浮物,一般多在水深不大的浅基础或高桩承台上采用,应避免在深水、深基础及漂浮物多、有木筏的河道上采用。

柱式桥墩一般由基础之上的承台、柱式墩身和盖梁组成。双车道桥常用的桥墩形式有单柱式、双柱式、哑铃式以及混合双柱式等形式。

我国目前采用较多的钻孔灌注桩双柱式桥墩,它由钻孔灌注桩、柱与钢筋混凝土墩帽组成。其柱与桩直接相连,通常在桩柱之间布置横系梁,以增加墩身的侧向刚度。这种桥墩适合于许多场合和各种地质条件。通过增大桩径、桩长或用多排桩加建承台等措施,也能适用于更复杂的软弱地质条件以及较大的跨径和较高的桥墩。它的施工方式较优越,全部墩台工程都可以在水上作业,避免了最繁重的水下作业,因此应用较广泛。梁桥桩(柱)式桥墩如图2-6-8所示。

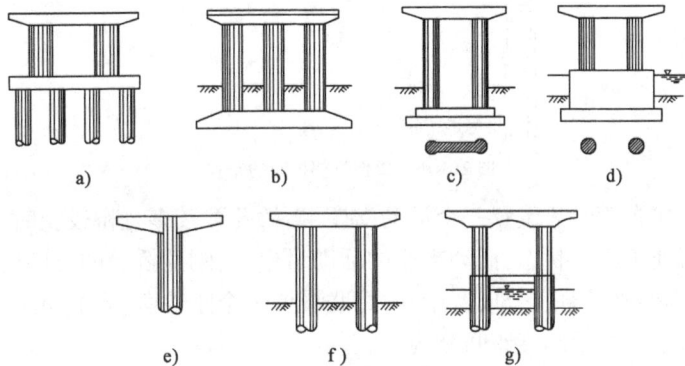

图2-6-8 梁桥桩(柱)式桥墩

四、柔性排架桩墩

柔性排架桩墩是由成排打入的单排或多排钢筋混凝土桩与顶端的钢筋混凝土盖梁连接而成(图2-6-9)。柔性排架桩墩是依靠支座摩擦阻力使桥梁上下部构成一个共同承受外力和变形的整体,多用于桥墩高小于6~7m的多孔和跨径<16m的梁式桥。

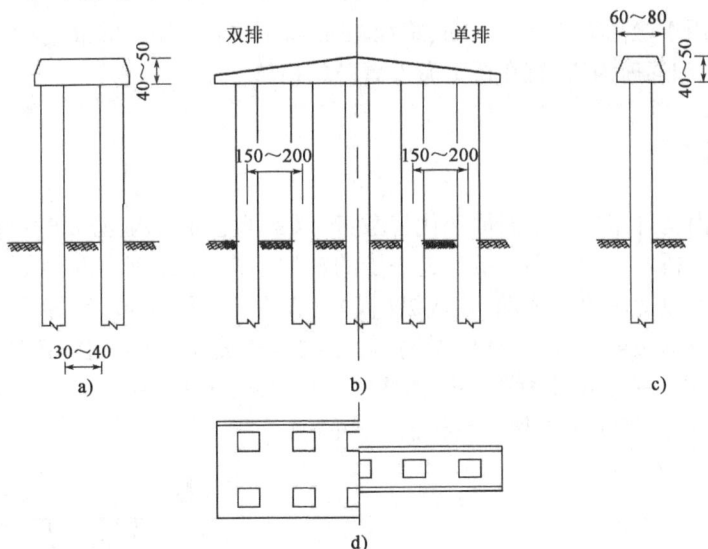

图2-6-9 柔性排架桩墩(尺寸单位:cm)

柔性排架桩墩主要特点是,上部结构传来的水平力(如制动力、温度影响力等)按各墩台的刚度分配到各墩台,作用在每个柔性排架桩墩上的水平力较小,而作用在刚性墩台上的水平力很大。因此,柔性排架桩墩截面尺寸得以减小,具有用料省、施工进度快、修建简便等优点,其主要缺点是用钢量大。

柔性排架桩墩有单排或双排两种形式,桩墩高于5m时宜采用双排。柔性排架桩墩一般采用矩形桩,其截面尺寸常为25cm×35cm、30cm×35cm和30cm×40cm等,桩长不超过14m,桩间中距为1.5~

2.0m;双排架的两排间距不大于30~40cm;桩顶盖梁单排架为60~80cm,高40~50cm。双排桩盖梁宽度视桩的尺寸和间距而定。

柔性排架桩墩是桥墩轻型化的途径之一,一般布设在两端具有刚性较大桥台的多跨桥中,全桥除一个中墩设置活动支座外,其余墩台均采用固定支座,如图2-6-10所示。

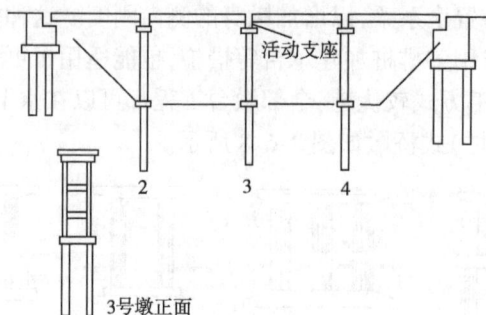

图2-6-10 柔性排架桩墩的布置

由于柔性排架桩墩在布置上只设置一个活动支座,当桥孔数较多且桥较长时,柔性排架桩墩固定支座的墩顶位移量过大而处于不利状态,活动支座的活动量也大,刚性桥台的支座所受的水平力也大。因此,多跨长桥采用柔性排架桩墩时宜分成若干联,每联设置一个刚性墩(台),如图2-6-11所示。两个活动支座之间或刚性台与第一个活动支座间称为一联。

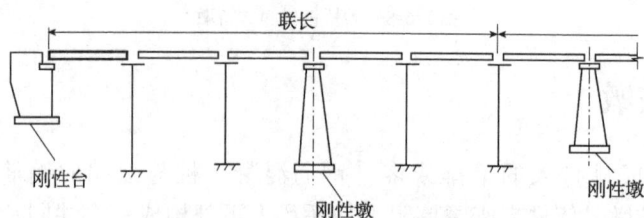

图2-6-11 多跨柔性排架桩墩布置

柔性排架桩墩多用于墩高为5.0~7.0m、跨径13m以下、桥长50~80m的中小型桥中。在山区河流、漂流物严重的河流和通航河流,宜在桥上游设置防护措施。

五、框架桥墩

框架桥墩是采用由构件组成的平面框架代替墩身,以支承上部结构,必要时可做成双层或多层的框架支承上部结构。框架桥墩是较空心桥墩更进一步的轻型结构,是以钢筋混凝土和预应力混凝土建成受力体系。框架桥墩可以适应建筑艺术,建成纵(横)向V形、Y形、X形、倒梯形等墩身。框架桥墩在同样跨越能力情况下可缩短梁的跨径、降低梁高,使结构轻巧美观,但结构构造比较复杂、施工比较麻烦。图2-6-12为连续梁桥采用V形框架桥墩构造示意图,图2-6-13为一V形框架桥墩的横断面示意图,图2-6-14为连续梁桥采用Y形框架桥墩构造示意图。

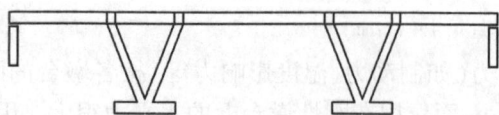

图2-6-12 连续梁桥采用V形框架桥墩构造示意图

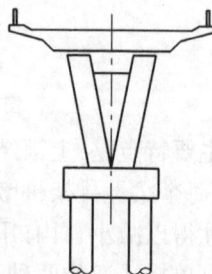

图2-6-13 V形框架桥墩横断面示意图

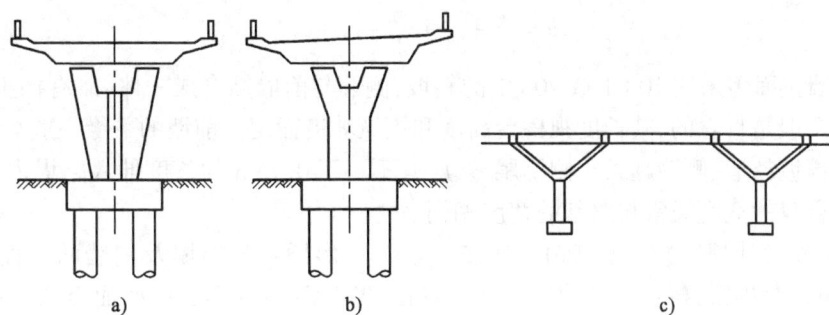

图 2-6-14　Y 形框架桥墩的构造示意图

　　V 形斜撑与水平面的夹角,需根据桥下净空要求和总体布置来确定,通常要大于 45°斜撑的截面形式可采用矩形、I 形和箱形等框架桥墩。V 形框架桥墩的支座可布置在 V 形斜撑的顶部或底部。当支座布置在斜撑的顶部,斜撑是桥墩的一个组成部分;当支座布置在斜撑的底部,或采取斜撑与承台刚接而不设支座时,斜撑与主梁固结,斜撑成为上部结构的一个组成部分,斜撑的受力大小依据结构的图式和主梁与斜撑的刚度比确定。

第三节　桥台构造

　　梁桥桥台可分为重力式桥台、轻型桥台、组合式桥台和承拉桥台。本节主要介绍前两种。

一、重力式桥台

　　U 形桥台是重力式桥台的常用形式,它由台帽、台身和基础等三部分组成。U 形桥台的台后土压力主要靠自重来平衡,所以桥台本身多数由石砌、片石混凝土或混凝土等圬工材料建造,并采用就地浇筑的施工方法。

　　梁桥 U 形桥台(图 2-6-15)因其台身是由前墙和两个侧墙构成的 U 字形结构而得名。其优点是构造简单,可以用混凝土或片、块石砌筑,适用于填土高度在 8 ~ 10m 以下或跨径稍大的桥梁。其缺点是桥台体积和自重较大,也增加了对地基的要求;桥台的两个侧墙之间填土容易积水,结冰后冻胀,使侧墙产生裂缝。所以,U 形桥台宜用渗水性较好的土夯填,并且应做好台后排水措施。

　　横桥向台帽宽度一般应与路基同宽,特大跨径、大跨径桥梁台帽厚度一般不小于 50cm,中小跨径桥梁也不应小于 40cm,并应有 $c_2 = 5 \sim 10cm$ 的檐口。台帽可用 C20 以上钢筋混凝土或素混凝土做成,也可用 MU30 以上石料圬工砌筑,所用砂浆不可低于 M5。如图 2-6-16 所示,顺桥向台帽最小宽度为

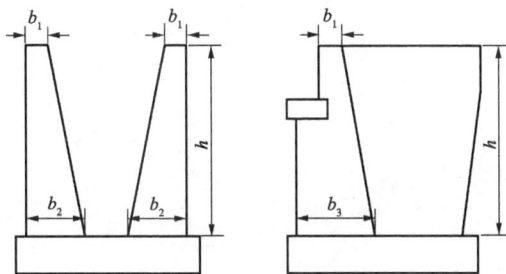

图 2-6-15　U 形桥台

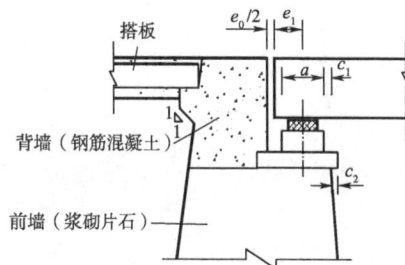

图 2-6-16　顺桥向台帽尺寸

$$b = \frac{a}{2} + e_1 + \frac{e_0}{2} + c_1 + c_2 \tag{2-6-3}$$

U 形桥台前墙正面多采用 10∶1 或 20∶1 的斜坡,侧墙与前墙结合成一体,兼有挡土墙和支撑墙的作用。侧墙正面一般是直立的,其长度视桥台高度和锥坡坡度而定。前墙的下缘一般与锥坡下缘相齐,因此,桥台越高,锥坡越坦,侧墙越长。侧墙尾端,应有不小于 0.75m 的长度伸入路堤内,以保证与路堤有良好的衔接。台身的宽度通常与路基的宽度相同。

《公路圬工桥涵设计规范》(JTG D61—2005)规定,U 形桥台的前墙及侧墙的顶面宽度不宜小于50cm,无论是梁桥还是拱桥,桥台前墙的任一水平截面的宽度,不宜小于该截面至墙顶高度的 0.4 倍。侧墙的任一水平截面的宽度,对于片石砌体不小于该截面至墙顶高度的 0.4 倍;对于块石、料石砌体或混凝土则不小于该截面至墙顶高度的 0.35 倍。如果桥台内填料为透水性良好的砂性土或砂砾,则上述两项可分别为 0.35 倍和 0.3 倍。

二、轻型桥台

轻型桥台一般由钢筋混凝土材料建造。轻型桥台的特点:体积轻巧、自重较小;借助结构物的整体刚度和材料强度承受外力,从而可节省材料,降低对地基强度的要求和扩大应用范围,为在软土地基上修建桥台开辟了经济可行的途径。

常用的轻型桥台分为设有支撑梁的轻型桥台、钢筋混凝土薄壁桥台、加筋土桥台和埋置式桥台等几种类型。

设有支撑梁的轻型桥台,其台身为直立的薄壁墙,台身两侧有翼墙(用于挡土)。在两桥台下部设置钢筋混凝土支撑梁,上部结构与桥台通过锚栓连接,于是便构成四铰框架结构系统,并借助两端台后的土压力来保持稳定。

钢筋混凝土薄壁桥台是由扶壁式挡土墙和两侧的薄壁侧墙构成。挡土墙由前寺和间距为 2.5 ~ 3.5m 的扶壁组成。台顶由竖直小墙和支于扶壁上的水平板构成,用以支承桥跨结构。

加筋土桥台按照埋置情况可分为内置式和外置式两种形式。内置式桥台的加筋体与台身结合在一起,台身可兼做立柱或挡土板。外置式桥台的台身与加筋体分开,台身主要承受上部结构传来的竖向力和水平力,加筋体承受土压力。

埋置式桥台是将台身埋在锥形护坡中,只露出台帽在外以安置支座及上部构造。

PART3 第三篇

结构分析

第 一 章
CHAPTER 1

桥梁上的作用

在对桥梁结构进行分析计算之前,需要明确实际和可能引起结构响应的各种作用(action)。按性质不同,可把引起结构响应的作用分为两类:第一类是直接施加于结构上的外力,如结构重力、车辆、人群等,称为荷载(load);第二类不是以力的形式施加于结构,其产生的效果与结构本身的特性及结构所处环境等有关,如基础变位、混凝土收缩和徐变、温度变化等,习惯上也称为荷载,但这种叫法并不确切,且容易引起误解。因此,目前倾向于将所有引起结构响应的因素统称为作用,而荷载则特指上述第一类。

作用的种类、形式、大小的确定是否得当,既关系到桥梁建设的投资,也关系到桥梁的安全。因此,合理确定作用及其组合是桥梁设计中的重要一环。

为规范桥梁设计,需要制定作用的标准,但它并不是一成不变的。随着桥梁工程的发展,作用的标准也需要适时修订与完善。

施加在桥涵上的各种作用按照随时间的变化情况可以归纳为永久作用、可变作用、偶然作用和地震作用四类。公路桥涵设计中采用的各类作用见表 3-1-1。

公路桥梁作用分类表   表 3-1-1

编号	作用分类	作用名称
1	永久作用	结构重力(包括结构附加重力)
2		预加力
3		土的重力
4		土侧压力
5		混凝土收缩、徐变作用
6		水浮力
7		基础变位作用
8	可变作用	汽车荷载
9		汽车冲击力
10		汽车离心力
11		汽车引起的土侧压力
12		汽车制动力
13		人群荷载
14		疲劳荷载
15		风荷载
16		流水压力

续上表

编号	作用分类	作用名称
17		冰压力
18	可变作用	波浪力
19		温度（均匀温度和梯度温度）作用
20		支座摩擦阻力
21		船舶的撞击作用
22	偶然作用	漂流物的撞击作用
23		汽车撞击作用
24	地震作用	地震作用

第一节 永久作用

永久作用是指在结构使用期间，其量值不随时间变化且其变化值与平均值相比可以忽略不计的作用。永久作用主要包括结构重力、预加应力、土的重力、土侧压力、混凝土收缩及徐变作用、水的浮力和基础变位作用七种。

结构物自身重力及桥面铺装、附属设施等外加重力均属于结构重力。采用轻质、高强材料对减轻桥梁自重、增大跨越能力具有重要的意义。

预加应力在结构正常使用极限状态设计和使用阶段构件应力计算时，应作为永久作用来计算其主、次效应，并计入相应阶段的预应力损失；在结构承载能力极限状态设计时，预加应力不作为荷载，而将预应力钢筋作为结构抗力的一部分。但在连续梁等超静定结构中，仍需考虑预加应力引起的次效应。

对于超静定的混凝土结构、钢—混凝土组合结构等均应考虑混凝土的收缩和徐变作用的影响，预应力构件还涉及其预应力损失问题。《桥规》规定了混凝土的收缩应变和徐变系数的计算方法。

其他永久作用均可按《公路桥涵设计通用规范》（JTG D60—2015）相关规定计算。

第二节 可变作用

可变作用是指在结构使用期间，其量值随时间变化且其变化值与平均值相比不能忽略的作用。可变作用包括汽车荷载、汽车冲击力、人群荷载和其他荷载（包括汽车离心力、汽车引起的土侧压力、汽力制动力、风荷载，流水压力和流冰压力、温度作用和支座摩阻力等）。

一、汽车荷载

汽车荷载是公路桥涵上最主要的一种可变作用。设计中采用的汽车荷载可为公路—Ⅰ级和公路—Ⅱ级两个等级。各级公路桥涵设计的汽车荷载等级按表3-1-2取用。

公路等级	高速公路	一级公路	二级公路	三级公路	四级公路
汽车荷载等级	公路—Ⅰ级	公路—Ⅰ级	公路—Ⅰ级	公路—Ⅱ级	公路—Ⅱ级

注：1.二级公路作为集散公路且交通量小、重型车辆少时，其桥涵的设计可采用公路—Ⅱ级汽车荷载。
　　2.对交通组成中重载交通比重较大的公路桥涵，宜采用与该公路交通组成相适应的汽车荷载模式进行结构整体和局部验算。

1.汽车荷载标准值

汽车荷载由车道荷载和车辆荷载组成。车道荷载由均布荷载和集中荷载组成，如图 3-1-1 所示。公路—Ⅰ级车道荷载的均布荷载标准值 q_k 为 10.5kN/m。集中荷载标准值随计算跨径的变化而变化。当计算跨径小于或等于 5m 时，P_k 为 270kN；当计算跨径等于或大于 50m 时，P_k 为 360kN；当计算跨径为 5～50m 时，P_k 值采用直线内插求得。对于多跨连续结构，P_k 按照最大跨径为基准取值。当计算剪力效应时，P_k 应乘以 1.2 的系数，其主要用于验算下部结构或上部结构的腹板。

公路—Ⅱ级车道荷载的均布荷载标准值和集中荷载标准值 P_k 按公路—Ⅰ级车道荷载的 0.75 倍采用。

车辆荷载为一辆总重 550kN 的标准车，其立面、平面尺寸如图 3-1-2 所示，其主要技术指标列于表 3-1-3。公路—Ⅰ级和公路—Ⅱ级汽车荷载采用相同的车辆荷载标准值。

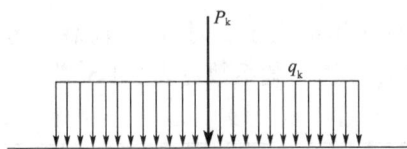

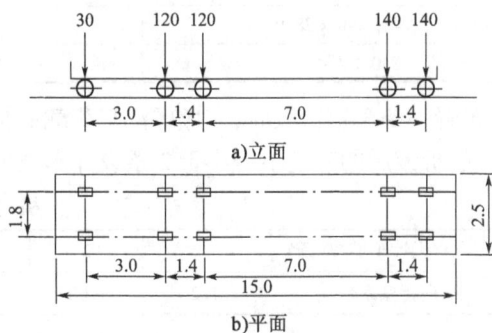

图 3-1-1　车道荷载　　　　　　　　图 3-1-2　车辆荷载的立面、平面尺寸(尺寸单位：m)

车辆荷载主要技术指标　　　　　　　　　　　　表 3-1-3

项目	技术指标
车辆重力标准值(kN)	550
前轴重力标准值(kN)	30
中轴重力标准值(kN)	2×120
后轴重力标准值(kN)	2×140
轴距(m)	3+1.4+7+1.4
轮距(m)	1.8
前轮着地宽度及长度(m)	0.3×0.2
中、后轮着地宽度及长度(m)	0.6×0.2
中、后轮着地宽度及长度(m)	0.6×0.2
车辆外形尺寸(长×宽)(m)	15×2.5

2.加载方式

车道荷载用于桥梁结构的整体计算，车辆荷载用于桥梁结构的局部加载(如桥面板计算)、涵洞、桥

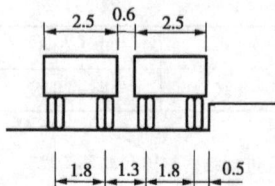

图 3-1-3　车辆荷载横向布置
（尺寸单位：m）

台和挡土墙土压力等的计算。在各计算项目中，车道荷载和车辆荷载的作用效应不得叠加。车道荷载的均布荷载标准值应满布于使结构产生最不利效应的同号影响线上；集中荷载标准值只作用于相应影响线中一个最大影响线峰值处。

在横向分布计算中，车道荷载或车辆荷载需偏心加载时均按照设计车道数和车辆荷载横向布置（图 3-1-3）来进行计算，其横向布置的最大车辆数目不应超过设计车道数。桥涵设计车道数表 3-1-4，该表列出了行车道宽度与设计车道数的关系。

桥涵设计车道数
表 3-1-4

桥面宽度 W(m)		桥涵设计车道数（条）
单向行驶桥梁	双向行驶桥梁	
$W<7.0$		1
$7.0\leqslant W<10.5$	$6.0\leqslant W<14.0$	2
$10.5\leqslant W<14.0$		3
$14.0\leqslant W<17.5$	$14.0\leqslant W<21.0$	4
$17.5\leqslant W<21.0$		5
$21.0\leqslant W<24.5$	$21.0\leqslant W<28.0$	6
$24.5\leqslant W<28.0$		7
$28.0\leqslant W<31.5$	$28.0\leqslant W<35.0$	8

布置一条车道荷载时，应考虑汽车荷载的提高，当桥涵设计车道数大于 2 时，汽车荷载应考虑多车道折减，折减后的效应不得小于 2 条设计车道的荷载效应。横向车道布载系数见表 3-1-5。

横向车道布载系数
表 3-1-5

横向布置设计车道数（条）	1	2	3	4	5	6	7	8
横向折减系数	1.20	1.00	0.78	0.67	0.60	0.55	0.52	0.50

当桥梁计算跨径大于 150m 时，应考虑计算荷载效应的纵向折减。当桥梁为多跨连续结构时，整个结构均应按最大的计算跨径考虑计算荷载效应的纵向折减。纵向折减系数见表 3-1-6。

纵向折减系数
表 3-1-6

计算跨径 L_0(m)	纵向折减系数
$150<L_0<400$	0.97
$400\leqslant L_0<600$	0.96
$600\leqslant L_0<800$	0.95
$800\leqslant L_0<1000$	0.94
$L_0\geqslant 1000$	0.93

二、汽车冲击力

汽车以较高速度驶过桥梁时，由于桥面不平整、发动机震动等原因，会引起桥梁结构的振动，从而造成内力增大，这种动力效应称为冲击作用。在计算中采用静力学的方法，即引入一个竖向动力效应的增大系数——冲击系数 μ，来计算汽车荷载的冲击作用，汽车荷载的冲击力为汽车荷载标准值乘以冲击系数 μ。

冲击系数的计算采用以结构基频为指标的方法。结构基频反映了结构的尺寸、类型、建造材料等动力特征内容，直接体现了冲击效应和桥梁结构之间的关系。按不同的结构基频，汽车引起的冲击系数在 0.05～0.45 范围内变化，取值见表 3-1-7。

冲击系数　　　　　　　　　　　　　表 3-1-7

结构基频 f(Hz)	$f < 1.5$	$1.5 \leqslant f \leqslant 14$	$f > 14$
冲击系数 μ	0.05	$0.1767\ln f - 0.0157$	0.45

钢桥、钢筋混凝土及预应力混凝土桥、圬工拱桥等上部结构和钢支座、板式橡胶支座、盆式橡胶支座及钢筋混凝土柱式墩台,应计入汽车的冲击作用。重力式墩台不计冲击力。填料厚度(包括路面厚度)等于或大于 0.5m 的拱桥、涵洞以及重力式墩台不计冲击力。支座的冲击力按相应的桥梁取用。

当汽车荷载的局部加载及在 T 形梁、箱形梁悬臂板上时,$\mu = 0.3$。

三、人群荷载

当桥梁计算跨径小于或等于 50m 时,人群荷载标准值为 3.0kN/m^2;当桥梁计算跨径等于或大于 150m 时,人群荷载标准值为 2.5kN/m^2;当桥梁计算跨径为 $50 \sim 150\text{m}$ 时,可由线性内插得到人群荷载标准值。对跨径不等的连续桥梁结构,以最大计算跨径为准;对于城镇郊区行人密集地区的公路桥梁,人群荷载标准值取上述规定值的 1.15 倍;对于专用人行桥梁,人群荷载标准值为 3.5kN/m^2。

对于人群荷载,应横向布置在人行道的净宽度内,纵向施加于使结构产生最不利荷载效应的区段内。人行道板(局部构件)以一块板为单元,按人群荷载标准值 4.0kN/m^2 的均布荷载计算。计算人行道栏杆时,作用在栏杆立柱顶上的水平推力标准值取 0.75kN/m,作用在栏杆扶手上的竖向力标准值取 1.0kN/m。

四、其他

1. 汽车离心力

汽车离心力是指车辆在弯道行驶时所伴随产生的惯性力。它以水平力的形式作用于结构上,是弯桥横向受力与抗扭设计计算所要考虑的主要因素。曲线桥应计算汽车荷载引起的离心力。汽车离心力标准值为汽车荷载(不计冲击力)标准值乘以离心力系数 C。离心力系数按下式计算,即

$$C = \frac{V^2}{127R} \tag{3-1-1}$$

式中:V——设计速度,km/h,应按桥梁所在路线设计速度采用;

　　　R——曲线半径,m。

当计算多车道桥梁的汽车荷载离心力时,应考虑横向折减系数;当计算曲线长度大于 150m 的桥梁的离心力时,应计入纵向折减系数。当离心力的着力点在桥面以上 1.2m 时,为计算简便,也可移至桥面上,不计由此引起的竖向力和力矩。

2. 汽车引起的土侧压力

汽车引起的土压力采用车辆荷载加载。车辆荷载作用在桥台台背或路堤挡土墙上,将引起台背填土或挡土墙后填土的破坏棱体对桥台或挡土墙的土侧压力,此类土侧压力可按下式换算成等代均布土层厚度 h 计算,即

$$h = \frac{\sum G}{Bl_0\gamma} \tag{3-1-2}$$

式中:$\sum G$——布置在 $B \times l_0$ 面积内的车轮的总重力,kN,当涉及多车道加载时,车轮总重力应进行折减;

B——桥台的计算宽度或挡土墙的计算长度,m;

l_0——桥台或挡土墙后填土的破坏棱体长度,m;

γ——土的重度,kN/m³。

3. 汽车制动力

汽车制动力是指车辆在减速或制动时,为克服车辆的惯性力而在路面与车辆之间产生的滑动摩擦力。它作用于桥跨结构上的方向与行车方向一致。当汽车制动时,车辆与路面间的摩擦系数可以达0.5以上,但是制动常常只限于车队的一部分车辆,所以制动力并不等于摩擦系数乘以全部车辆荷载。

一个设计车道上的汽车制动力标准值,为布置在加载长度上计算的总重力的10%,但公路—Ⅰ级汽车制动力标准值不得小于165kN;公路—Ⅱ级不得小于90kN。多车道时要考虑横向折减,同向行驶双车道的汽车制动力标准值为一个设计车道制动力标准值的2倍;同向行驶3车道为一个设计车道的2.34倍;同向行驶4车道为一个设计车道的2.68倍。

制动力的作用点在设计车道桥面以上1.2m处,在计算墩台时,可移至支座中心(铰或滚轴中心),或滑动支座、橡胶支座、摆动支座的底座面上;在计算刚构桥、拱桥时,可移至桥面上,但不计因此而产生的竖向力和力矩。

4. 风荷载

当风以一定的速度向前运动遇到结构物阻碍时,结构就会承受风压。对于大跨径桥梁,特别是斜拉桥和吊桥,风荷载是极为重要的设计荷载,有时甚至起着决定性的作用,如对结构的强度、刚度和稳定性起控制作用。在顺风向,风压常分成平均风压和脉动风压;在横风向,风流经过结构而产生旋涡,因旋涡的特性,横风向还会产生周期风压。一般来说,风对结构作用的计算涉及三个不同的方面:①对于顺风向的平均风压,采用静力计算方法;②顺风向的脉动风或横风向的脉动风应按随机振动理论计算;③对于横风向的周期性风力,产生了横风向振动,偏心时还产生扭转振动,通常作为确定荷载对结构进行动力计算。后两种计算理论属于研究结构风压和风振理论的一门新学科。

风荷载标准值应按《公路桥梁抗风设计规范》(JTG/T 3360-01—2018)的规定计算。

5. 流水压力和流冰压力

位于河流中的桥墩会受到流水和流冰的压力,《公路桥涵设计通用规范》(JTG D60—2015)给出的流水压力以水流速度为基准,并考虑桥墩迎水面形状的影响,当流速大于10m/s时,还应考虑水流的动力作用因素;给出的流水和流冰压力计算公式适用于通常的河流流冰情况,它是以冰体破碎极限强度作基准建立起来的。

流水压力和流冰压力的大小均与桥墩的形状相关,桥墩的迎水(冰)面宜做成圆弧形或尖端形,以减小流水压力和流冰压力。

6. 温度作用

温度变化将在结构中产生变形和影响力,它的大小应根据当地的具体情况、结构物所使用的材料和施工条件等因素计算确定。温度作用包括均匀温度和梯度温度两种影响。其中,均匀温度为常年气温变化。均匀气温变化将导致桥梁纵向长度的变化,当这种变化受到约束时就会引起温度次内力。梯度温度主要因太阳辐射而来,它使结构沿高度方向形成非线性的温度变化,导致构件截面产生自应力,当这种变化受到约束时同样会引起次内力。

计算结构的均匀温度效应,应自结构物合龙时的温度算起,考虑最高和最低有效温度的作用效应。气温变化范围应根据桥梁所在地区的气温条件而定。《公路桥涵设计通用规范》(JTG D60—2015)按照全国气温分区,即严寒、寒冷和温热三类,规定了公路桥梁结构的最高和最低有效温度标准值(表3-1-8)。若缺乏桥址处实际气温调查资料,也可按照规定取用。

有效温度标准值 表3-1-8

气温分布	钢桥面板钢桥		混凝土桥面板钢桥		混凝土桥、石桥	
	最高	最低	最高	最低	最高	最低
严寒地区	46	-43	39	-32	34	-23
寒冷地区	46	-21	39	-15	34	-10
温热地区	46	-9(-3)	39	-6(-1)	34	-3(0)

注:表中括号内数值适用于昆明、南宁、广州、福州地区。

在计算梯度温度效应时,采取图3-1-4所示的竖向温度梯度曲线,其相关正温差梯度温度基数见表3-1-9。混凝土结构和带混凝土桥面板的钢结构的竖向反温差为正温差的-0.5倍。对于钢桥面板的钢结构,可以不考虑其梯度温差效应。同时,基于公路桥梁都带有较长的悬臂,两侧腹板很少受到阳光直接照射,因而公路桥涵设计时未计及横桥向温度梯度的影响。

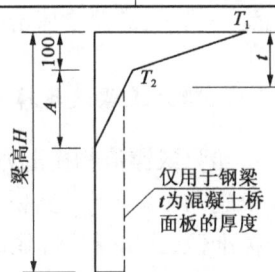

图3-1-4　竖向温度梯度曲线
(尺寸单位:mm)

正温差梯度温度基数 表3-1-9

结构类型	T_1(℃)	T_2(℃)
混凝土铺装	25	6.7
50mm沥青混凝土铺装	20	6.7
100mm沥青混凝土铺装	14	5.5

7.支座摩阻力

支座摩阻力标准值可按下式计算,即

$$F = \mu W \tag{3-1-3}$$

式中:W——作用于活动支座上由上部结构重力产生的效应;

μ——支座摩擦系数,无实测数据时按表3-1-10取用。

支座摩擦系数 表3-1-10

支座种类		支座摩擦系数
滚动支座或摆动支座		0.05
板式橡胶支座	支座与混凝土面接触	0.30
	支座与钢板接触	0.20
	聚四氟乙烯板与不锈钢板接触	0.06(加硅脂;当温度低于-25℃时,支座摩擦系数为0.08) 0.12(不加硅脂;当温度低于-25℃时,支座摩擦系数为0.16)
盆式支座		加5201硅脂润滑后,常温型活动支座摩擦系数不大于0.03(支座适用温度为-25~+60℃)
		加5201硅脂润滑后,耐寒型活动支座摩擦系数不大于0.06(支座适用温度为-40~+60℃)
球型支座		加5201硅脂润滑后,活动支座摩擦系数不大于0.03(支座适用温度为-25~+60℃)
		加5201硅脂润滑后,活动支座摩擦系数不大于0.05(支座适用温度为-40~+60℃)

第三节 偶然作用与地震作用

在结构使用期间出现的概率很小,一旦出现,其值很大且持续时间很短的作用称为偶然作用和地震作用。其中,偶然作用包括船只、漂流物和汽车的撞击作用。

偶然作用和地震作用会对结构安全产生巨大的影响,甚至会毁坏桥梁和中断交通。因此,对于有可能受到船只、漂流物撞击或建造在地震区域的桥梁应谨慎进行防撞和抗震设计。

1.船只或漂流物撞击力

船只或漂流物撞击力在有可能的条件下,应采用实测资料或模拟撞击试验进行计算,并据此进行防撞设施的设计。《公路桥涵设计通用规范》(JTG D60—2015)中根据航道等级、船舶吨位规定的撞击作用标准值,当缺乏实际调查资料时可参考采用。

2.汽车撞击作用

汽车撞击力标准值在行驶方向取1000kN,与之垂直方向取为500kN,两个方向不同时考虑;其作用于行车道上1.2m处,直接分布在撞击涉及的构件上。对于设有防撞设施的结构构件,可视设施的防撞能力予以折减,但折减后不应低于上述取值的1/6。

在我国汽车撞击问题日益突出,已影响到公路桥梁结构和道路行车的安全。为防止或减少因撞击产生的破坏,对易受到汽车撞击的构件的部位应采取相应的构造措施,并增设钢筋或钢筋网。对于跨线桥,不宜在没有中间带或中央分隔带的公路中央设立桥墩。

3.地震作用

地震作用主要是指地震时强烈的地面运动所引起的结构惯性力。它是随机变化的动力荷载,其值的大小决定于地震强烈程度和结构的动力特性(频率与阻尼等)以及结构或杆件的质量。地震作用分竖直方向与水平方向,但经验表明,地震的水平方向运动是导致结构破坏的主要因素,结构抗震验算时,一般主要考虑水平地震作用。因此,在工程设计中,凡计算作用在结构上的地震作用都是指水平地震作用。

抗震设防要求以地震时地面最大水平加速度的统计值地震动峰值加速度确定。地震动峰值加速度为0.05g以上地区的公路桥涵,应进行抗震设计;地震动峰值加速度大于或等于0.30g地区的公路桥涵,应进行专门的抗震研究和设计;地震动峰值加速度小于或等于0.05g地区的公路桥涵,除有特殊要求外,可采用简易设防。公路桥梁地震作用应符合《公路工程抗震规范》(JTG B02—2013)和《公路桥梁抗震设计规范》(JTG/T 2231-01—2020)的规定。

第四节 作用效应组合

公路桥涵结构采用以可靠度理论为基础的概率极限状态设计法进行设计。该设计体系规定了桥涵结构的两种极限状态,即承载能力极限状态和正常使用极限状态。

所谓极限状态,是指整体结构或构件的某一特定状态,超过这一状态界限结构或构件就不再能满足设计规定的某一功能要求。承载能力极限状态设计侧重于体现桥涵结构的安全性,正常使用极限状态设计侧重于体现适用性和耐久性,这两种极限状态共同反映出设计的基本原则。只有每项设计都符合相关规范对两类极限状态的要求,才能使所设计的桥涵达到其全部预定功能。

根据桥涵在施工和使用过程中面临的不同情况,桥涵结构设计分为持久状况、短暂状况、偶然状况和地震状况四种设计状况。其中,持久状况是指桥涵建成后承受自重、汽车荷载等持续时间很长的状况;短暂状况是指桥涵施工过程中承受临时性作用的状况;偶然状况是指在桥涵使用过程中可能偶然出现的状况;地震状况是指桥涵结构遭受地震时的状况,抗震设防地区必须考虑地震设计状况。持久状况必须进行承载能力和正常使用两种极限状态设计;短暂状况和地震状况一般只作承载能力极限状态设计,必要时才作正常使用极限状态设计;偶然状况要求作承载能力极限状态设计,不考虑正常使用极限状态设计。

《公路桥涵设计通用规范》(JTG D60—2015)将公路桥涵结构设计分为三个安全等级,不同的桥涵应根据所具有的功能、作用及其重要性具有不同的重要性系数。按持久状况和短暂状况承载能力极限状态设计时,公路桥涵结构设计安全等级应不低于表 3-1-11 的规定。

公路桥涵结构设计安全等级　　　　　　　　　　表 3-1-11

桥涵结构	各等级公路上的特大桥、大桥、中桥;高速公路、一级公路、二级公路、国防公路及城市附近交通繁忙公路上的小桥	三、四级公路上的小桥;高速公路、一级公路、二级公路、国防公路及城市附近交通繁忙公路上的涵洞	小桥、涵洞
设计安全等级	一级	二级	三级
破坏后果	很严重	严重	不严重

在作用效应组合时还需注意,各种作用并非同时作用于桥涵上,因此,应根据作用重要性的不同和同时作用的可能性进行适当组合,以确定安全合理的作用组合的效应值。可变作用的出现对结构产生有利影响时,该作用不应参与组合;实际上不可能同时出现或同时参与组合概率很小的作用,按表 3-1-12 的规定不考虑其作用效应组合。

可变作用不同时作用的组合　　　　　　　　　　表 3-1-12

作用名称	不与该作用同时参与组合的作用
汽车制动力	流水压力、流冰压力、波浪力、支座摩擦阻力
流水压力	汽车制动力、流冰压力、波浪力
波浪力	汽车制动力、流水压力、流冰压力
流冰压力	汽车制动力、流水压力、波浪力
支座摩擦阻力	汽车制动力

桥涵设计不同极限状态的作用效应组合中,各类作用效应是指采用不同的代表值。永久作用在各类组合下均采用标准值作为代表值;可变作用根据不同的极限状态分别采用标准值、组合值、频遇值或准永久值作为代表值;偶然作用在组合时采用设计值作为代表值;地震作用在组合时采用标准值作为代表值。

一、承载能力极限状态

承载能力极限状态设计是以塑性理论为基础,其计算公式为

$$\gamma_0 S \leqslant R \tag{3-1-4}$$

式中：γ_0——结构重要性系数，对应于设计安全等级一级、二级和三级分别取 1.1、1.0 和 0.9，桥涵的抗震设计不考虑结构的重要性系数；

    S——作用组合的效应函数；

    R——构件承载力设计值，它根据构件的材料强度设计值和几何参数设计值计算。

承载能力极限状态下有三种作用效应组合，即基本组合、偶然组合和地震组合。基本组合为永久作用的设计值效应与可变作用设计值效应相组合，其组合表达式为

$$S_{ud} = \gamma_0 S\left(\sum_{i=1}^{m}\gamma_{Gi}G_{ik}, \gamma_{L1}\gamma_{Q1}Q_{1k}, \psi_c\sum_{j=2}^{n}\gamma_{Lj}\gamma_{Qj}Q_{jk}\right) \tag{3-1-5}$$

或

$$S_{ud} = \gamma_0 S\left(\sum_{i=1}^{m}G_{id}, Q_{1d}, \sum_{j=2}^{n}Q_{jd}\right) \tag{3-1-6}$$

式中：S_{ud}——承载能力极限状态下作用基本组合的效应设计值；

    $S(\ )$——作用组合的效应函数；

    γ_0——符号意义同前；

    γ_{Gi}——第 i 个永久作用的分项系数，其值按表 3-1-13 取用；

    G_{ik}、G_{id}——第 i 个永久作用效应的标准值和设计值；

    γ_{Q1}——汽车荷载效应（含汽车冲击力、离心力）的分项系数，采用车道荷载计算时取 $\gamma_{Q1} = 1.4$，采用车辆荷载计算时，取 $\gamma_{Q1} = 1.8$；当某个可变作用在效应组合中其效应值超过汽车荷载效应时，则该作用取代汽车荷载，取 $\gamma_{Q1} = 1.4$；对专为承受某种作用而设置的结构或装置，设计时该作用的分项系数取 $\gamma_{Q1} = 1.4$；计算人行道板和人行道栏杆的局部荷载，取 $\gamma_{Q1} = 1.4$；

    Q_{1k}、Q_{1d}——汽车荷载效应（含汽车冲击力、离心力）的标准值和设计值；

    γ_{Qj}——在作用组合中除汽车荷载（含汽车冲击力、离心力）、风荷载外的其他第 j 个可变作用效应的分项系数，取 $\gamma_{Qj} = 1.4$，但风荷载的分项系数取 $\gamma_{Qj} = 1.1$；

    Q_{jk}、Q_{jd}——在作用组合中除汽车荷载（含汽车冲击力、离心力）外的其他第 j 个可变作用的标准值和设计值；

    ψ_c——在作用组合中除汽车荷载效应（含汽车冲击力、离心力）外的其他可变作用的组合系数，取 $\psi_c = 0.75$；

    γ_{Lj}——第 j 个可变作用的结构设计使用年限荷载调整系数，公路桥涵结构的设计使用年限按现行《公路工程技术标准》（JTG B01）取值时，则 $\gamma_{Lj} = 1.0$，否则，γ_{Lj} 取值应按专题研究确定。

永久作用效应分项系数　　　　　　　　　　　　　　　　　　　　表 3-1-13

编号	作用类别		永久作用效应分项系数	
			对结构承载能力不利时	对结构承载能力有利时
1	混凝土和圬工结构重力（包括结构附加重力）		1.2	1.0
	钢结构重力（包括结构附加重力）		1.1 或 1.2	1.0
2	预加力		1.2	1.0
3	土的重力		1.2	1.0
4	土侧压力		1.4	1.0
5	混凝土收缩及徐变作用		1.0	1.0
6	水的浮力		1.0	1.0
7	基础变位作用	混凝土和圬工结构	0.5	0.5
		钢结构	1.0	1.0

注：对于钢结构重力，当采用钢桥面板时，永久作用效应分项系数取 1.1；当采用混凝土桥面板时，永久作用效应分项系数取 1.2。

当作用与作用效应可按线性关系考虑时,作用基本组合的效应设计值 S_{ud} 可通过作用效应代数相加计算。

设计弯桥时,当离心力与制动力同时参与组合时,考虑到车辆行驶速度较直线桥上小一些,制动力标准值或设计值按 70% 取用。

基本组合用于结构的常规设计,所有桥涵结构都需考虑。基本组合中各类作用效应可以归结为以下三个部分:

第一部分为永久作用效应;

第二部分为主导的可变作用效应,在通常情况下其为汽车荷载效应(含汽车冲击力、离心力),在某些特殊情况下某种其他可变荷载可能取代汽车效应成为控制设计的主导因素,则其归入第二部分;

第三部分为可变作用效应的补充部分,因此,以组合系数予以折减。

偶然组合为永久作用标准值与可变作用某种代表值、一种偶然作用设计值相组合;与偶然作用同时出现的可变作用,可根据观测资料和工程经验取用频遇值或准永久值。作用偶然组合的效应设计值可按下式计算,即

$$S_{ad} = S\left[\sum_{i=1}^{m} G_{ik}, A_d, (\psi_{f1} \text{ 或 } \psi_{q1}) Q_{1k}, \sum_{j=2}^{n} \psi_{qj} Q_{jk}\right] \tag{3-1-7}$$

式中: S_{ad}——承载能力极限状态下作用偶然组合的效应设计值;

A_d——偶然作用的设计值;

ψ_{f1}——汽车荷载(含汽车冲击力、离心力)的频遇值系数,取 $\psi_{f1} = 0.7$;当某个可变作用在组合中其效应值超过汽车荷载效应时,则该作用取代汽车荷载,人群荷载 $\psi_f = 1.0$,风荷载 $\psi_f = 0.75$,温度梯度作用 $\psi_f = 0.8$,其他作用 $\psi_f = 1.0$;

$\psi_{f1} Q_{1k}$——汽车荷载的频遇值;

$\psi_{q1}、\psi_{qj}$——第 1 个和第 j 个可变作用的准永久值系数,汽车荷载(含汽车冲击力、离心力)$\psi_q = 0.4$,人群荷载 $\psi_q = 0.4$,风荷载 $\psi_q = 0.75$,温度梯度作用 $\psi_q = 0.8$,其他作用 $\psi_q = 1.0$;

$\psi_{q1} Q_{1k}、\psi_{qj} Q_{jk}$——第 1 个和第 j 个可变作用的准永久值。

当作用与作用效应可按线性关系考虑时,作用偶然组合的效应设计值 S_{ad} 可通过作用效应代数相加计算。

作用地震组合的效应设计值应按现行《公路工程抗震规范》(JTG B02)的有关规定计算。

作用偶然组合和地震组合用于结构在特殊情况下的设计,所以不是所有公路桥涵结构都要采用,一些结构也可采取构造或其他预防措施来解决。

二、正常使用极限状态

正常使用极限状态设计是以弹性理论或弹塑性理论为基础,涉及构件的抗裂、裂缝宽度和挠度三个方面的验算。其作用效应组合有频遇组合和准永久组合两种。

1.频遇组合

频遇组合为永久作用标准值与汽车荷载频遇值、其他可变作用准永久值相组合。作用频遇组合的效应设计值可按下式计算,即

$$S_{fd} = S(\sum_{i=1}^{m} G_{ik}, \psi_{f1} Q_{1k}, \sum_{j=1}^{n} \psi_{qj} Q_{jk}) \tag{3-1-8}$$

式中:S_{fd}——作用频遇组合的效应设计值;

ψ_{f1}——汽车荷载(不含汽车冲击力)频遇值系数,取 $\psi_{f1} = 0.7$;当某个可变作用在组合中其效应值超过汽车荷载效应时,则该作用取代汽车荷载;人群荷载取 $\psi_{f1} = 1.0$,风荷载取 $\psi_f = 0.75$,温度梯度作用取 $\psi_{f1} = 0.8$,其他作用取 $\psi_f = 1.0$。

当作用与作用效应可按线性关系考虑时,作用频遇组合的效应设计值 S_{fd} 可通过作用效应代数相加计算。

2.准永久组合

永久作用标准值与可变作用准永久值相组合,其组合表达式为

$$S_{qd} = S(\sum_{i=1}^{m} G_{ik}, \sum_{j=1}^{n} \psi_{qj} Q_{jk})$$ (3-1-9)

式中:S_{qd}——作用准永久组合的效应设计值;

$\psi_{qj}Q_{jk}$——第j个可变作用效应的准永久值系数,汽车荷载(不计汽车冲击力)取$\psi_q = 0.4$,人群荷载取$\psi_q = 0.4$,风荷载取$\psi_q = 0.75$,温度梯度作用取$\psi_q = 0.8$,其他作用取$\psi_q = 1.0$。

当作用与作用效应可按线性关系考虑时,作用准永久组合的效应设计值S_{qd}可通过作用效应代数相加计算。

综上,各类组合涵盖了桥涵结构可能的极限状态,通过运用概率论和数理统计的数学工具取得各类组合下的分项系数和组合系数,使所设计的结构具有明确的可靠度。

需要指出的是,在原桥梁设计规范体系中,不同材料结构的设计理论和方法并不统一,不同材料结构的作用效应分项系数和组合系数不统一,材料性能代表值的取值原则也不统一。目前,在现行桥梁规范体系中,作用效应组合应当依据《公路桥涵设计通用规范》(JTG D60—2015)计算,而结构抗力则依据《公路圬工桥涵设计规范》(JTG D61—2005)、《公路钢筋混凝土及预应力混凝土桥涵设计规范》(JTG 3362—2018)和《钢结构设计规范》(GB 50017—2017)等各类设计规范计算。

结构构件当需进行弹性阶段截面应力计算时,各作用的分项系数及组合系数均可取为1.0,各项应力限值则根据各类设计规范采用。在验算结构的抗倾覆、滑动稳定时,稳定系数、摩擦系数及各作用的分项系数根据不同结构可按相关规范确定。

第二章
CHAPTER 2
混凝土简支梁桥计算

在进行工程结构物设计时,首先,根据使用要求、跨径大小、桥面净宽、作用等级、施工条件等基本资料,运用对结构物的构造知识并参考已有桥梁的设计经验来拟定结构物各构件的截面形式和细部尺寸,估算结构的自重;其次,根据作用在结构上的荷载,用熟知的数学、力学方法计算出结构各部分可能产生最不利的内力;再次,由已求得的内力进行强度、刚度和稳定性验算;最后,来判断原先所拟定的细部尺寸及结构配筋设计是否符合要求。

如果验算结果不能满足要求,则需调整原来所拟定的尺寸再进行验算,直至符合要求为止。

第一节 行车道板计算

一、行车道板的力学模型

混凝土简支肋梁桥的桥面板是直接承受车辆轮压的混凝土板,它与主梁梁肋和横隔梁联结在一起,既保证了梁的整体作用,又将荷载传给主梁。

对于整体现浇的 T 梁桥,梁肋和横(隔)梁之间的桥面板,属于矩形的周边支承板,如图 3-2-1a)所示。通常其边长比或长宽比(l_a/l_b)大于或等于 2,当有荷载作用于板上时,绝大部分是由短跨方向(l_b)传递的,因此可近似地按仅由短跨承受荷载的单向受力板来设计,即仅在短跨方向配置受力主筋,而长跨方向只要配置适当的构造钢筋即可。

同理,对于装配式 T 形梁桥,其桥面板也存在边长比或长宽比 $l_a/l_b \geqslant 2$ 的关系,如果在两主梁的翼板之间:①采用钢板联结[图 3-2-1b)]时,则桥面板可简化为悬臂板;②采用不承担弯矩的铰接缝联结[图 3-2-1c)]时,则可简化为铰接悬臂板。

在实践工程中可能遇到的桥面板受力图式有单向板、悬臂板、铰接悬臂板等几种。下面仅对其他的桥面板介绍其计算方法。

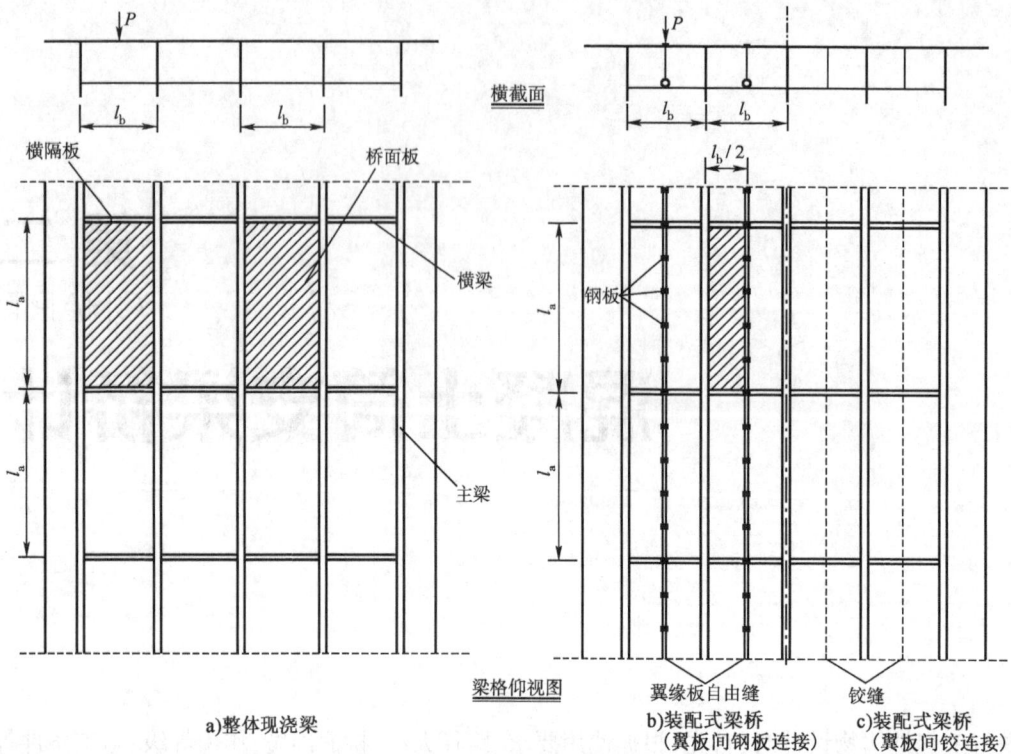

图 3-2-1 梁格构造和桥面板支承方式

二、桥面板的受力分析

1.车轮荷载在板面上的分布

根据试验研究,作用在混凝土或沥青铺装面层上的车轮荷载,可以偏安全地假定呈 45°角扩散分布于混凝土板面上。为了方便起见,近似地把车轮与桥面的接触面看作是 $a_2 \times b_2$ 的矩形面积,a_2 为车轮(履带)沿行车方向的着地长度,b_2 为车轮或履带的宽度。图 3-2-2 为车辆荷载在板面上的分布示意图,其数值可查相关表格。对于混凝土或沥青面层,荷载在铺装层内的扩散程度,可以偏安全地假定按 45°角扩散分布。

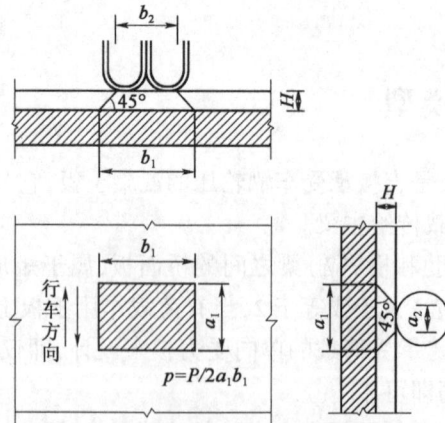

图 3-2-2 车辆荷载在板面上的分布示意图

最后,作用于钢筋混凝土桥面板顶面的矩形荷载压力面的边长为

沿行车方向

沿横向方向

$$\left.\begin{array}{l} a_1 = a_2 + 2H \\ b_1 = b_2 + 2H \end{array}\right\} \tag{3-2-1}$$

式中:H——铺装层的厚度。

各级荷载的 a_2 和 b_2 值可从《公路桥涵设计通用规范》(JTG D60—2015)中查得。

据此,当有一个车轮作用于桥面板上时,作用于桥面上的局部分布荷载为

汽车
$$p = \frac{P}{2a_1 b_1} \tag{3-2-2}$$

式中:P——汽车的轴重。

2.板的有效工作宽度

板在局部荷载作用下,不仅直接承压部分参加工作,而且其相邻的部分板也会共同参与工作,承担一部分荷载,所以我们必须解决板的有效工作宽度问题。

《公路钢筋混凝土及预应力混凝土桥涵设计规范》(JTG 3362—2018)中对板的荷载有效分布宽度作出了有关规定。

(1)单向板的荷载有效分布宽度

①单个车轮在板的跨径中部时

单独一个荷载[图 3-2-3a)]有效分布宽度为

$$a = a_1 + \frac{l}{3} = a_2 + 2H + \frac{l}{3}, 但不小于 \frac{2l}{3} \tag{3-2-3}$$

式中:l——两梁肋之间板的计算跨径。

多个车轮在板的跨径中部,有效分布宽度发生重叠时[图 3-2-3b)],则

$$a = a_1 + d + \frac{l}{3} = a_2 + 2H + d + \frac{l}{3}, 但不小于 \frac{2l}{3} + d \tag{3-2-4}$$

式中:d——多个车轮的外轮之间的中距。

②车轮在板的支承处时有效分布宽度为

$$a' = a_1 + t = a_2 + 2H + t, 但不小于 \frac{l}{3} \tag{3-2-5}$$

式中:t——板的厚度。

③车轮在板的支承附近时有效分布宽度为

$$a_x = a' + 2x \leq a \tag{3-2-6}$$

式中:x——车轮离支承边缘的距离。

根据上述分析,对于不同车轮荷载位置时,单向板的有效分布宽度如图 3-2-3c)所示。

注意:按上述公式算得的所有分布宽度,均不得大于板的全宽度。

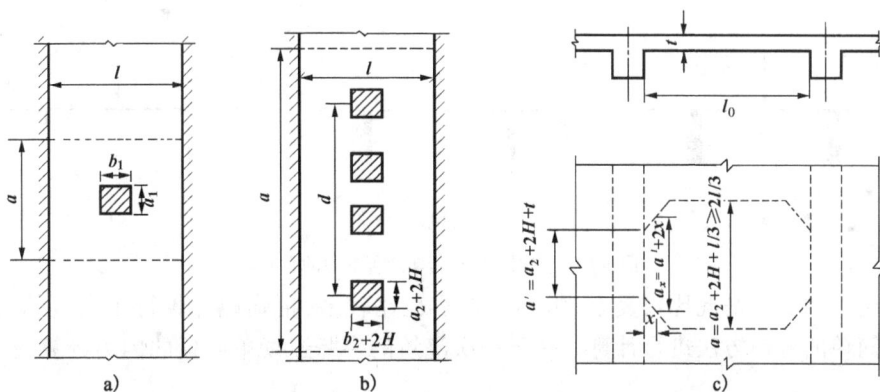

图 3-2-3　单向板的荷载有效分布宽度

(2)悬臂板的荷载有效分布宽度

悬臂板在荷载作用下,除了直接受荷载的板条外,相邻的板条也发生挠曲变形而承受部分荷载。如

图 3-2-4 所示,对悬臂板规定的荷载有效分布宽度为

$$a = a_2 + 2H + 2b' = a_1 + 2b' \qquad (3\text{-}2\text{-}7)$$

式中:b'——平行于悬臂板跨径的车轮着地尺寸的外缘,通过铺装层45°分布线的外边线至腹板外边缘的距离。

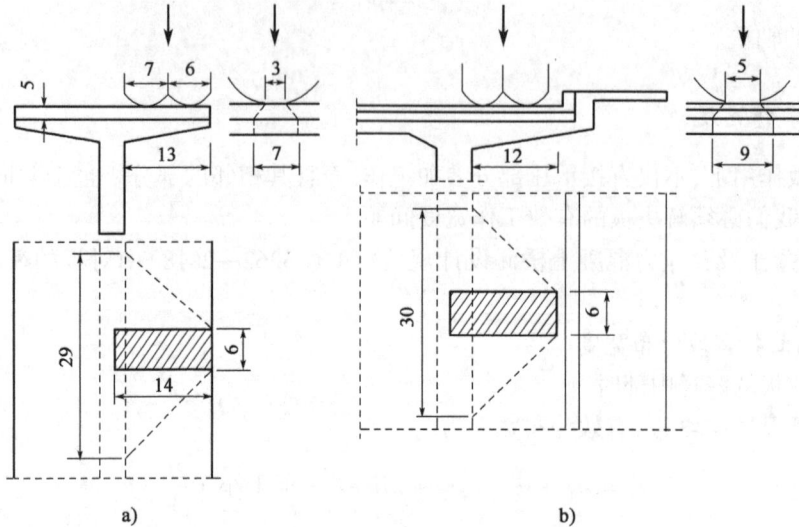

图 3-2-4 悬臂板的有效分布宽度(尺寸单位:m)

对于分布荷载靠近边板的最不利情况,b'就等于悬臂板的净跨径 l_0,即

$$a = a_1 + 2l_0 \qquad (3\text{-}2\text{-}8)$$

三、行车道板的内力计算

1. 多跨连续单向板内力

多跨连续板与主梁梁肋连接在一起,当板上有荷载作用时,会使主梁发生相对变形,而这种变形又影响到板的内力。如果主梁的抗扭刚度极大,板的工作性能就接近于固端梁,如图 3-2-5a)所示;如果主梁抗扭刚度极小,板在梁肋支承处为接近自由转动的铰支座,则板的受力就如多跨连续梁,如图 3-2-5b)所示。实际上,行车道板在主梁梁肋的支承条件,既不是固端,也不是铰支,而是弹性嵌固的,如图 3-2-5c)所示。

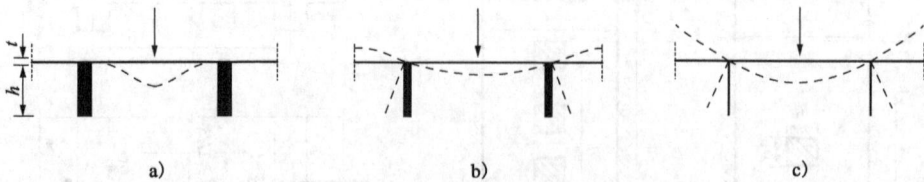

图 3-2-5 主梁扭转对行车道板受力的影响

鉴于行车道板的受力情况比较复杂,影响的因素也比较多,精确地计算行车道板的内力有一定困难。通常采用简单的近似方法进行计算。对于一次浇筑的多跨连续单向板的内力计算,《桥规》作了如下规定。

(1)跨中最大弯矩计算

①当 $t/h < 1/4$ 时(主梁抗扭能力较大者),则

跨中弯矩　　　　$M_{中} = 0.5M_0$

支点弯矩　　　　$M_{支} = -0.7M_0$　　　　　(3-2-9)

② 当 $t/h \geq 1/4$ 时(主梁抗扭能力较小者),则

跨中弯矩　　　　$M_{中} = 0.7M_0$

支点弯矩　　　　$M_{支} = -0.7M_0$　　　　　(3-2-10)

式中: t——板厚;

　　h——肋高;

　　M_0——把板当作简支板时,由使用荷载引起的 1m 宽板的跨中最大设计弯矩,它是由 M_{0p} 和 M_{0g} 两部分内力组合而成的,其中 M_{0p} 为 1m 宽简支板条的跨中汽车荷载弯矩[图 3-2-6a)], M_{0g} 为 1m 宽简支板条的跨中结构重力弯矩。

跨中汽车荷载弯矩为

$$M_{0p} = (1+\mu)\frac{P}{8a}\left(l - \frac{b_1}{2}\right) \qquad (3-2-11)$$

式中: μ——汽车冲击系数,在桥面板内力计算中通常为 0.3;

　　P——汽车轴重应取车辆荷载后轴的轴重力计算;

　　a——板的有效工作宽度;

　　l——板的计算跨径,当梁肋不宽时(如 T 形梁),可

取梁肋中距;当梁肋较宽时(如箱形梁),可取梁肋间的净距加板厚,即 $l = l_0 + t$,但不大于 $l_0 + b$(b 为梁肋宽)。

跨中结构重力弯矩可由下式计算:

$$M_{0g} = \frac{1}{8}gl^2 \qquad (3-2-12)$$

式中: M_{0g}——跨中结构自重弯矩;

　　g——1m 宽板的荷载强度。

(2)支点剪力计算

计算单向板的支点剪力时,可不考虑板和主梁的弹性固结作用,而直接按简支板的图式进行。对于跨径内只有一个汽车车轮荷载的情况,考虑了相应的有效工作宽度后 1m 宽板承受的分布荷载(图 3-2-7),则汽车引起支点剪力为

$$Q_{支} = \frac{gl_0}{2} + (1+\mu)(A_1y_1 + A_2y_2) \qquad (3-2-13)$$

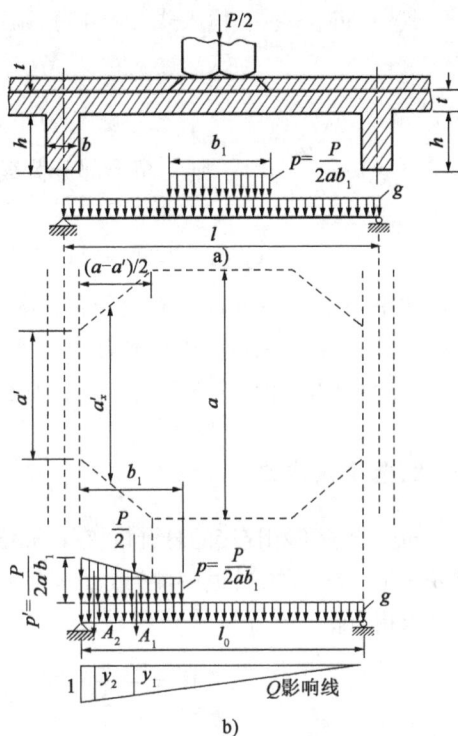

图 3-2-6　单向板内力计算图式

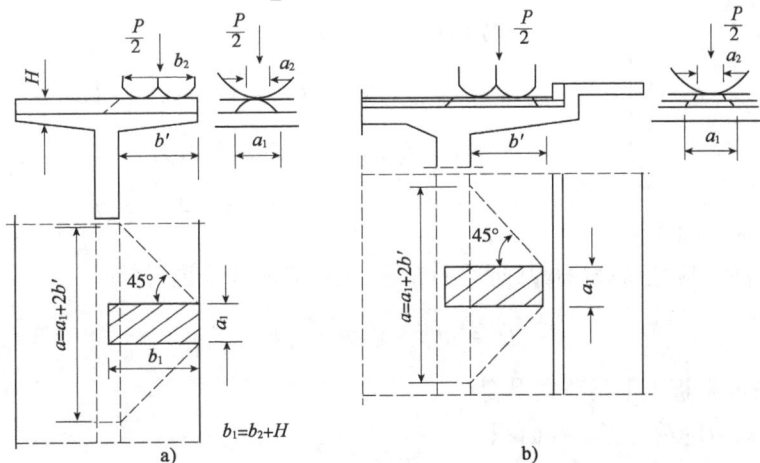

图 3-2-7　悬臂板的有效工作宽度

115

其中，将 $p = \dfrac{P}{2ab_1}$ 代入式(3-2-13)，则矩形部分荷载的合力 A_1 为

$$A_1 = pb_1 = \frac{P}{2a} \tag{3-2-14}$$

将 $p_0 = \dfrac{P}{2a_0b_1}$ 代入，则三角形部分荷载的合力 A_2 为

$$A_2 = \frac{1}{2}(p_0 - p) \times \frac{1}{2}(a - a_0) = \frac{P}{8aa_0b_1}(a - a_0)^2 \tag{3-2-15}$$

上述式中：p、p_0——对应于有效分布宽度 a 和 a_0 的荷载强度；

y_1、y_2——对应于荷载合力 A_1 和 A_2 的支点剪力影响线竖标值。

当跨径内不止一个车轮进入时，尚应计及其他车轮的影响。

2.悬臂板内力

对于沿缝不相连接的悬臂板，在计算梁肋处最大弯矩时，应将汽车车轮靠板的边缘布置(图3-2-7)，此时 $b_1 = b_2 + H$(无人行道一侧)或 $b_1 = b_2 + 2H$(有人行道一侧)，则结构自重和汽车荷载弯矩值可由一般公式求得，即

$$M = -\frac{1}{2}gb'^2 - \frac{p}{4ab_1}(1 + \mu)b'^2 \qquad (b_1 \geqslant b' \text{时}) \tag{3-2-16}$$

$$M = -\frac{1}{2}gb'^2 - (1 + \mu)\frac{p}{2a}\left(b' - \frac{b_1}{2}\right) \qquad (b_1 < b' \text{时}) \tag{3-2-17}$$

式中：p——汽车车轮轴重力。

悬臂板的剪力为

$$Q = gb' + \frac{p}{2ab_1}b' \qquad (b_1 \geqslant b' \text{时}) \tag{3-2-18}$$

或

$$Q = gb' + \frac{1}{2a}(1 + \mu)p \qquad (b_1 < b' \text{时}) \tag{3-2-19}$$

3.铰接悬臂板内力

对于用铰接方式连接的 T 形梁翼缘板，其最大弯矩在悬臂根部。在计算汽车荷载弯矩时，可以近似地把车轮荷载对中布置在铰接处作为最不利的荷载位置，这时铰接处的弯矩为零，两相邻悬臂板各承受半个车轮荷载，即 $P/4$，如图3-2-8所示。支承处1m 宽板的弯矩为

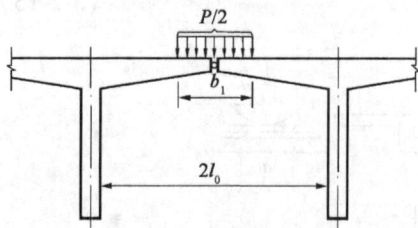

$$M = -(1 + \mu)\frac{P}{4a}\left(b' - \frac{b_1}{4}\right) \tag{3-2-20}$$

1m 宽板的结构自重弯矩为

$$M_g = -\frac{1}{2}gb'^2 \tag{3-2-21}$$

图3-2-8　铰接板弯矩计算图式

铰接板的剪力计算，应把荷载尽量靠近梁肋布置，利用影响线来进行，即

$$Q = qb' + (1 + \mu)p\omega \tag{3-2-22}$$

式中：p——作用在1m 宽板上下的荷载强度；

ω——与 b_1 所对应的剪力影响线面积。

为了简化计算，可近似地按汽车车轮荷载对称布置在铰接处来计算剪力，即

$$Q = gb' + (1 + \mu)\frac{P}{4a} \tag{3-2-23}$$

注意:此处 $b_1 \geqslant b'$ 为铰接双悬臂板的净跨径。悬臂根部 1m 宽板的总弯矩是 $M_{\min,p}$ 和 $M_{\min,g}$ 两部分的内力组合。以上所有汽车荷载内力的计算公式都是对汽车车辆荷载的轮重即 $P、2$ 推导的悬臂根部的剪力可以偏安全地按一般悬臂板的图式来计算,这里从略。

例 3-2-1　计算图 3-2-9 所示 T 形梁翼板所构成铰接悬臂板的设计内力。

桥面铺装为 2cm 的沥青表面处治(重度为 23kN/m^3)和平均 9cm 厚混凝土垫层(重度为 24kN/m^3),T 形梁翼板的重度为 25kN/m^3,荷载为汽车的车辆荷载。

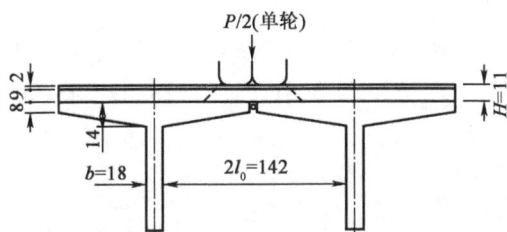

图 3-2-9　T 形梁横截面图(尺寸单位:cm)

解:

(1)结构自重及其内力(按纵向 1m 宽板计算)

① 每延米板上的结构自重 g 见表 3-2-1。

结构自重　　　　　　　　　　　　　　　　　　　　　　　　表 3-2-1

沥青表面处治 g_1	$0.02 \times 1.0 \times 23 = 0.46(\text{kN/m})$
混凝土垫层 g_2	$0.09 \times 1.0 \times 24 = 2.16(\text{kN/m})$
T 形梁翼板自重 g_3	$\dfrac{0.08 + 0.14}{2} \times 1.0 \times 25 = 2.75(\text{kN/m})$
合计	$g = \sum g_i = 5.37(\text{kN/m})$

② 1m 宽板条的恒载内力:

$$M_{\min,g} = -\frac{1}{2}gl_0^2 = -\frac{1}{2} \times 5.37 \times 0.71^2 = -1.35(\text{kN} \cdot \text{m})$$

$$Q_{Ag} = gl_0 = 5.37 \times 0.71 = 3.81(\text{kN})$$

(2)车辆荷载产生的内力

将车辆荷载后轮作用于铰缝轴线上,轴重力标准值为 $P = 140\text{kN}$,轮压分布宽度如图 3-2-10 所示。

① 当车辆荷载后轮着地长度为 $a_2 = 0.20\text{m}$,宽度为 $b_2 = 0.60\text{m}$ 时,则

$$a_1 = a_2 + 2H = 0.20 + 2 \times 0.11 = 0.42(\text{m})$$

$$b_1 = b_2 + 2H = 0.60 + 2 \times 0.11 = 0.82(\text{m})$$

② 荷载对于悬臂根部的有效分布宽度

$$a = a_1 + d + 2b_1 = 0.42 + 1.4 + 2 \times 0.71 = 3.24(\text{m})$$

由于这是汽车荷载局部加载在 T 形梁的翼板上,冲击系数取 $1 + \mu = 1.3$。

③ 作用于 1m 宽板条上的弯矩为

$$M_{\min,p} = -(1 + \mu)\frac{P}{4a}\left(l_0 - \frac{b_1}{4}\right)$$

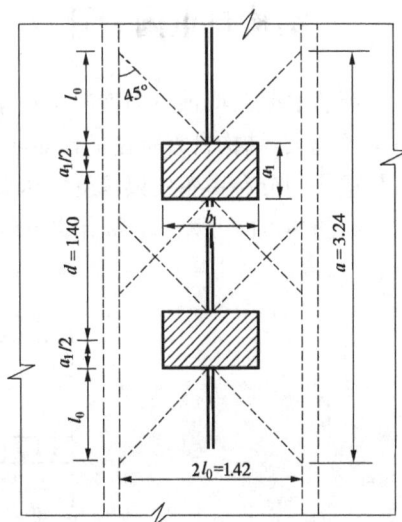

图 3-2-10　汽车荷载计算图示

$$= -1.3 \times \frac{140 \times 2}{4 \times 3.24} \left(0.71 - \frac{0.82}{4} \right)$$

$$= -14.18(\text{kN} \cdot \text{m})$$

④作用于1m宽板条上的剪力为

$$Q_{\text{Ap}} = (1 + \mu) \frac{p}{4a} = 1.3 \times \frac{140 \times 2}{4 \times 3.24} = 28.09(\text{kN})$$

(3)内力组合

①承载能力极限状态内力计算

承载能力极限状态内力计算如下:

基本组合 $M_{\text{ud}} = 1.2 M_{\text{Ag}} + 1.4 M_{\text{Ac}} = 1.2 \times (-1.35) + 1.4 \times (-14.18) = -21.47(\text{kN} \cdot \text{m})$

$\qquad Q_{\text{ud}} = 1.2 Q_{\text{Ag}} + 1.4 Q_{\text{Ap}} = 1.2 \times 3.81 + 1.4 \times 28.09 = 43.90(\text{kN})$

所以,行车道板的设计内力为

$$M_{\text{ud}} = -21.47(\text{kN} \cdot \text{m})$$

$$Q_{\text{ud}} = 43.90(\text{kN})$$

②正常使用极限状态内力组合计算

正常使用极限状态内力组合计算如下:

短期效应组合 $M_{\text{ud}} = M_{\text{Ag}} + 0.7 M_{\text{Ac}} = (-1.35) + 0.7 \times (-14.18) \div 1.3 = -8.99(\text{kN} \cdot \text{m})$

$\qquad Q_{\text{sd}} = Q_{\text{Ag}} + 0.7 Q_{\text{aP}} = 3.81 + 0.7 \times 28.09 \div 1.3 = 18.94(\text{kN})$

第二节 主梁内力计算

对于跨径在10m以内的简支梁,通常只需计算跨中截面的最大弯矩和支点截面及跨中截面的剪力;跨中与支点之间各截面的剪力可以近似地假定按直线规律变化,弯矩可假设按二次抛物线规律变化。对于梁肋宽或梁高变化,还应计算变化处截面的内力。有了截面内力,就可按钢筋混凝土和预应力混凝土结构的计算原理进行主梁各截面的配筋设计和验算。

一、结构自重内力计算

钢筋混凝土或预应力混凝土桥梁的结构自重占全部设计荷载很大的比重(通常占60%~90%),梁的跨径越大,结构自重所占的比重也越大。在计算结构自重内力时,往往将横梁、铺装层、人行道、栏杆等荷重均匀分布由各主梁承受。因此,也可按荷载横向分布系数进行分配。

如图3-2-11所示,计算出结构自重值g之后,就可以按材料力学公式计算梁内各截面的弯矩M_x、剪力Q_x。

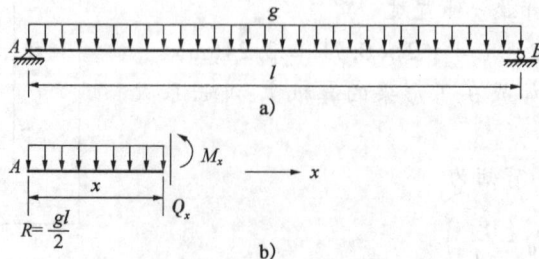

图3-2-11 结构自重内力计算图示

$$M_x = \frac{gl}{2} \cdot x - gx \cdot \frac{x}{2} = \frac{1}{2}gx(L-x) \qquad (3\text{-}2\text{-}24)$$

$$Q_x = \frac{ql}{2} - gx = g\left(\frac{L_0}{2} - x\right) \qquad (3\text{-}2\text{-}25)$$

式中：L——简支梁的计算跨径；

$\quad L_0$——净跨径；

$\quad x$——弯矩和剪力计算截面到支点的距离(以支座为坐标原点)。

例3-2-2　一座五梁式装配式钢筋混凝土简支T形梁桥的主梁和横隔梁截面如图3-2-12所示。已知：计算跨径 $l = 19.50\text{m}$，结构重要系数1.0；每侧的栏杆及人行道构件重量的作用力为5kN/m。试求：边主梁的结构自重产生内力。

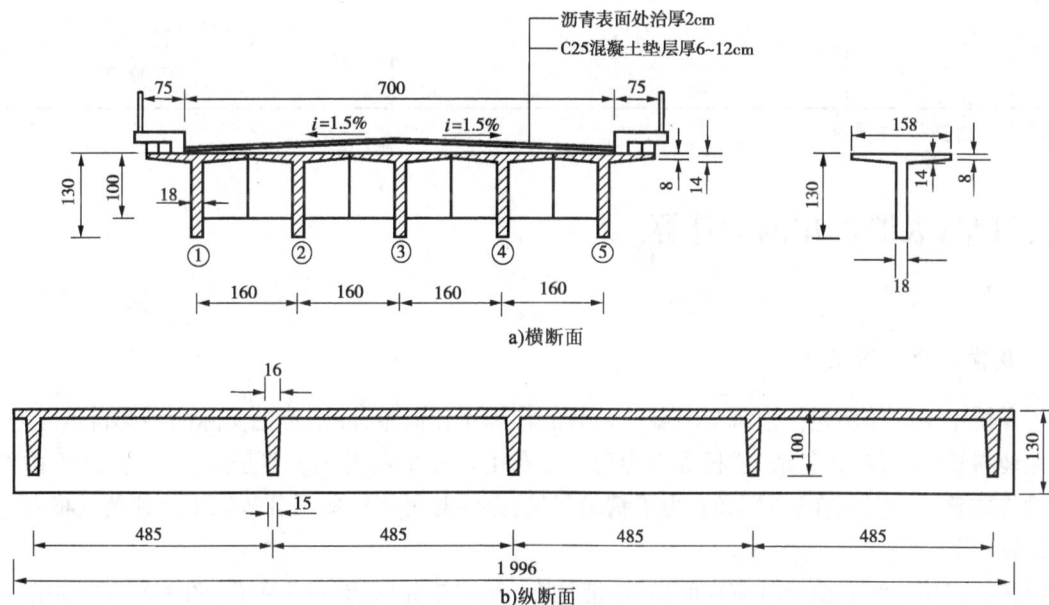

图3-2-12　简支T形梁的主梁和横隔梁截面简图(尺寸单位:cm)

解:

(1)计算结构自重集度

结构自重集度计算表见表3-2-2。

结构自重集度计算表　　　　　　　　　　　　　　　表3-2-2

主梁		$g_1 = \left[0.18 \times 1.30 + \left(\dfrac{0.08 + 0.14}{2}\right) \times (1.60 - 0.18)\right] \times 25 = 9.76(\text{kN/m})$
横隔梁	对于边主梁	$g_2 = \left\{\left[1.00 - \left(\dfrac{0.08 + 0.14}{2}\right)\right] \times \left(\dfrac{1.60 - 0.18}{2}\right)\right\} \times \dfrac{0.15 + 0.16}{2} \times 5 \times 25 \div 19.50 = 0.63(\text{kN/m})$
	对于中主梁	$g_2^i = 2 \times 0.63 = 1.26(\text{kN/m})$
桥面铺装层		$g_3 = \dfrac{0.02 \times 7.00 \times 23 + \dfrac{1}{2}(0.06 + 0.12) \times 7.00 \times 24}{5} = 3.67(\text{kN/m})$
栏杆和人行道		$g_4 = 5 \times \dfrac{2}{5} = 2.00(\text{kN/m})$
合计	对于边主梁	$g = \sum g^i = 9.76 + 0.63 + 3.67 + 2.00 = 16.06(\text{kN/m})$
	对于中主梁	$g^i = 9.76 + 1.26 + 3.67 + 2.00 = 16.69(\text{kN/m})$

（2）结构自重内力计算

边主梁自重产生的内力见表3-2-3，代入式(3-2-17)、式(3-2-18)计算。

边主梁自重产生的内力
表3-2-3

截面位置 x	内力	
	剪力 $Q(\mathrm{kN})$	弯矩 $M(\mathrm{kN \cdot m})$
$x=0$	$Q=\dfrac{16.06}{2}\times19.5=156.6 \quad (162.7)$	$M=0 \quad (0)$
$x=\dfrac{1}{4}$	$Q=\dfrac{16.06}{2}\times\left(19.5-2\times\dfrac{19.5}{4}\right)=78.3(81.4)$	$M=\dfrac{16.06}{2}\times\dfrac{19.5}{4}\left(19.5-\dfrac{19.5}{4}\right)=572.5 \quad (595.0)$
$x=\dfrac{1}{2}$	$Q=0 \quad (0)$	$M=\dfrac{1}{8}\times16.06\times19.5^2=763.4 \quad (793.3)$

注：括号（　）内值为中主梁内力。

二、汽车、人群作用内力计算

1.荷载横向分布的定义

作用在桥梁上的作用包括恒载与活载。恒载的计算比较简单，除了考虑实际的结构自重之外，通常可以近似地将桥面铺装、人行道、栏杆等重力均匀分布由各片主梁支承。鉴于人行道、栏杆等构件一般是在桥梁连成整体后安装在边梁上的，为了精确起见，必要时可将这些恒载按以下所述荷载横向分布的方法来计算。

作用在梁式桥的活载由于具有空间性，不能均布，我们首先来看一下单梁（图3-2-13），如以 $\eta_1(x)$ 表示梁上某一截面的内力影响线，则该截面的内力值 $S=P\eta_1(x)$。但对于桥面板和横隔梁组成的梁桥来说，情况就完全不同。这种结构的内力属于空间计算理论问题，可用影响面求解双值函数 $\eta(x,y)$ 表示，该截面的内力值表示为 $S=P\eta(x,y)$，用影响面求解最不利的内力值，仍是繁重的工作，所以这种空间计算方法没有推广应用。目前广泛应用的是将复杂的空间问题转化为简单的平面问题加以求解，将影响面 $\eta(x,y)$ 分离成两个单函数的乘积，即

$$S=p\eta(x,y)\approx P\eta_2(y)\eta_1(x) \tag{3-2-26}$$

式中：$\eta(x,y)$——空间计算中某梁的内力影响面；

$\quad\eta_1(x)$——单梁某一截面的内力影响线（图3-2-13）；

$\quad\eta_2(y)$——单位荷载沿横向作用在不同位置时对某梁所分配的荷载比值变化曲线，也称为对某梁的载荷横向分布影响线；

$\quad P\eta_2(y)$——当 P 作用于 $a(x,y)$ 点时沿横向分布给某梁的荷载。

如果桥梁的结构一定，轮重在桥上的位置也确定，则分布至某根梁的荷载也是一个定值。在桥梁设计中，通常用一个表征荷载分布程度的系数 m 与轴重的乘积来表示这个值，因此，前、后轴的两排轮重分布在某号梁的荷载分别为 mP_1 和 mP_2。其中，m 称为荷载横向分布系数，它表示某根主梁所承担的最大荷载是各个轴重的倍数（通常小于1）。对于汽车、人群载荷的横向分布系数 m 的计算公式如下：

汽车
$$m_q = \frac{\sum \eta_r}{2} \qquad (3\text{-}2\text{-}27)$$

人群
$$m_r = \eta_r \qquad (3\text{-}2\text{-}28)$$

式中：m_q、η_r——对应于汽车和人群荷载集度的荷载横向分布影响线竖标值。

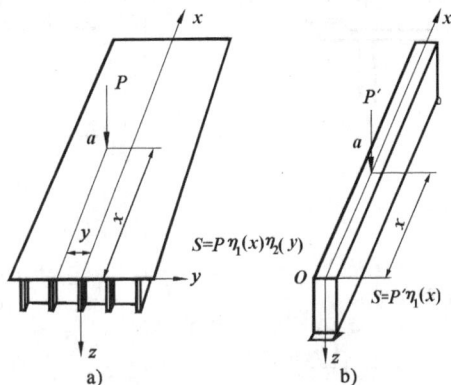

图 3-2-13　荷载作用下的内力计算

2.荷载横向分布的计算

根据各种梁式桥不同的宽度、横向连接结构和截面位置建立计算模型，同一座桥梁内各根梁的荷载横向分布系数 m 是不相同的；不同类型的荷载其 m 值也有所不同，并且荷载在梁上沿纵向的位置对 m 也有影响。桥梁结构具有不同横向联结刚度时，对荷载横向分布的影响也很大，横向联结刚度越大，荷载横向分布作用越显著，各主梁的负担也越均匀。

目前有以下几种荷载横向分布计算方法：

(1)杠杆原理法，即把横向结构(桥面板和横隔梁)视作在主梁上断开而简支在其上的简支梁。

(2)偏心压力法，即把横隔梁视作刚性极大的梁；当计及主梁抗扭刚度影响时，此法又称为修正偏心压力法。

(3)横向铰接板(梁)法，即把相邻板(梁)之间视为铰接，只传递剪力。

(4)横向刚接梁法，即把相邻主梁之间视为刚性连接，即传递剪力和弯矩。

(5)比拟正交异性板法，即将主梁和横隔梁的刚度换算成两向刚度不同的比拟弹性平板来求解，并由实用的曲线图表进行荷载横向分布计算。

本节将重点介绍较常用的杠杆原理法和偏心压力法。

(1)杠杆原理法

采用杠杆原理法进行荷载横向分布的计算，其基本假定是忽略主梁之间横向结构的联系作用，即假设桥面板在主梁肋处断开，而当作沿横向支承在主梁上的简支梁或悬臂梁来考虑，如图 3-2-14a)所示。利用上述假定作出主梁的荷载横向分布影响线，即当移动的单位荷载 $P=1$ 作用于计算梁上时，该梁承担的荷载为 1；当 P 作用于相邻梁之间按线性变化，如图 3-2-14b)、c)所示。

杠杆原理法适用范围：①对于双梁式桥，在荷载作用下，横隔梁和桥面板的工作性质与简支梁一样，可采用杠杆原理法进行精确的计算；②对于多梁式桥，当荷载作用在支点处时，连接的端横隔梁的支点反力与多跨简支梁的支点反力相差不多，可以采用杠杆原理法计算；可以近似地应用于横向联系很弱的无中间横隔梁的桥梁计算。

图 3-2-15 为杠杆原理法计算横向分布系数的计算图式。当桥面板上有车辆荷载作用时，荷载 P_1 按杠杆原理分布于 1 号和 2 号主梁上；P_2 按杠杆原理分布于 2 号和 3 号主梁上。也就是说，1 号主梁受到的荷载相当于桥面板作为伸臂板 ABC 的支点反力 R_1，2 号主梁受到的荷载相当于桥面板作为伸臂板

ABC 的支点反力和桥面板作为简支板 CD 的支点反力之和 R_2，3 号主梁受到的荷载相当于桥面作为简支板 CD 和 DE 的支点反力之和 R_3，等等。

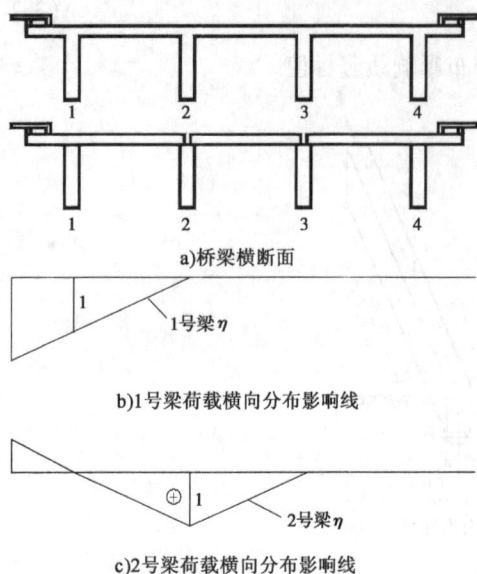

图 3-2-14　杠杆原理法计算横向分布系数
（尺寸单位：cm）

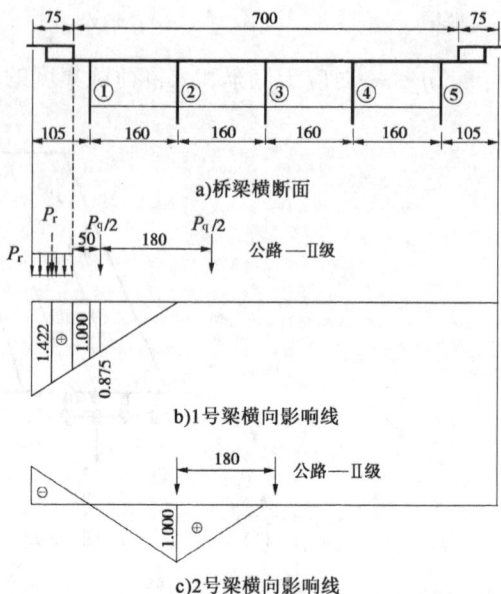

图 3-2-15　按杠杆原理法计算荷载横向分布系数
（尺寸单位：cm）

在计算时，为了求出车辆荷载在桥面板的横向各种可能位置对 1 号、2 号和 3 号主梁产生的最大荷载，就要给出 R_1、R_2 和 R_3 的支点反力影响线［图 3-2-15b)、c)］。这些反力影响线称为各主梁的荷载横向影响线。

有了荷载横向影响线，就可以将荷载沿横向分别置于最不利位置，计算主梁横向分布系数。

例 3-2-3　如图 3-2-15 所示，桥面净空为（ $-7+2\times0.75$ ）m 人行道的钢筋混凝土 T 形梁桥，共设 5 根主梁。试求：荷载位于支点处时 1 号梁和 2 号梁相应于公路—Ⅰ级和人群荷载的横向分布系数。

解：

当荷载位于支点处时，应采用杠杆原理法计算荷载横向分布系数。

（1）绘制 1 号梁和 2 号梁的荷载横向影响线，如图 3-2-15b)、c) 所示。

（2）根据《桥规》规定，在荷载横向影响线上确定荷载沿横向最不利的布置位置。例如，对于汽车荷载，规定的汽车横向轮距为 1.80m，两列汽车车轮的横向最小间距为 1.30m，车轮距离人行道缘石最小为 0.50m，如图 3-2-15a) 所示。由此求出相应于荷载位置的影响线竖标值后，按式（3-2-27）可计算出 1 号梁的荷载横向分布系数为：

公路—Ⅰ级

$$m_{oq} = \frac{1}{2}\sum \eta_{ig} = \frac{1}{2}\times0.875 = 0.438$$

人群荷载

$$m_{or} = \sum \eta = 1.422$$

同理，按图 3-2-15c) 的计算，可得 2 号车的荷载横向分布系数为

2 号梁　　　公路—Ⅰ级　　　$m_{oq} = 0.5$

　　　　　　人群荷载　　　$m_{人} = 0$

这里在人行道上没有布载，是因为人行道荷载引起的负反力，在考虑荷载组合时反而会减小 2 号梁的受力。

3 号梁的荷载横向分布影响线与 2 号梁" + "区段内的完全相同，但它的各荷载横向分布系数与 2 号梁的并不完全相同。

（2）偏心压力法

在钢筋混凝土或预应力混凝土梁桥上，当设置了具有可靠横向联结的中间横隔梁，且在桥的宽跨比 B/L 小于或接近于 0.5 的情况时（一般称为窄桥），计算基本可变作用的跨中截面横向分布系数 m_{c}。此方法按计算中是否考虑主梁抗扭刚度的作用，又分为"偏心压力法"和考虑主梁抗扭刚度的"修正偏心压力法"。

①不考虑主梁抗扭刚度的偏心压力法

如图 3-2-16 所示，在偏心荷载的作用下，由于各根梁的扭曲变形，刚性的中间横隔梁从原来的 $c-d$ 位置变位至 $c'-d'$，呈一根倾斜的直线；靠近 P 的边梁 1 的跨中挠度 ω_1 最大，远离 P 的边梁 5 的 ω_5 最小（也可能出现负值），其他任意梁的跨中挠度均按 $c'-d'$ 线呈直线规律分布。

偏心压力法的基本前提是：在汽车荷载作用下，中间横隔梁可近似地看作一根刚度为无穷大的刚性梁，横隔梁仅发生刚体位移；忽略主梁的抗扭刚度，即不计入主梁扭矩抵抗活载的影响。如图 3-2-17a）所示，图中 ω_i 表示桥跨中央各主梁的竖向挠度。基于横隔梁的无限刚性的假定，此法也称为刚性横梁法。

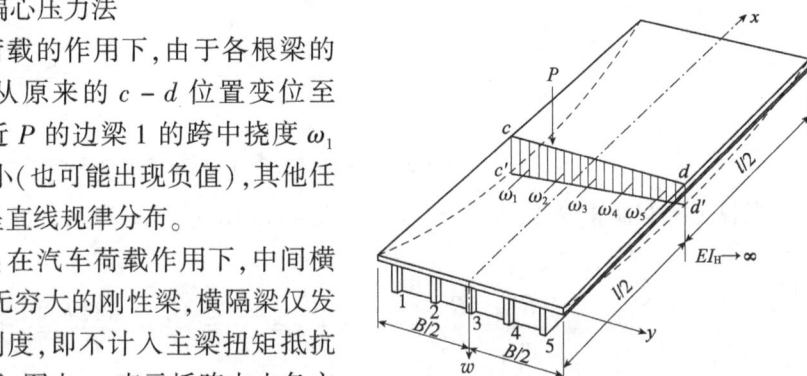
图 3-2-16　刚性横梁的梁桥在偏心荷载作用下的挠曲变形

根据在弹性范围内，某根主梁所承受到的荷载 R_i 与该荷载所产生的跨中弹性挠度 ω_i 成正比例的原则，我们可以得出：在中间横隔梁刚度相当大的窄桥上，在沿横向偏心布置的汽车荷载作用下，总是靠近汽车荷载的一侧的边主载最大。下面将介绍单位荷载 $P=1$ 作用在跨中任意位置（偏心距为 e）时，1 号主梁所受的力 R_1。

取跨中 $x=l/2$ 截面，如图 3-2-17b）所示。通常情况下，各主梁的惯性矩 I_i 相等。显然具有近似刚性中间横隔梁的结构，偏心荷载 $P=1$ 可以用作用于桥轴线的中心荷载 P 及偏心力矩 $M=1\times e$ 来替代，分别求出这两种情况下 1 号主梁所承担的力，然后进行叠加，如图 3-2-17 所示。

a. 中心荷载 $P=1$ 的作用

由于假定中间横隔梁是刚性的，且横截面对称于桥轴线，所以在中心荷载作用下，刚性中横梁整体向下平移，则各根主梁的跨中产生相同的挠度，[图 3-2-17c）]，即

$$\omega'_1 = \omega'_2 = \cdots = \omega'_n \tag{3-2-29}$$

根据材料力学，作用于简支 T 形梁跨中的荷载（主梁分担的载荷）与挠度的关系为

$$R'_i = \frac{48EI_i}{L^3}\omega'_i \tag{3-2-30}$$

式中：I_i——桥梁横截面内各主梁的抗弯惯性矩。

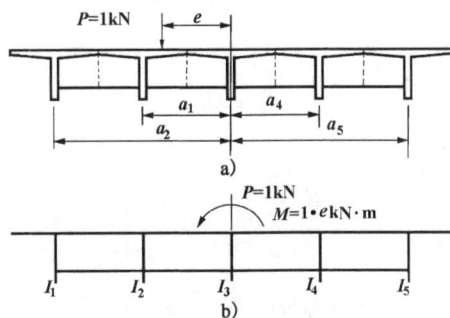
图　3-2-17

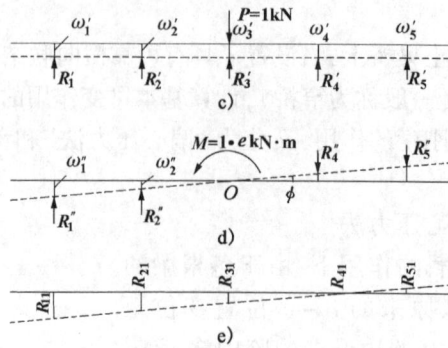

图 3-2-17 偏心荷载 $P=1$ 对于各主梁的荷载分布图

当各主梁截面相等时，即 $I_1 = I_2 = \cdots = I_n = I$，则由式（3-2-29）、式（3-2-30）得到反力与挠度成正比的关系如下

$$\frac{R_1'}{\omega_1'} = \frac{R_2'}{\omega_2'} = \cdots = \frac{R_i'}{\omega_i'} = \cdots = \frac{R_n'}{\omega_n'} = \frac{48EI}{l^3} = C（常数）$$

由此得

$$R_i' = C\omega_i' = C\,\overline{w} \tag{3-2-31}$$

由静力平衡条件得

$$R_1' + R_2' + \cdots + R_n' = \sum_{i=1}^{n} R_i' = P = 1 \tag{3-2-32}$$

将式（3-2-31）代入式（3-2-32），得到任意一根主梁承受的荷载为

$$C(\omega_1' + \omega_2' + \cdots + \omega_n') = C \cdot n \cdot \overline{\omega} = 1$$

则

$$C \cdot \overline{\omega} = \frac{1}{n} \tag{3-2-33}$$

将式（3-2-33）代入式（3-2-31），得

$$R_1' = R_2' = \cdots = R_i' = \frac{1}{n} \tag{3-2-34}$$

b. 偏心力矩 $M = p \cdot e = 1 \times e$ 的作用

在偏心力矩 $M = 1 \times e$ 作用下 [图 3-2-17d)]，桥的横截面将产生绕中心点 O 的转角 φ，因此各片主梁产生的跨中挠度为

$$\omega_i'' = a_i \tan\varphi \tag{3-2-35}$$

式中：a_i——各片主梁梁轴到截面形心的距离。

根据力矩平衡条件，有

$$\sum_{i=1}^{n} R_i^n \cdot a_i = 1 \times e \tag{3-2-36}$$

再根据反力与挠度成正比的关系，有

$$R_i'' = C\omega_i'' \tag{3-2-37}$$

或

$$R_i'' = C \cdot a_i \tan\varphi \tag{3-2-38}$$

将式（3-2-38）代入式（3-2-36），得

$$C \cdot \tan\varphi \cdot \sum_{i=1}^{n} a_i^2 = 1 \cdot e$$

或

$$C \cdot \tan\varphi = \frac{e}{\sum\limits_{i=1}^{n} a_i^2} \tag{3-2-39}$$

将式(3-2-39)代入式(3-2-38),得

$$R_i'' = \frac{a_i e}{\sum\limits_{i=1}^{n} a_i^2} \tag{3-2-40}$$

偏心距离为 e 的单位荷载 $P=1$ 对 1 号主梁的总作用[图 3-2-17e)]为

$$R_{ie} = \eta_{1e} = \frac{1}{n} \pm \frac{ea_1}{\sum\limits_{i=1}^{n} a_i^2} \tag{3-2-41}$$

这就是 1 号主梁的荷载横向影响线在各梁位处的竖标值。

注意:当式(3-2-41)中的荷载位置 e 和梁位 a_1 位于形心轴同侧时,取正号;反之,则取负号。

当 $P=1$ 位于第 k 号梁轴上($e=a_k$)时,对 1 号主梁的总作用为

$$\eta_{lk} = \frac{1}{n} \pm \frac{a_1 a_k}{\sum\limits_{i=1}^{n} a_i^2} \tag{3-2-42}$$

同理,当 $P=1$ 位于第 k 号梁轴上($e=a_k$)时,对 i 主梁的总作用为

$$\eta_{ik} = \frac{1}{n} \pm \frac{a_i a_k}{\sum\limits_{i=1}^{n} a_i^2} \tag{3-2-43}$$

由此得

$$\eta_{lk} = R_{lk} = \eta_{kl} \tag{3-2-44}$$

同理可知,当各主梁的惯性矩 I_i 不相等时,偏心荷载 $P=1$ 对各主梁的总作用为

$$\eta_{ie} = \frac{I_i}{\sum\limits_{i=1}^{n} I_i} \pm \frac{ea_i I_i}{\sum\limits_{i=1}^{n} a_i^2 I_i} \tag{3-2-45}$$

当 $P=1$ 位于第 k 号梁轴上($e=a_k$)时,式(3-2-45)可写成

$$\eta_{ik} = \frac{I_i}{\sum\limits_{i=1}^{n} I_i} \pm \frac{a_i a_k I_i}{\sum\limits_{i=1}^{n} a_i^2 I_i} \tag{3-2-46}$$

c. 主梁的横向分布系数

$$R_i = R_i' + R_i'' = \frac{I_i}{\sum\limits_{i=1}^{n} I_i} + \frac{ea_i I_i}{\sum\limits_{i=1}^{n} a_i^2 I_i} \tag{3-2-47}$$

式中:e——表示荷载 $P=1$ 的作用位置;

i——表示所求梁的梁号。

式(3-2-47)中的荷载位置 e 和梁位 a_i 是具有共同原点 O 的横坐标值,因此在取值时应当记入正负号。当 e 和 a_i 位于同侧时两者的乘积取正号;反之则取负号。

若荷载位于 k 号梁轴上($e=\alpha_k$),就可写出任意 i 号主梁荷载分布的一般公式为

$$R_{ik} = \frac{I_i}{\sum\limits_{i=1}^{n} I_i} + \frac{a_i a_k I_i}{\sum\limits_{i=1}^{n} a_i^2 I_i} \tag{3-2-48}$$

由此得

$$R_{ik} = R_{ki} \cdot \frac{I_i}{I_k} \tag{3-2-49}$$

当 $P=1$ 作用在 1 号梁轴线上时边主梁(1 号和 5 号梁)所受的总荷载为

$$\left.\begin{aligned} R_{11} &= \frac{I_1}{\sum\limits_{i=1}^{n} I_i} + \frac{a_1^2 I_i}{\sum\limits_{i=1}^{n} a_i^2 I_i} \\ R_{51} &= \frac{I_1}{\sum\limits_{i=1}^{n} I_i} - \frac{a_1^2 I_i}{\sum\limits_{i=1}^{n} a_i^2 I_i} \end{aligned}\right\}$$

(3-2-50)

若各梁的截面均相同,上式可简化为

$$\left.\begin{aligned} \eta_{11} &= \frac{1}{n} + \frac{a_1^2}{\sum\limits_{i=1}^{n} a_i^2} \\ \eta_{51} &= \frac{1}{n} - \frac{a_1^2}{\sum\limits_{i=1}^{n} a_i^2} \end{aligned}\right\}$$

(3-2-51)

②考虑主梁抗扭刚度的偏心压力法

在上述推演过程中,由于作了横隔梁近似绝对刚性和忽略主梁抗扭刚度的两项假定,这就导致了边梁受力的计算结果偏大。为了弥补不足,国内外也广泛采用考虑主梁抗扭刚度的偏心压力法,即修正偏心压力法。

修正偏心压力法计算荷载横向分布,只要对偏心力矩 $M = 1 \cdot e$ 的作用进行修正即可。如图 3-2-18 所示,根据力矩的平衡条件,式(3-2-36)应改写为

$$\sum_{i=1}^{n} R_i'' \cdot a_i + \sum_{i=1}^{n} M_{Ti} = 1 \cdot e$$

(3-2-52)

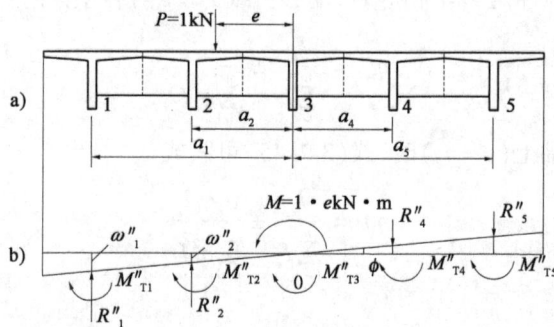

图 3-2-18 修正偏心压力法

由材料力学可知,简支梁跨中载面扭矩 M_T 与扭角 φ 以及竖向力与挠度之间的关系为

$$\varphi = \frac{l M_{Ti}}{4 G I_{Ti}} \quad \text{和} \quad \omega_i'' = \frac{R_i'' l^3}{48 E I_i}$$

(3-2-53)

式中:G——材料的剪切模量,可取 $G = 0.4E$;

E——混凝土的弹性模量;

I_{Ti}——i 号梁的抗扭惯性矩。

由几何关系知

$$\varphi \approx \tan\phi = \frac{\omega_i''}{a_i}$$

(3-2-54)

将式(3-2-53)带入式(3-2-54),得

$$\varphi = \frac{R_i'' l^3}{48 a_i E I}$$

(3-2-55)

将式(3-2-53)带入式(3-2-55),得

$$M_{Ti} = R_i'' \cdot \frac{l^2 GI_{Ti}}{12a_i EI_i} \qquad (3\text{-}2\text{-}56)$$

由几何和刚度的比例关系,可知1号主梁的荷载为

$$\frac{R_i''}{a_i I_i} = \frac{R_i''}{a_i I_1} \Rightarrow R_1'' \frac{a_i I_i}{a_1 I_1} \qquad (3\text{-}2\text{-}57)$$

将式(3-2-57)代入式(3-2-56),得

$$\sum R_1'' \frac{a_i^2 I_i}{a_1 I_1} + \sum R_1'' \frac{a_i I_i}{a_1 I_1} \cdot \frac{l^2 GI_{Ti}}{12a_i EI_i} = e$$

或

$$R_1'' \cdot \frac{1}{a_1 I_1} \left(\sum a_i^2 I_i + \frac{Gl^2}{12E} \sum I_{Ti} \right) = e$$

则

$$R_1'' + \frac{ea_1 I_1}{\sum a_i^2 I_i + \frac{Gl^2}{12E} \sum I_{Ti}} = \frac{ea_1 I_1}{\sum a_i^2 I_i} \left(\frac{1}{1 + \frac{Gl^2 \sum I_{Ti}}{12E \sum a_i^2 I_i}} \right) = \beta \frac{ea_1 I_1}{\sum_{i=1}^{n} a_i^2 I_i} \qquad (3\text{-}2\text{-}58)$$

1号主梁所承担的总荷载为

$$R_{1e} = \eta_{1e} = \frac{I_1}{\sum_{n=1}^{n} I_i} \pm \beta \frac{ea_1 I_1}{\sum_{n=1}^{n} a_i^2 I_i} \qquad (3\text{-}2\text{-}59)$$

式中: $\beta = \dfrac{1}{1 + \dfrac{Gl^2 \sum I_{Ti}}{12E \sum a_i^2 I_i}} < 1$。

任意主梁所承担的总荷载为

$$R_{ie} = \eta_{ie} = \frac{I_i}{\sum_{i=1}^{n} I_i} \pm \beta \frac{ea_i I_i}{\sum_{i=1}^{n} a_i^2 I_i} \qquad (3\text{-}2\text{-}60)$$

修正偏心压力法比偏心压力法的计算精度要高,比较接近于真实值。但是当主梁的片数增多,桥宽增加,横梁与主梁相对弯曲刚度比值降低,横梁不能再看作是无限刚性时,用修正偏心压力法计算仍会产生较大误差,此时应采用刚接梁法计算,如图3-2-19所示。

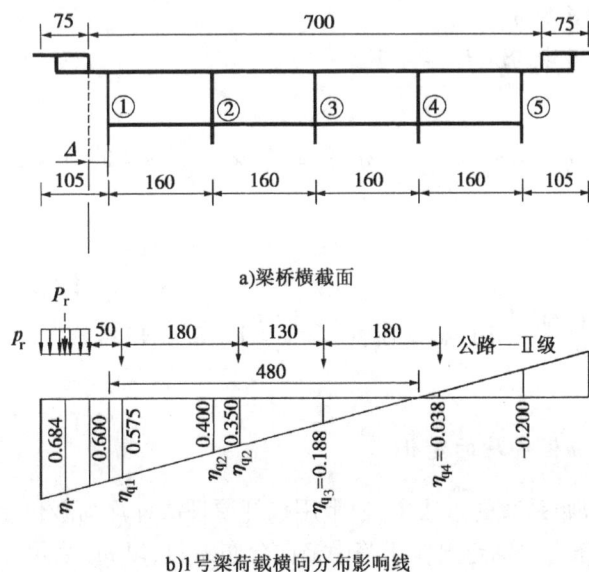

a)梁桥横截面

b)1号梁荷载横向分布影响线

图3-2-19 偏心压力法计算横向分布系数图式(尺寸单位:cm)

例3-2-4 一座计算跨径 $l = 19.50\text{m}$ 的简支梁,其纵断面如图3-2-12所示,横断面如图3-2-19所示。试求:荷载位于跨中时1号边梁的荷载横向分布系数 m_{cq}(汽车荷载)和 m_{cr}(人群荷载)。

解:

由图3-2-19可知,此桥设有刚度强大的横隔梁,且承重结构的宽跨比为

$$\frac{l}{B} = \frac{19.50}{5 \times 1.60} = 2.4 > 2$$

可采用偏心压力法来计算横向分布系数 m_c,其步骤如下。

(1)求荷载横向分布影响线竖标

该简支梁桥各根主梁的横截面均相等,梁数 $n = 5$,梁间距为 1.60m,则

$$\sum_{i=1}^{5} a_i^2 = a_1^2 + a_2^2 + a_3^2 + a_4^2 + a_5^2$$
$$= (2 \times 1.60)^2 + 1.60^2 + 0 + (-1.60)^2 + (-2 \times 1.60)^2$$
$$= 25.60\text{m}^2$$

由式(3-2-42)得,1号梁在两个边主梁处的横向影响线的竖标值为

$$\eta_{11} = \frac{1}{n} + \frac{a_1^2}{\sum_{i=1}^{n} a_i^2} = \frac{1}{5} + \frac{(2 \times 1.60)^2}{25.60} = 0.20 + 0.4 = 0.60$$

$$\eta_{15} = \frac{1}{n} + \frac{a_1^2}{\sum_{i=1}^{n} a_i^2} = 0.20 - 0.40 = -0.20$$

(2)绘出荷载横向分布影响线,并按最不利位置布载[图3-2-18b)]所示,其中,人行道缘石至1号梁轴线的距离 Δ 为

$$\Delta = 1.05 - 0.75 = 0.30\text{m}$$

荷载横向分布影响线的零点至1号梁位的距离为 x,可按比例关系求得

$$\frac{x}{0.60} = \frac{4 \times 1.60 - x}{0.2}$$

解得 $x = 4.80(\text{m})$

并据此计算出对应各荷载点的影响线竖标值 η_{qi} 和 η_r。

(3)计算荷载横向分布系数 m_c

1号梁的活载横向分布系数分别计算如下:

汽车荷载

$$m_{cq} = \frac{1}{2} \sum \eta_q = \frac{1}{2} \cdot (\eta_{q1} + \eta_{q2} + \eta_{q3} + \eta_{q4}) = \frac{1}{2} \times \frac{0.60}{4.80} \times (4.60 + 2.80 + 1.50 - 0.30)$$
$$= 0.538$$

人群荷载

$$m_{cr} = \eta_r = \frac{\eta_{11}}{x} \cdot x_r = \frac{0.60}{4.80} \times \left(4.80 + 0.30 + \frac{0.75}{2}\right) = 0.684$$

3.荷载横向分布系数 m 沿桥跨的变化

前文介绍的荷载横向分布系数的方法中,通常用杠杆原理法计算荷载位于支点处的横向分布系数,以 m_0 表示;用(修正)偏心压力法确定出位于跨中横向分布系数,以 m_c 表示,其他位置的荷载横向分布系数 m_x 便可用图3-2-20所示的近似处理方法来确定。

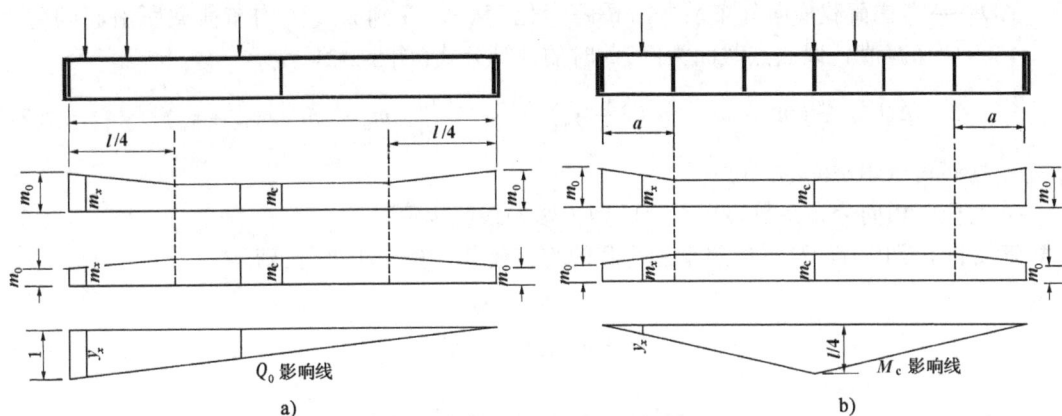

图 3-2-20　m 沿桥跨的变化图

对于无中间横隔梁或仅有一根中横隔梁的情况,跨中部分采用不变的 m_c,从离支点 $l/4$ 处起至支点的区段 m_x 呈直线形过渡到 m_0[图 3-2-20a)];对于有多根内横隔梁的情况,m_0 从第一根内横隔梁起向支点的 m_0 直线形过渡[图 3-2-20b)]。

这样,主梁上的汽车荷载因其纵向位置不同,应有不同的横向分布系数。

(1)用于弯矩计算的荷载横向分布系数沿桥跨变化

在实际工程应用中,当求简支梁跨中最大弯矩时,鉴于横向分布系数沿跨内部分的变化不大,为了简化起见,通常均可按不变化的 m_c 来计算。只有在计算主梁梁端截面最大剪力时,才考虑荷载横向分布系数变化的影响[图 3-2-20a)]。

对于跨内其他截面计算,一般也可取用不变的 m_c;对于中梁来说,m_0 与 m_c 的差值可能较大,且内横隔梁又少于 3 根时,以计算 m 沿跨径变化的影响为宜。

(2)用于剪力计算的荷载横向分布系数沿桥跨变化

在计算主梁的最大剪力(梁端截面)时,鉴于主要荷载位于所考虑一端的 m_c 变化区段内,而且相对应的内力影响线坐标均接近最大值(图 3-2-20),所以应考虑该段区横向分布系数变化的影响。对位于远端的荷载,鉴于相应影响坐标值的显著减小,则可近似取用不变的 m_c 来简化计算。

对于跨内其他截面的主梁剪力,也可视具体情况计算 m 沿桥跨变化的影响。

4.主梁内力计算

本书重点介绍如何计算主梁的最不利内力。

主梁活载内力采用车道荷载计算。

弯矩
$$M = (1+\mu)\xi m_c(P_k y_k + q_k \omega_W) \tag{3-2-61}$$

计算支点、$L/8$ 和 $L/4$ 截面的剪力,尚应计入由荷载横向分布系数沿桥跨变化的影响。

剪力
$$Q = (1+\mu)\xi(1.2 m_k P_k y_k + m_c q_k \omega_Q + \Delta Q) \tag{3-2-62}$$

式中:$(1+\mu)$——汽车荷载的冲击系数,按照《桥规》规定取值;

ξ——多车道桥涵的汽车荷载折减系数,按照《桥规》规定取值;

m_c——主梁跨中的荷载横向分布系数;

P_k——车道荷载的集中荷载标准值,按照《桥规》规定取值;

q_k——车道荷载的均布荷载标准值,按照《桥规》规定取值;

y_k——沿桥跨纵向与 P_k 位置对应的内力影响线竖标值;

m_k——沿桥跨纵向与 P_k 位置对应的荷载横向分布系数;

ω_W——沿桥跨纵向计算截面弯矩影响线的面积;

ω_Q——沿桥跨纵向计算截面剪力影响线的面积;

ΔQ——考虑荷载横向分布系数沿桥跨变化（从 m_0 变到 $m_{0.5}$），均布荷载所引起的剪力增值（减值），以支点截面为例，此时的计算公式（图3-2-21）为

$$\Delta Q = \frac{a}{2}(m_0 - m_{0.5})q'(2 + y_a) \times \frac{1}{3} = \frac{aq'}{6}(m_0 - m_{0.5})(2 + y_a) \tag{3-2-63}$$

式中：q'——均布荷载顺桥向的强度；

y_a——对应于横向分布系数转折点处的剪力影响线竖标值。

人群荷载的主梁内力计算可参照车道荷载的均布荷载计算方法进行，即

弯矩 $$M_r = m_{cr}q_r\omega_W \tag{3-2-64}$$

剪力 $$Q_r = m_{cr}q_r\omega_Q + \Delta Q_r \tag{3-2-65}$$

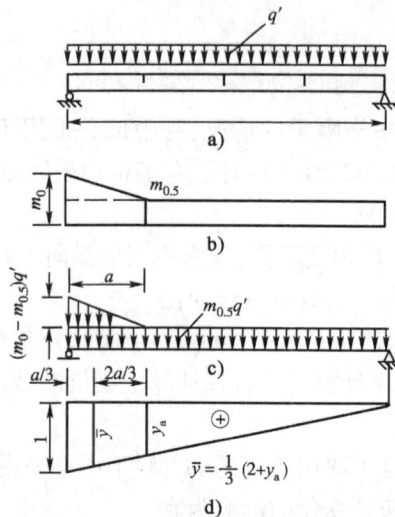

图 3-2-21　均布荷载作用下 ΔQ 的计算图式

例 3-2-5　仍以例 3-2-2 所述 5 梁式装配式钢筋混凝土简支梁桥为例，计算边主梁在公路—Ⅱ级和人群荷载 $q_r = 3.0\text{kN/m}^2$ 作用下的跨中最大弯矩、最大剪力以及支点截面的最大剪力，对于已经计算过的数据，均汇总于表中。

解：

（1）荷载横向分布系数汇总表

荷载横向分布系数汇总表见表 3-2-4。

荷载横向分布系数　　表 3-2-4

梁号	荷载	公路—Ⅱ级	人群荷载	备注
边主梁	跨中 m_c	0.538	0.684	采用"偏心压力法"计算，见例 3-2-4
	支点 m_0	0.438	1.422	采用"杠杆原理法"计算，见例 3-2-3

（2）均布荷载和内力影响线面积计算表

均布荷载和内力影响线面积计算表见表 3-2-5。

均布荷载和内力影响线面积计算表　　表 3-2-5

截面	类型			
	公路—Ⅱ级均布荷载（kN/m）	人群荷载（kN/m）	影响线面积（m²）	影响线图式
$m_{1/2}$	$10.5 \times 0.75 = 7.875$	$3.0 \times 0.75 = 2.25$	$\Omega = \frac{1}{8}l^2 = \frac{1}{8} \times 19.5^2 = 47.53(\text{m}^2)$	

截面	类型			
	公路—Ⅱ级均布荷载（kN/m）	人群荷载（kN/m）	影响线面积（m²）	影响线图式
$Q_{1/2}$	7.875	2.25	$\Omega = \dfrac{1}{2} \times \dfrac{1}{2} \times 19.5 \times 0.5 = 2.438\,(\text{m})$	
Q_o	7.875	2.25	$\Omega = \dfrac{1}{2} \times 19.5 \times 1 = 9.75\,(\text{m})$	

（3）公路—Ⅱ级中集中荷载 P_k 计算

计算弯矩效应时：$P_k = 0.75 \times \left[180 + \dfrac{360-180}{50-5} \times (19.5 - 5) \right] = 0.75 \times 238 = 178.5\,(\text{kN})$

计算剪力效应时：$P_k = 1.2 \times 178.5 = 214.2\,(\text{kN})$

（4）计算冲击系数 μ

简支梁桥基频计算如下式，则单根主梁：

$A = 0.3902\,(\text{m}^2)$ $I_c = 0.066146\,(\text{m}^4)$ $G = 0.3902 \times 25 = 9.76\,(\text{N/m})$

$G/g = 9.76/9.81 = 0.995 \times 10\,(\text{Ns}^2/\text{m}^2)$

C30 混凝土 E 取 $3 \times 10^{10}\,\text{N/m}^2$，则

$$f = \dfrac{3.14}{2 \times 19.5^2} \times \sqrt{\dfrac{3 \times 10^{10} \times 0.066146}{0.995 \times 10^3}} = 5.831\,(\text{Hz})$$

$\mu = 0.1767\ln f - 0.0157 = 0.296$

$(1 + \mu) = 1.296$

（5）跨中弯矩 $M_{1/2}$、跨中剪力 $Q_{1/2}$ 计算（表3-2-6）。

因双车道不折减，所以 $\xi = 1$。

跨中弯矩和剪力计算表   表3-2-6

截面	荷载类型	q_k 或 q_r（kN/m）	P_k(kN)	$(1+\mu)$	m_c	Ω 或 v	S	
							S_1	S
$M_{1/2}$	公路—Ⅱ级	7.875	178.5	1.296	0.538	47.53	260.98kN·m	867.72kN·m
						$y = \dfrac{l}{4} = 4.875$	606.74kN·m	
	人群荷载	2.25			0.684	47.53	73.1kN·m	
$Q_{1/2}$	公路—Ⅱ级	7.875	214.2	1.296	0.538	2.438	13.39kN	88.07kN
						0.5	74.68kN	
	人群荷载	2.25			0.684	2.438	3.75kN	

（6）计算支点截面汽车荷载最大剪力

绘制荷载横向分布系数沿桥纵向的变化图形和支点剪力影响线如图3-2-22所示。

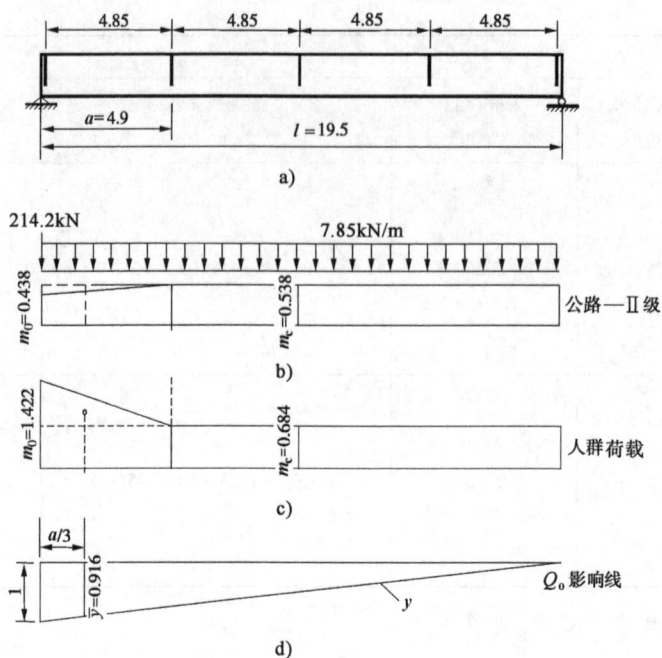

图 3-2-22　支点剪力计算图示

横向分布系数变化区段的长度，m 变化区荷载重心位置的内力影响线坐标为

$$\bar{y} = 1 \times \frac{19.5 - \frac{1}{3} \times 4.9}{19.5} = 0.916$$

由式(2-3-55)和式(2-3-57)计算得

$$Q_{o\text{均}} = (1 + \mu) \cdot \xi q_{\text{k}} \left[m_{\text{c}} \Omega + \frac{a}{2}(m_{\text{o}} - m_{\text{c}})\bar{y} \right]$$

$$= 1.296 \times 1 \times 7.875 \times \left[0.538 \times 9.75 + \frac{4.9}{2} \times (0.438 - 0.538) \times 0.916 \right]$$

$$= 51.25(\text{kN})$$

$$Q_{o\text{集}} = (1 + \mu) \cdot \xi m_i P_{\text{k}} y_i = 1.296 \times 1 \times 0.438 \times 214.2 \times 1.0 = 121.59(\text{kN})$$

公路—Ⅱ级作用下，1 号梁支点的最大剪力为

$$Q_o = Q_{o\text{均}} + Q_{o\text{集}} = 51.25 + 121.59 = 172.84(\text{kN})$$

(7)计算支点截面人群荷载最大剪力

人群荷载引起的支点剪力按式(2-3-54)和式(2-3-55)计算

$$Q_{or} = m_{\text{c}} \cdot q_{\text{r}} \cdot \Omega + \frac{a}{2}(m_{\text{o}} - m_{\text{c}})q_{\text{r}} \cdot \bar{y}$$

$$= 0.684 \times 2.25 \times 9.75 + \frac{1}{2} \times 4.9 \times (1.422 - 0.684)2.25 \times 0.916$$

$$= 15.00 + 3.73 = 18.73(\text{kN})$$

三、主梁内力组合

在梁桥主梁设计中，主梁内力组合可按结构重力内力 + 汽车荷载内力（包括冲击力）+ 人群荷载内力进行组合。按《公路桥涵设计通用规范》(JTG D60—2015)规定作用效应组合表达式为

$$\gamma_0 S_{\text{ud}} = \gamma_0 \left(\sum_{i=1}^{m} \gamma_{Gi} S_{GiK} + \gamma_{Q1} S_{Q1K} + \psi_c \sum_{j=2}^{n} \gamma_{Qj} S_{QjK} \right) \tag{3-2-66}$$

式中：S_{ud}——承载能力极限状态下作用效应组合的设计值；

γ_0——结构重要性系数,按结构设计安全等级采用,对应于设计安全等级一级、二级、和三级分别取 1.1、1.0、和 0.9;

γ_{Gi}——第 i 个永久作用效应的分项系数,按《公路桥涵设计通用规范》(JTG D60—2015)采用;

S_{GiK}——第 i 个永久作用效应的标准值;

γ_{Q1}——汽车荷载效应(含汽车冲击力、离心力)的分项系数,取 $\gamma_{Q1}=1.4$;

S_{Q1K}——汽车荷载效应(含汽车冲击力、离心力)的标准值;

γ_{Qj}——在作用效应组合中除汽车荷载效应(含汽车冲击力、离心力)、风荷载外的其他第 j 个可变作用效应的分项系数,取 $\gamma_{Qj}=1.4$;

S_{QjK}——在作用效应组合中除汽车荷载效应(含汽车冲击力、离心力)外的其他第 j 个可变作用效应的标准值;

ψ_c——在作用效应组合中除汽车荷载效应(含汽车冲击力、离心力)外的其他可变作用效应的组合系数。当永久作用与汽车荷载和人群荷载组合时,人群荷载的组合系数取 $\psi_c=0.80$。

计算出结构自重和汽车荷载内力后,根据《桥规》规定,1m 宽板的最大组合内力见表 3-2-7。

1m 宽板的最大组合内力 表 3-2-7

承载能力极限状态	当结构重力对结构的承载能力不利时	$S_{ud}=\sum_{i=1}^{m}1.2S_{自重}+1.4S_{汽}+0.80\times1.4S_{人}$
	当结构重力对结构图的承载能力有利时	$S_{ud}=\sum_{i=1}^{m}S_{自重}+1.4S_{汽}+0.80\times1.4S_{人}$
正常使用极限状态	短期效应组合	$S_{sd}=\sum_{i=1}^{m}S_{自重}+0.7S_{汽(不计冲击力)}+1.0S_{人}$
	长期效应组合	$S_{ld}=\sum_{i=1}^{m}S_{自重}+0.4S_{汽(不计冲击力)}+0.4S_{人}$

例3-2-6 已知例 3-2-2 中所示装配式钢筋混凝土简支梁中 1 号边梁的内力值最大,利用例 3-2-5 的计算结果,列表确定控制设计的计算内力。

解:

设计控制截面计算内力表见表 3-2-8。

设计控制截面计算内力表 表 3-2-8

序号	荷载类别	弯矩 M(kN·m)			剪力 Q(kN)	
		梁端	四分点	跨中	梁端	跨中
(1)	结构自重	0	572.50	763.40	156.60	0
(2)	汽车荷载	0	650.80	867.72	172.84	88.07
(3)	人群荷载	0	54.90	73.10	18.70	3.80
(4)	$1.2\times$(1)	0	687.00	916.10	187.90	0
(5)	$1.4\times$(2)	0	911.12	1214.81	241.98	123.30
(6)	$0.8\times1.4\times$(3)	0	61.49	81.87	20.94	4.26
(7)	$S_{ud}=$(4)+(5)+(6)	0	1659.61	2212.78	450.82	127.56

第三节 横隔梁内力计算

为了保证各主梁共同受力和加强结构的整体性,横隔梁本身或其装配式接头应具有足够的强度。

对于具有多根内横隔梁的桥梁,通常就只要计算受力最大的跨中横隔梁的内力,其他横隔梁可偏安全地仿此设计。

下面将介绍按偏心压力法原理来计算横隔梁内力的实用方法。

一、作用在横梁上的计算荷载

对于跨中一根横隔梁来说,除了直接作用在其上的轮重外,其前后的轮重对它也有影响。在计算中可假设荷载在相邻横隔梁之间按杠杆原理法传布,如图 3-2-23 所示。因此,纵向一列汽车车道荷载轮重分布给该横隔梁的计算荷载为

$$P_{oq} = \frac{1}{2}\left(q_k\Omega + P_k l_a + \frac{1}{2}P_k\gamma_1\right) \tag{3-2-67}$$

式中: P_k——轴重,应注意将车辆荷载的重轴布置在需要计算的横隔梁上;

γ_1—— P_k 布置在中横梁时,所对应的按杠杆原理法计算的纵向荷载影响线竖标值,其值为 1。

同理 $$\frac{1}{2}l_c \times 1 + \frac{1}{2}l_o \times 1 = l_o = \Omega \tag{3-2-68}$$

人群荷载 $$P_{or} = P_{or}\Omega_r = P_{or}l_a \quad (\text{影响线上布满荷载}) \tag{3-2-69}$$

式中: P_{or}——相应为一侧人行道每延米的人群荷载;

Ω_r——相应为人群荷载范围的影响线面积;

l_a——横隔梁的间距;

其他符号意义同前。

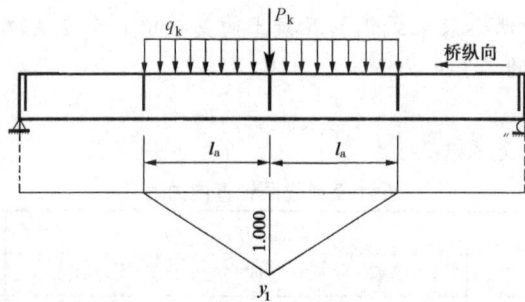

图 3-2-23　横隔梁上计算荷载的计算图示

二、横隔梁的内力影响线

将桥梁的中横隔梁近似地视作竖向支承在多根弹性主梁上的多跨弹性支承连续梁,如图 3-2-24a)、b)所示。当桥梁在计算中有单位荷载 $P=1$ 作用时,各主梁所受的荷载将为 R_1、R_2、R_3、$\cdots$、R_n,这也就是横隔梁的弹性支承反力。因此,取 r 截面左侧为隔离体[图 3-2-24c)],由力的平衡条件就可写出横隔梁任意截面 r 的内力计算公式。

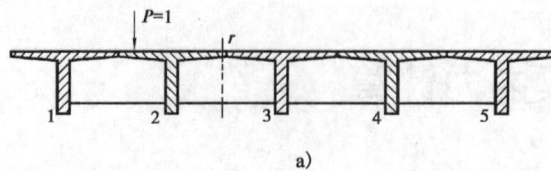

a)

图　3-2-24

134

b)

c)

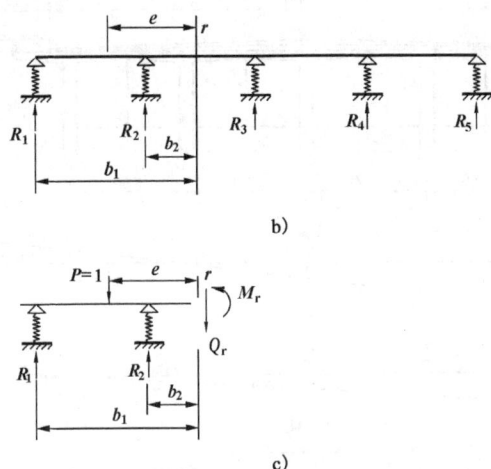

图 3-2-24 横隔梁内力计算图

当单位荷载 $P=1$ 作用位于截面 r 的左侧时,则

$$
\left.
\begin{aligned}
M_r &= R_1 b_1 + R_2 \cdot b_2 - 1 \cdot e = \overset{左}{\sum} R_i b_i - e \\
Q_r &= R_1 + R_2 - 1 = \overset{左}{\sum} R_i - 1
\end{aligned}
\right\}
\tag{3-2-70}
$$

当单位荷载 $P=1$ 作用位于截面 r 的右侧时,则

$$
\left.
\begin{aligned}
M_r &= R_1 \cdot b_1 + R_2 \cdot b_2 = \overset{左}{\sum} R_i b_i \\
Q_r &= R_1 + R_2 = \overset{左}{\sum} R_i
\end{aligned}
\right\}
\tag{3-2-71}
$$

式中: M_r、Q_r——横隔梁任意截面 r 的弯矩和剪力;

$\quad\quad e$——荷载 $P=1$ 至所求截面的距离;

$\quad\quad b_i$——支承反力 R 至所求截面的距离;

$\quad\quad \overset{左}{\sum} R_i$——表示涉及所求截面以左的全部支承反力 R_i 的总和。

由此可以直接利用已经求得的 R_i 的横向分布影响线来绘制横隔梁上某个截面的内力影响线。

三、横隔梁内力计算

利用上述的计算荷载在横隔梁某截面的内力影响线上按最不利位置加载,就可以求得横隔梁在该截面上的最大(最小)内力值,即

$$
S = (1 + \mu) \cdot \xi \cdot P_{0q} \sum \eta
\tag{3-2-72}
$$

式中: η——横隔梁内力影响线竖标值;

$\quad\quad \mu$、ξ——通常可近似地取用主梁的冲击系数 μ 和 ξ 值。

例 3-2-7 计算例 3-2-2 中所示装配式钢筋混凝土简支梁桥跨中横梁在 2 号和 3 号主梁之间 $r-r$ 截面上的弯矩 M_r 和靠近 1 号主梁处截面的剪力 Q_1,荷载等级为公路—Ⅱ级。

解:

(1)确定作用在中横隔梁上的计算荷载

对于跨中横隔梁的最不利荷载布置如图 3-2-25 所示。

135

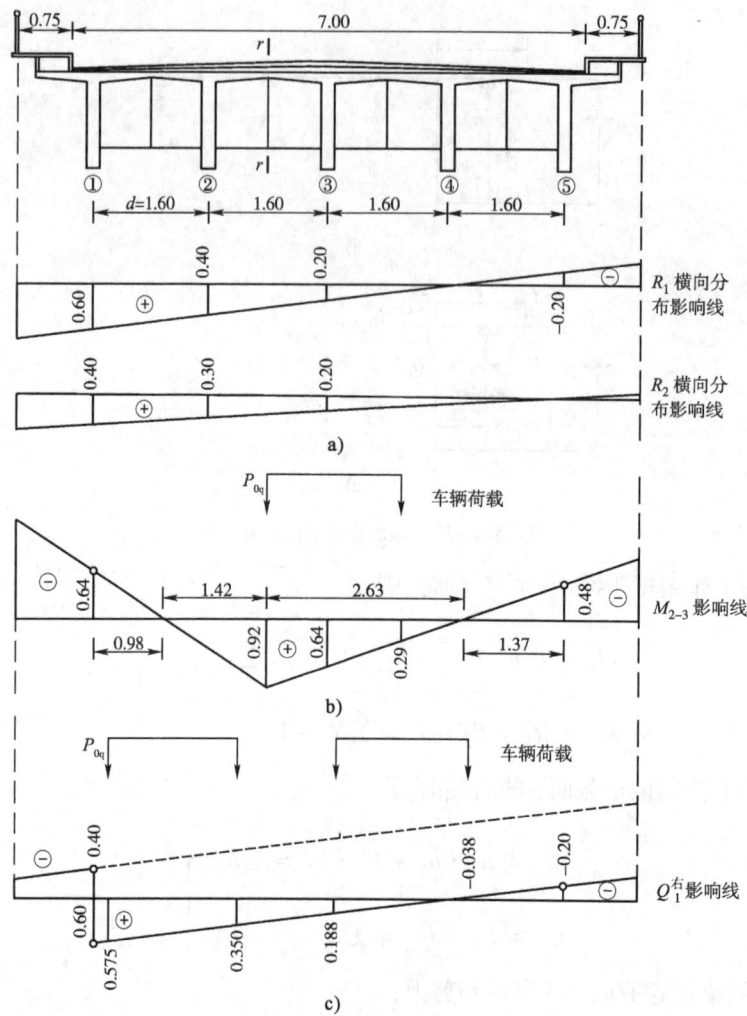

图 3-2-25　中横隔梁内力计算图

纵向一列车轮对于中横隔梁的计算荷载为

①计算弯矩

$$P_{oq} = \frac{1}{2}(q_k\Omega + P_k\gamma) = \frac{1}{2}(7.875 \times \frac{1}{2} \times 4.85 \times 2 \times 1.0 + 178.5 \times 1.0)$$

$$= 108.35(\text{kN})$$

②计算剪力

$$P_{oq} = 1.2 \times 108.35 = 130.02(\text{kN})$$

(2)绘制中横隔梁的内力影响线

按例 2-3-4 的偏心压力法可算得 1、2 号梁的荷载横向分布影响线竖坐标值[图 3-2-25a)]，则 M 的影响线竖坐标值可计算如下：

①当荷载 $P = 1$ 作用在 1 号梁轴上时($\eta_{11} = 0.60, \eta_{15} = -0.20$)：

$$\eta_{rl}^M = \eta_{11} \times 1.5d + \eta_{21} \times 0.5d - 1 \times 1.5d$$

$$= 0.6 \times 1.5 \times 1.6 + 0.4 \times 0.5 \times 1.6 - 1.5 \times 1.6 = -0.64$$

②当荷载 $P = 1$ 作用在 5 号的梁轴上时：

$$\eta_{r5}^M = \eta_{15} \times 1.5d + \eta_{25} \times 0.5d$$

$$= (-0.20) \times 1.5 \times 1.6 + 0 \times 0.5 \times 1.6 = -0.48$$

③当荷载 $P = 1$ 作用在 2 号梁轴上时：

$$\eta_{r2}^M = \eta_{12} \times 1.5d + \eta_{22} \times 0.5d - 1 \times 0.5d$$

$$= 0.40 \times 1.5 \times 1.6 + 0.30 \times 0.5 \times 1.6 - 0.5 \times 1.6 = 0.40$$

由于学影响的知识可知，M_r 影响线必在 $r-r$ 截面处有突变，根据 η_{r5}^M 和 η_{r3}^M 连线延伸至 $r-r$ 截面，即为 η_{rr}^m 值（0.92），由此可以绘出 M_r 影响线，如图 3-2-25b）所示。

（3）绘制剪力影响线

对于 1 号主梁截面的影响线可计算如下：

①当荷载 $P=1$ 作用在计算截面以右时：

$$Q_1^{右} = R_1 \qquad 即 \qquad \eta_{1i}^{右} = \eta_{1i}$$

②当荷载 $P=1$ 作用在计算截面以左时：

$$Q_1^{右} = R_1 - 1 \qquad 即 \qquad \eta_{1i}^{右} = \eta_{1i} - 1$$

绘出 $Q_1^{右}$ 影响线如图 3-2-25c）所示。

（4）截面内力计算

将求得的计算荷载 P_{oq} 在相应的影响线上按最不利荷载位置加载，对于汽车何在并计入冲击影响力 $(1+\mu)$，则得到表 3-2-9 所示结果。

表 3-2-9

公路—Ⅱ级	弯矩 M_{2-3}	$M_{2-3} = (1+\mu) \cdot \xi \cdot P_{oq} \cdot \Sigma_\eta = 1.296 \times 1 \times 108.35 \times (0.92 + 0.29) = 169.9(\text{kN} \cdot \text{m})$
	剪力 $Q_1^{右}$	$Q_1^{右} = (1+\mu) \cdot \xi \cdot P_{oq} \cdot \Sigma_\eta = 1.296 \times 1 \times 130.2 \times (0.575 + 0.350 + 0.188 - 0.038) = 181.14(\text{kN} \cdot \text{m})$

（5）内力组合

鉴于横隔梁的结构自重内力甚小，计算中可略去不计。

①承载能力极限状态内力组合

基本组合

$$M_{max,r} = 0 + 1.4 \times 169.91 = 237.9(\text{kN} \cdot \text{m})$$

$$Q_{max,1}^{右} = 0 + 1.4 \times 181.14 = 253.6(\text{kN})$$

②正常使用极限状态内力组合

短期效应组合

$$M_{max,r} = 0 + 0.7 \times 169.91 \div 1.296 = 91.8(\text{kN} \cdot \text{m})$$

$$Q_{max,1}^{右} = 0 + 0.7 \times 181.14 \div 1.296 = 97.8(\text{kN})$$

参考文献

[1] 中华人民共和国交通运输部.公路工程技术标准:JTG B01—2014[S].北京:人民交通出版社股份有限公司,2015.

[2] 中华人民共和国交通运输部.公路桥涵设计通用规范:JTG D60—2015[S].北京:人民交通出版社股份有限公司,2015.

[3] 中华人民共和国交通运输部.公路钢筋混凝土及预应力混凝土桥涵设计规范:JTG 3362—2018[S].北京:人民交通出版社股份有限公司,2018.

[4] 中华人民共和国交通运输部.公路桥涵地基与基础设计规范:JTG 3363—2019[S].北京:人民交通出版社股份有限公司,2020.

[5] 中华人民共和国交通运输部.公路圬工桥涵设计规范:JTG D61—2005[S].北京:人民交通出版社,2005.

[6] 中华人民共和国交通运输部.公路桥涵施工技术规范:JTG/T 3650—2020[S].北京:人民交通出版社股份有限公司,2020.

[7] 中华人民共和国交通运输部.公路工程水文勘测设计规范:JTG C30—2015[S].北京:人民交通出版社股份有限公司,2015.

[8] 邵旭东.桥梁工程[M].5版.北京:人民交通出版股份有限公司,2019.

[9] 李亚东.桥梁工程概论[M].3版.成都:西南交通大学出版社,2014.

桥梁构造（案例）

人民交通出版社股份有限公司

北京

目录
CONTENTS

2

设 计 说 明

1. 设计依据

1.1 《××梅子溪中桥工程地质勘察报告》（施工图设计）——××设计研究院2009年9月.

2. 设计标准

2.1 荷载等级：公路—Ⅱ级
人群荷载：3.0kN/m²；
2.2 桥面宽度：8.5m净9.0m（行车道）+2×1.25m（人行道）；
2.3 设计车速：四级，设计行车速度：20km/h；
2.4 地震动参数：地震动峰值加速度小于0.05g，地震动反应谱特征周期0.35s；
2.5 地震烈度：小于Ⅵ度；
2.6 设计基准期：100年；
2.7 设计安全等级：二级；
2.8 设计水位：250.00m；
2.9 通航标准：不通航.

3. 设计规范

3.1 《公路工程技术标准》（JTG B01—2003）；
3.2 《公路桥涵设计通用规范》（JTG D60—2004）；
3.3 《公路与桥设计规范》（JTG D61—2005）；
3.4 《公路钢筋混凝土及预应力混凝土桥涵设计规范》（JTG D62—2004）；
3.5 《公路桥涵地基与基础设计规范》（JTG D63—2007）；
3.6 《公路桥涵施工技术规范》（JTJ 041—2000）；
3.7 《公路工程地基水泥试验规程》（JTJ 064—98）；
3.8 《公路工程水泥混凝土试验规程》（JTG 30—2002）；
3.9 《公路桥梁板式橡胶支座系列》（JT/T 663—2006）；
3.10 《公路桥梁伸缩装置》（JT/T 327—2004）；
3.11 《工程建设标准强制性条文》（公路工程部分）（建标〔2002〕99号）；
3.12 《公路工程基本建设项目设计文件编制办法》（交公路发〔2007〕358号）；

4. 主要材料

4.1 混凝土
T梁及T梁间现浇板采用C50混凝土；
桥面铺装及支座垫石等采用C40混凝土（其中桥面铺装采用防水混凝土）；
桥墩盖梁、桥台胸墙、台帽、耳墙、桥台背墙采用C30混凝土；
预应力混凝土最大水胶比宜为0.06%，最大碱含量为3.0kg/m³，最小水泥用量350kg/m³，抗冻等级
F200；其他混凝土构件中的最大氯离子含量宜为0.3，最大碱含量为3.0kg/m³，最小水泥用量275kg/m³，抗冻等级
F200.

4.2 普通钢筋
普通钢筋必须符合《钢筋混凝土用热轧带肋钢筋》（GB 1499—1998）和《钢筋混凝土用热轧光圆钢筋》（GB 13013-1991）标准的规定.
其中：
HRB335钢筋抗拉标准强度 f_{sk}=335MPa；
R235钢筋抗拉标准强度 f_{sk}=235MPa.

4.3 预应力钢筋及锚具
预应力钢筋技术标准必须符合国际《预应力筋用锚具、夹具和连接器》（GB/T 14370—2000），
到工地的产品均须油样检测，格验标准应符合国际及国际预应力协会《后张法预应力体系验收和应用建议》（FIP-1993）要求。钢绞线Φ15.2*标准强度 f_{pk}=1860MPa，公称直径15.2mm，弹性模量1.95×10⁵MPa，技术标准必须符合《预应力混凝土用钢绞线》（GB 5224—2003）。

4.4 钢材
均采用Q235钢，技术标准必须符合《碳素结构钢技术条件》（GB/T 700—1988）及《低合金钢》（GB/T 5117—1995）及《普通碳素结构钢》（GB/T 5118—1995），选用时钢板材料拉合符合《碳素钢》（GB/T 5117—1995）的要求，并用与钢材质量和强度相匹配，达到与母材等强度的要求。

4.5 支座
采用普通板式橡胶支座，其技术条件应符合中华人民共和国交通部颁标准《公路梁板式橡胶支座》（JT/T 663—2006）的规定。

4.6 伸缩缝
均采用D80型伸缩缝，其技术标准应符合《公路桥梁伸缩缝装置》（JT/T 327—2004）。

4.7 其他
本桥所有材料质量应符合有关规定并符合合格应的国家标准，本桥所有材料及标准产品均由应采用通过国家级或部级鉴定的产品，并应按国家部标准要求进行油样检验。

5. 设计要点

5.1 总体布置
上部采用3×30m（预应力混凝土T梁）桥，桥梁全长92.08m，桥址位于直线段内。
5.2 上部结构设计
采用30m预应力混凝土T梁，先简支后桥连续，T梁高2.0m，横梁间由片过梁及2片T梁组成，梁肋间距2.15m，中梁翼缘宽度1.775m，横桥向采用0.65m宽现浇湿接缝（含横隔板）连接：T梁结构设计。
5.3 下部结构设计
0号及3号桥台采用柱式桥台，2D1.2m轮孔基础，2D1.5m柱式桥台，桩基础，1号～2号桥采用柱式桥墩结构，2D1.8m钻孔桩基础，且其单钢锁和抗压强度标准值 f_x 大于12MPa。

6. 施工要点

施工中严格遵循《公路桥涵施工技术规范》（JTJ 041—2000）和《公路工程质量检验评定标准》（JTJ 041—2000）从严控制。其清参考《公路桥手册》（桥涵2002年3月版）从严控制。桥梁、桩应适应设计图各部分尺寸，以免发生误差。

6.1 材料
① 混凝土：上部T梁混凝土为C50，施工时应仔细研究确定施工工艺和选用的材料，进行商理强混凝土最佳配合比设计与试验，制定质量控制和检测方法，并从严控制。
② 钢材：普通钢筋及预应力钢筋必须按设计技术标准和型号进行采购，并按有关质量检验标准进行严格检验，遵照混凝土技术规范及有关规定进行施工。
6.2.1 桩基
① 采用钻孔灌注桩基础施工时的注意事项：

6.2 下部结构施工
6.2.1 桩基
① 钻孔桩：采用反循环钻时，并护筒内径比桩径大20～30cm，其他钻孔大于20～40cm，其护筒内径比桩径大20～30cm，其他钻机大于30～40cm.

② 钻孔：钻机与桩中心平面偏差应不大于20mm，钻进时应有详细记录，成孔后桩中心轴线偏位应不大于40mm，倾斜度应不大于1/150。钻孔时应随时记录地质情况，并检查是否与《工程地质详细勘察报告》相符，若有出入，不得随意更改桩底设计高程，请及时与监理和设计单位联系，以便修正桩底高程；对于部分溶岩发育桩位，必要时应进行桩底探溶检测。

③ 清孔：孔内沉淀层厚度不大于5cm。

④ 取桩底岩芯试验，单轴饱和抗压强度标准值f_{rk}大于12MPa。

⑤ 灌注水下混凝土：首批灌注的混凝土的初凝时间应符合规范要求，灌注高程应比设计桩顶高程高出80cm，并在浇筑墩柱时予以凿除。

6.2.2 其他要求：

① 所有钢筋均需采用焊接，焊缝长度单面焊$10d$，双面焊$5d$；同一截面钢筋接头不应超过50%。

② 所有桩基须埋设3ϕ57mm或4ϕ57mm镀锌钢管（三角形布置）作为检测管，成桩后进行质量检

③ 桩基完成后应进行100%超声波检测和动测，对可疑桩进行抽芯检查。

测。

④ 所有施工接缝处均应按规范进行凿毛，以便新老混凝土结合良好，桩、横系梁连接处要加强混凝土浇筑时的振捣，确保混凝土质量。

⑤ 每一道施工工序，均应注意预埋下一道工序（特别注意市政管线及照明）所需的预埋件。

⑥ 墩柱均可采用提升滑模或其他方式施工。

⑦ 桥台填土要求用砂砾石土或碎石土自台前向台后分层夯实，应严格控制填筑速率。在填筑的同时，应对桥台进行竖向及水平向位移观测。

⑧ 施工中应根据实际开挖情况通过设计可对基底高程进行调整。

6.3 上部结构施工

6.3.1 一般要求

① 应通读所有设计文件，对有关设计高程必须与对应的几何尺寸及桥头接线平纵设计参数作进一步校核。

② 应注意结构整体施工，部分相关图纸需同时使用，有关预埋件及预留孔不得遗漏。

③ 在设伸缩缝处，为保证成桥后桥面伸缩缝良好的使用状况，注意板、梁施工时保证梁体间距及梁体与桥台背墙间距，并确保缝内无杂物。

④ 为使桥面铺装与主梁顶板紧密地结合为整体，顶面必须拉毛，且用水冲洗干净后方可浇桥面混凝土。

6.3.2 预应力混凝土T梁

6.3.2.1 主梁预制

① 浇筑主梁混凝土前应严格检查伸缩缝、护栏、泄水管、支座等附属设施的预埋件是否齐全，确定无误后方能浇筑。施工时，应保证预应力管道及钢筋位置准确。梁端2m范围内及锚下混凝土局部应力大、钢筋密，特别是锚下混凝土，应充分振捣密实，严格控制其质量。

② 为了防止预制梁上拱过大，预制梁与桥面现浇层由于龄期差别而产生过大收缩差，存梁期不超过90d，若累计上拱值超过计算值10mm，应采取控制措施。预制梁应设置向下的二次抛物线反拱（包括梁顶）。预制T梁在钢束张拉完成后、各存梁期跨中上拱度计算值及二期恒载所产生的下挠值如下表所示，施工单位可根据工地的具体情况（如存梁期、混凝土配合比、材料特性及地区气候等）以及经验设置反拱。反拱值的设计原则是使梁体在二期恒载施加前上拱度不超过20mm，桥梁施工完成后桥梁不出现下挠。施工设置反拱时，预应力管道也同时起拱。

预加力引起的上拱度及二期恒载产生的下挠值表

位置	钢束张拉完上拱度(mm)	存梁30d上拱度(mm)	存梁60d上拱度(mm)	存梁90d上拱度(mm)	二期恒载产生的下挠值(mm)
边梁跨中	34.7	45.9	49.7	51.8	-9.8
中梁跨中	34.7	45.8	49.5	51.6	-11.1

（表中正值表示位移向上；负值表示位移向下）

为防止同跨及相邻跨预制梁间高差过大，同一跨桥不同位置的预制梁的存梁时间应基本一致，相邻跨预制梁的存梁时间亦应相近。

③ 主梁预制时，除注意按本册设计图纸预埋钢筋和预埋件外，桥面系、伸缩缝、护栏及其他相关附属构造，均应参照有关图纸施工，护栏预埋钢筋必须预埋在预制梁内。

6.3.2.2 预应力工艺

① 预应力管道的位置必须严格按坐标定位并用定位钢筋固定，定位钢筋与T梁腹板箍筋点焊连接，严防错位和管道下垂，如果管道与钢筋发生碰撞，应保证管道位置不变而只是适当挪动钢筋位置。浇筑前应检查波纹管是否密封，防止浇筑混凝土时阻塞管道。

② 预制T梁预应力钢束必须待混凝土立方体强度达到混凝土设计强度等级的90%后，且混凝土龄期不小于7d，方可张拉。预制梁钢束采用两端同时张拉，锚下控制应力为0.75 f_{pk} =1395MPa。

③ 施加预应力应采用张拉力与引伸量双控。当预应力钢束张拉达到设计张拉力时，实际引伸量值与理论引伸量值的误差应控制在6%以内。实际引伸量值应扣除钢束的非弹性变形影响。

④ 主梁预应力钢束张拉必须采取措施以防梁体发生侧弯，建议张拉顺序为：100%N1→50%N2→100%N3→100%N2。

⑤ 管道压浆采用C50水泥浆，要求压浆饱满。

6.3.2.3 主梁安装

① 桥面连续一联上部结构施工顺序：主梁预制→架梁→浇筑横隔板→翼缘板湿接缝→浇筑桥面铺装→附属设施→成桥。

② 预制梁采用设吊孔穿束兜梁底的吊装方法（图中未示吊绳穿孔）。预制梁运输、起吊过程中，应注意保持梁体的横向稳定。架设后应采取有效措施加强横向临时支撑，并及时焊接翼缘板、横隔板接缝钢筋等，以增加梁体的稳定性和整体性。

③ 桥梁架设若采用架桥机吊装。只有主梁间横隔板的连接和翼板湿接缝混凝土浇筑后，且达到混凝土强度设计等级的85%并采取压力扩散措施后，方可在其上运梁。架桥机在桥上行驶时必须使架桥机重量落在梁肋上，施工单位应按所采用的架桥机型号对主梁进行施工荷载验算，验算通过后方可施工。

6.3.2.4 其他

① 横隔板钢筋骨架的位置，施工时应准确放样，以期给搭接钢筋的顺利焊接及绑扎创造条件。

② 预制梁顶、预制梁端面与横隔板端面应进行严格的凿毛处理，最好在浇筑T梁后及时进行。

③ 浇筑桥面铺装混凝土前应将梁顶浮浆、油污清除干净，以保证新、老混凝土良好结合，注意预埋泄水管及交通工程的通讯管线预埋件。

7. 其他

① 根据《×× 梅子溪中桥工程地质勘察报告》（施工图设计），场区附近河水、梅子溪溪沟水均有微矿化水型弱腐蚀，故桩基均采用C30混凝土。

② 根据《×× 梅子溪中桥工程地质勘察报告》（施工图设计），址区溪沟两侧高程250m以下地形较陡，坡表岩体卸荷松动变形，天然状态下基本稳定，托口水库蓄水后，稳定条件将恶化，危及桥梁安全，故在蓄水位线上桥台前设置浸水挡土墙，防止边坡不稳定造成桥台台帽露出地面。护岸挡土墙严格按国标图标04J008设置ϕ100mm PVC排水孔和反滤层。

③ 施工完毕后，由建设单位主持对全桥进行成桥动、静载试验后，方能通车。

8. 本说明未及部分应遵照交通部《公路桥涵施工技术规范》(JTJ 041—2000)❺的有关规定。

注：❶～⓱为设计时依据的规范，目前均已作废，现行规范号可查工标网http://www.csres.com

××设计研究院	梅子溪中桥		施工图设计	设计说明	批 准		审 查		设 计		比 例	
	发证单位	建设部	设计证号	A×××	核 定		校 核		日 期	2009-10	图 号	S3-0

全桥工程数量表

材料 / 项目	单位	T梁	桥面连续	人行道板	人行道栏杆	缘石及栏杆座	桥面铺装	逶石	桥面排水	栏板	支座及伸缩缝	台帽及搭板	背墙	桩基(台)	盖梁及搭拱	墩柱	系梁	桩基(墩)	搭接	总计
		上部结构		**附属结构**								**桥台**			**桥墩(下部结构)**				**其他**	
混凝土 C30	m³			12.10	13.00	63.80								126.60	44.40			193.40		453.30
混凝土 C40	m³	368.64																		368.6
混凝土 C50	m³																			
C50钢纤维混凝土	m³										1.10									1.1
C40防水混凝土	m³						92.80													92.8
M7.5砂浆砌MU30片石	m³																		210.00	210.0
4%水泥稳定碎石	m³							1.80												1.8
钢筋 R235 Φ6	kg		792.6																	
钢筋 R235 Φ8	kg		280.7	433.6	269.70															
钢筋 R235 Φ10	kg				466.1															
钢筋 R235 Φ20	kg																			
小计	kg		280.7	433.6	735.8									83.8				67.0		1692.3
钢筋 HRB335 Φ8	kg								50.4											50.4
钢筋 HRB335 Φ12	kg																	115.0		115.0
钢筋 HRB335 Φ14	kg																	139.0		
钢筋 HRB335 Φ16	kg																			
钢筋 HRB335 Φ20	kg																	232.4		
钢筋 HRB335 Φ22	kg																			
钢筋 HRB335 Φ25	kg													1483.2						
钢筋 HRB335 Φ28	kg																	1861.1		
小计	kg	11438.8	775.8	1444.6	2613.4	10880.3		702.8						9127.0				17642.4		
小计	kg	11438.8	775.8	1444.6	2613.4	10880.3		702.8	50.4					9210.8				17709.4		
Φ*15.2mm钢绞线	kg	10956.0																		10956.0
Φ87mm波纹管	m	1061.5																		1061.5
M15-9锚具	套	72																		72
钢管	kg													712.6				753.6		1466.2
空心方钢	kg		1365.9		1236.7															2602.6
钢板	kg				2774.5															2774.5
不锈钢	kg				64.1															64.1
GJZ400×350×84	dm³/个										188/16									188/16
GJ*400×350×86	dm³/个										96.3/8									96.3/8
泄水管、箅盖	kg								612.0											612.0
透水钢管	kg								54.0											54.0
D80型毛勒伸缩缝	m										12.9									12.9
挖方 土方	m³											68.0							221.0	289.0
软石	m³											45							67.0	112.0
填方	m³											60								60.0

××设计研究院	梅子溪中桥	施工图设计	全桥工程数量表	批准
发证单位	建设部	设计证号 A×××		审查
				校核
				设计
设计日期 2009-10	比例	图号 S3-1		

桥梁起点桩号
K4+000.00

芙蓉溪 →

3×30m预应力混凝土(后张)T梁
中心桩号：K4+046.04

水流方向 ←

桥梁终点桩号
K4+092.08

托口大坝 →

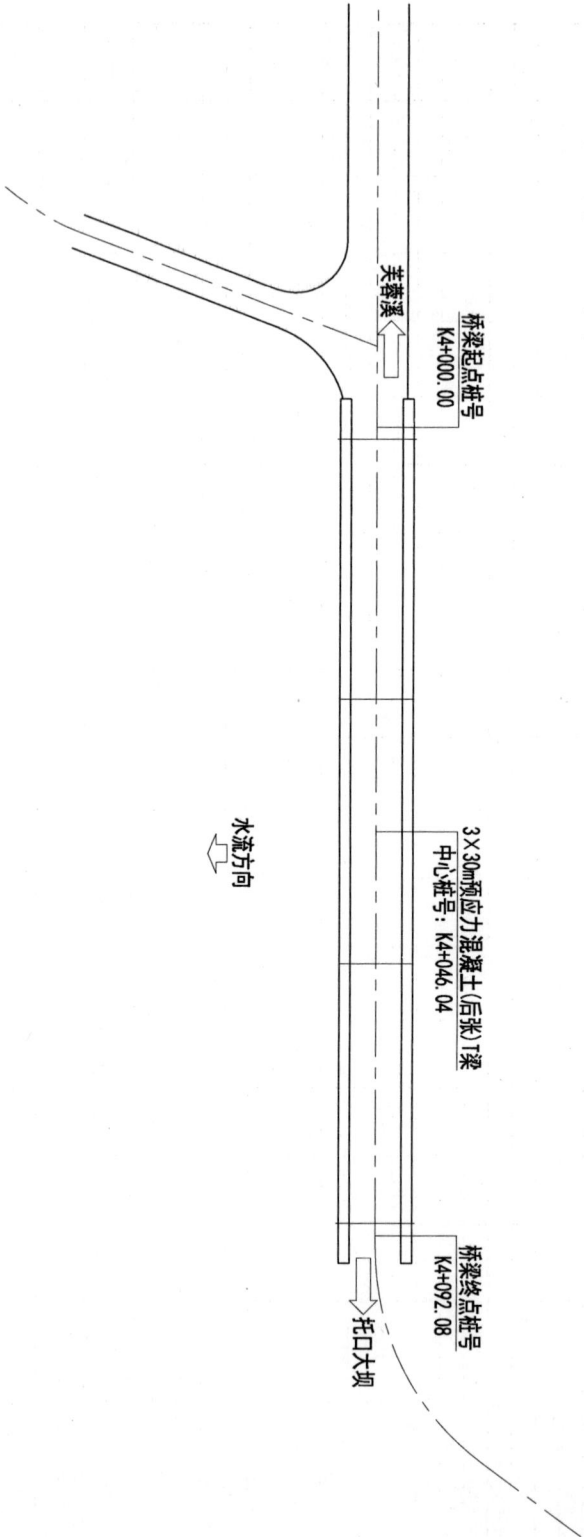

注：
1. 本图尺寸单位除里程、高程以m计外，其余均以cm计。
2. 假设桥梁底起始桩号为K4+000。

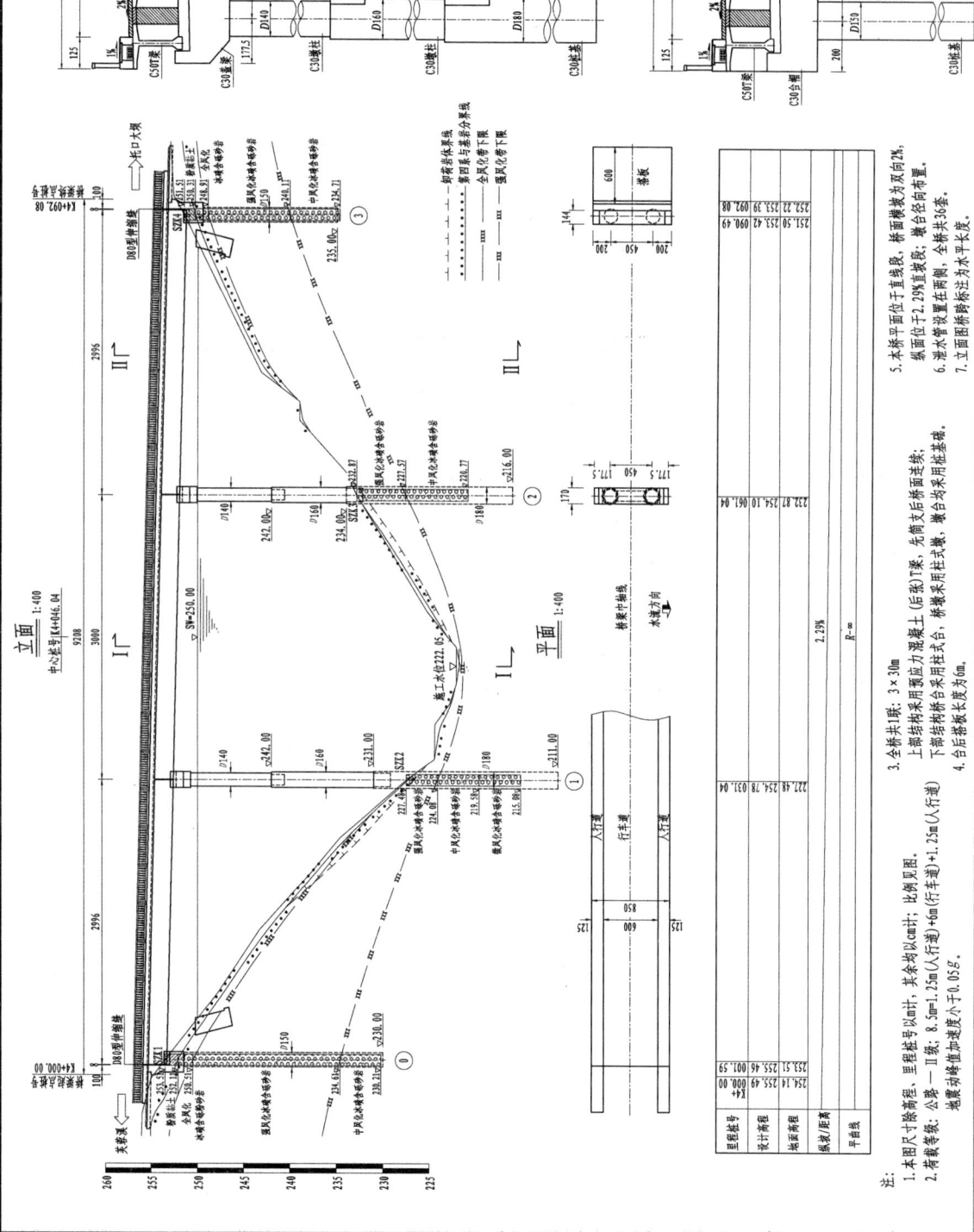

桥型总体布置图

桩位平面布置示意图

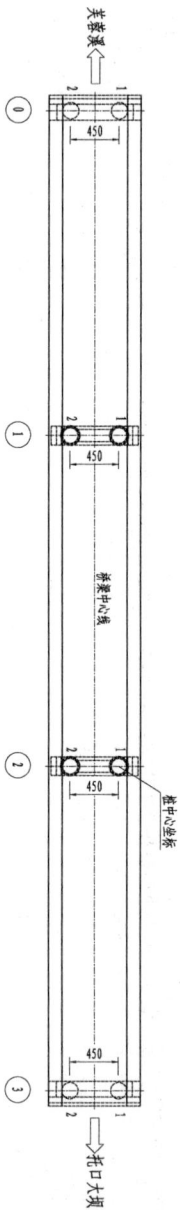

桩位坐标表

墩台号	桩编号	X坐标	Y坐标
0	1	3004980.010	364496.070
	2	3004976.740	364499.160
1	1	3005000.260	364517.450
	2	3004996.990	364520.550
2	1	3005020.880	364539.240
	2	3005017.620	364542.330
3	1	3005041.140	364560.620
	2	3005037.870	364563.710

注:
1. 本图尺寸除坐标以m计, 其余均以cm计。
2. 本桥平面位于直线段, 采用4×30m预应力混凝土(后张)T梁, 桥台纵向布置。
3. 桩基础的特征点为桩基的中心位置。

6

××设计研究院

发证单位	建设部		梅子溪中桥		桩位坐标图	
发证证号	设计证号	Axxx	施工图设计			

| 批准 | | 审查 | | 设计 | | 比例 | 1:400 |
| 核定 | | 校核 | | 日期 | 2009-10 | 图号 | S3-4 |

侧面 1:80

M7.5浆砌MU30片石挡墙

▽246.60

支座中心线
Y4+090.39
(X4+090.49)

C30台帽

C30桩基

挡土墙断面 1:60

PVC排水孔φ100mm
按国标图集04J008

1:0.25

1:0.2

立面 1:80

M7.5浆砌MU30片石挡墙

252.93 (250.89)
255.24 (253.18)
255.33 (253.26)
253.19 (251.15)
253.01 (250.97)
253.19 (251.15)
253.14 (251.10)
255.24 (253.18)
252.93 (250.89)

230.00 (235.00)

平面 1:80

桥梁中心线

60cm×60cm C40支座垫石

全桥桥台材料数量表

项目	台帽	垫石	台身	盖梁	桥板	桩基	挡墙
材料	C30	C40	C30	C30	C30	C30	M7.5砂浆砌MU30片石挡墙
数量	58.5	0.6	31.0		34.7	126.6	21.0

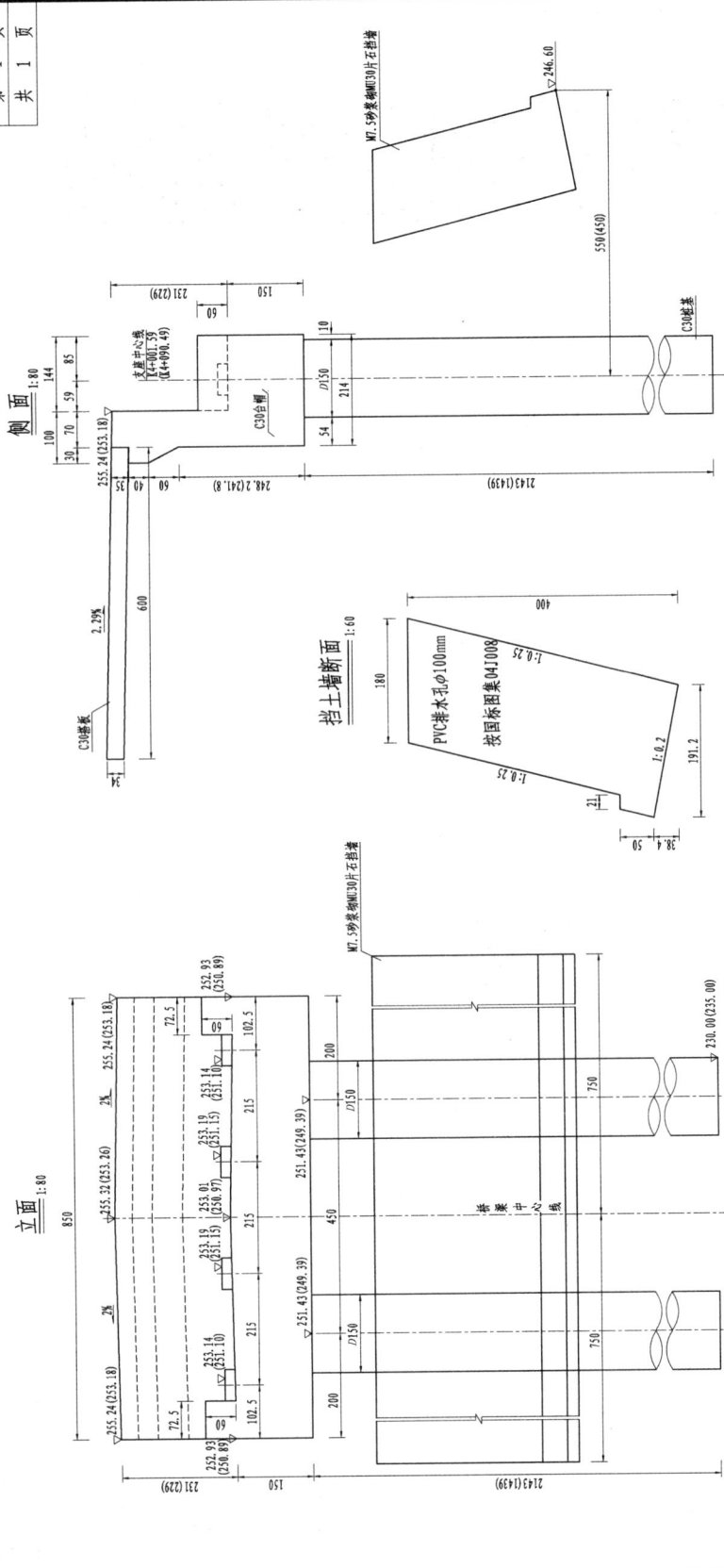

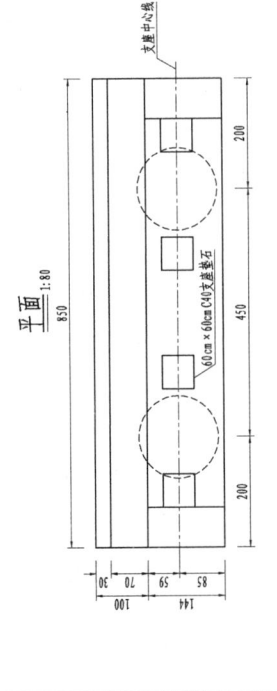

注:
1. 本图尺寸除高程以m计, 其余均以cm计, 比例见图.
2. 本图适用于0号, 3号桥台.
3. 0号, 3号桥台采用GJZF350×400×86型四氟滑板橡胶支座, 共计8块.
4. 括号内数据适用于0号桥台; 括号内数据适用于3号桥台.
5. 桩基要求嵌入中风化砂岩岩层不小于4.5m; 嵌基施工时若发现地质情况与所采用地质描述不符, 应及时与建设单位、监理单位及设计院沟通酌情与以所调整.
6. 桩基地质须嵌入全风化岩的有效深度不小于1.0m.
7. 待桥台挡墙修筑完毕达到强度后方可进行桥台桩基施工.
8. 挡土墙板国标图集04J008设置排水孔和反滤层.

比例	1:80
图号	S3-5

设计
日期 2009-10

审查
校核

批准
校定

梅子溪中桥　桥台一般构造图

施工图设计
建设单位　设计证号 A×××

发证单位

××设计研究院

7

桥台桩基钢筋构造图

单根桩基材料数量明细表

桥台编号	编号	直径(mm)	单根长度(cm)	根数	井长(m)	总重(kg)
0号桥台	1	Φ25	2252.9	28	630.81	2428.6
	2	Φ25	419	10	41.90	161.3
	2'	Φ25	112	30	33.60	129.4
	3	Φ10	63717	1	637.17	393.1
	4	Φ10	43205	1	432.05	266.6
	5	Φ10	2410.6	1	24.11	14.9
	6	Φ20	53	20	10.60	26.2
4号桥台	1	Φ25	1548.9	28	433.69	1669.7
	2	Φ25	419	6	25.14	96.8
	2'	Φ25	112	18	20.16	77.6
	3	Φ10	43205	1	432.05	266.6
	4	Φ10	4224	1	42.24	26.1
	5	Φ10	2410.6	1	24.11	14.9
	6	Φ20	53	12	6.36	15.7

全桥合计: Φ25: 9127kg Φ20: 83.8kg Φ10: 1483.2kg

C30混凝土: 126.6m³

D50×2.5mm热轧无缝钢管: 712.6kg

桩基钢筋参数表

桥台桩基编号	L(cm)	a(cm)	L_n(cm)	n	m
0号桥台	2143	18	63717	128	10
3号桥台	1439	19	43205	81	6

注:
1. 图中尺寸除钢筋直径以mm计，余均以cm为单位。
2. 图中钢筋搭接头采用双面焊，搭接焊长度不小于5d。
3. 桩基加强箍N2，N2'设在主筋内侧检测管外侧。
4. 定位钢筋N6设在主筋及周圈。
5. 伸入承台内钢筋弯折长度见本图。
6. 每根桩内等距离设置三根D50×2.5mm热轧无缝钢管。
7. 灌注混凝土时，混凝土应高出桩顶100cm。
8. 本图适用于0号、3号桥台桩基。

| 发证单位 | 建设部 | | 审定 | | 设计 | | 2009-10 | 比例 | 1:50 |
| 设计证号 | A×××× | | 批准 | | 校核 | | 日期 | 图号 | S3-6 |

梅子溪中桥

施工图设计

审查   校核

I-I

第 1 页 共 1 页

防裂钢筋布置大样 1:20

①层
顶层

10×10暗缝网

防裂钢筋网布置大样

Φ12 寿450.9①
Φ12 寿508.1①
16
143.5-152

Φ12 寿549.3①
16
143.5-152
90.3
110.9

Φ12 寿481.3①
16
143.5-152
76.9

一个台帽材料数量表

编号	直径(mm)	单根长度(cm)	根数	共长(m)	共重(kg)	总重(kg)
1	Φ28	934.0				
2	Φ28	1118.2				
3	Φ28	420.8				
4	Φ28	411.0				
5	Φ12	844.0				
6	Φ12	242.0				
7	Φ12	481.3				
8	Φ12	549.3				
9	Φ12	508.1				
10	Φ12	450.9				
11	Φ10	300.0	44	132.00	81.44	122.2
11'	Φ10	300.0	22	66.00	40.72	
12	Φ6	210.0	90	189.00	41.96	42.0

C30混凝土 (m³)

注：

1. 图中尺寸除钢筋直径以mm计，余均以cm为单位。
2. 台帽箍筋与桩基、台帽钢筋发生干扰时，可适当调动其中一种。
3. 钢筋每根合帽为6片，防震挡块及背墙钢筋发生干扰不得小于14cm。
4. 背墙焊缝在两根钢筋搭接重叠段应增加，某焊缝长度不得小于100cm，双面焊缝长度为2.5d。

5. 底层防裂钢筋网对称于台帽中心线布置，顶层防裂钢筋网对称于台帽柱中心线布置，应注意桩基、防裂钢筋网繁箍筋搭接布置，N12布置在外侧。
6. 台帽挺直时，应注意桩基、背墙及防震挡块等预埋钢筋。
7. 塞锚末端做成135°弯钩，紧邻末端尺寸已计入零钩长。
8. 本图适用于0号、3号桥台。

比例 1:40
图号 S3-7

设计
日期 2009-10
审查
校核
批准
核定

×× 设计研究院
发证单位　梅子溪中桥　建设部
设计证号　A××××
施工图设计　A××××

I-I

顶层防震挡网30×10
850/2
30×10
5 3×15
底层防震挡网30×10
450/2
200
5 3×15
5×15
II IV

II-II

850/2
30×10
5 3×15
5×11.6
10×14.3
5×15
214
150
I III

III-III

背墙垫座
5.5 10×14.3 5.5
154
6.5 10×14.3 6.5
214
6.5 5×11.6 6.5
175
N7 N8 N9 N10

IV-IV

背墙垫座
5.5 10×14.3 5.5
154
6.5 10×14.3 6.5
214
6.5 5×11.6 6.5
175
N7 N8 N9 N10

骨架大样A

墙座中心线
139.3
133.2
195
133.2
N1 N2

Φ28 844①
30.5
Φ12 242②
91
16
210
30.5

桥合台帽钢筋构造图

页 9

背墙立面

平面

I-I

N1 N2 N3 N4 N5 N6

383.2(376.8)

150 | 18.2(11.8) | 101×15 | 19 | 2×17 | 6

659 56×15

30 | 70 | 144 | 5.15 | 6×10 | 5 | 5 | 56×15 | 5

373.2(366.8)

844 ①
844 ⑤
Φ20 ①
Φ12 ⑤

Φ20 ④
70 80 10

Φ16 ②
892

Φ16 ③
261.6

Φ12 ⑥
67.2 87.2

64 12 64

单个桥台背墙材料数量表

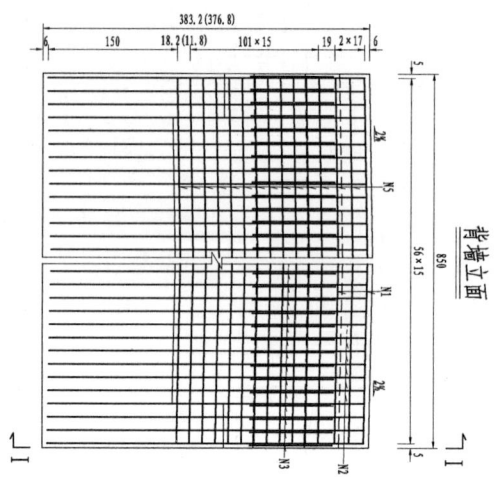

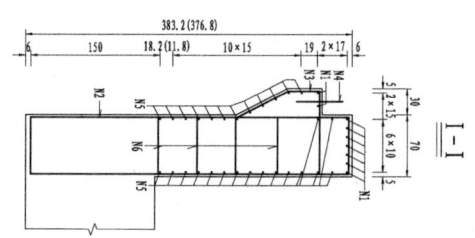

编号	钢筋类型	单根长(cm)	根数	总长(m)	单位重(kg/m)	总重(kg)
1	Φ20	844			2.470	
2	Φ16	892			1.580	
3	Φ16	261.6			1.580	
4	Φ20	80			2.470	
5	Φ12	844			0.888	
6	Φ12	87.2			0.888	
C30混凝土(m³)						

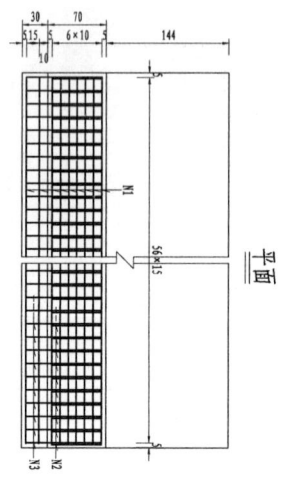

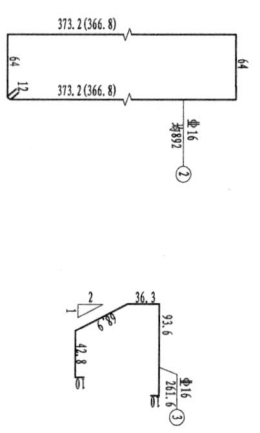

全桥背墙工程数量表

钢筋类型	总长(m)	单位重(kg/m)	总重(kg)	数量(根)
Φ20		2.470		
Φ20		2.470		
Φ16		1.580		
Φ16		1.580		
Φ12		0.888		
Φ12		0.888		
C30混凝土(m³)				

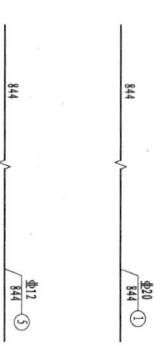

注：
1. 图中尺寸除钢筋直径以mm计，余均以cm为单位。
2. 4号插筋在锚固范围内横桥向行车道部分按50cm间距插入人行道一半泵。
3. 6号背墙钢筋沿纵桥向按60cm间距减置。
4. 括号外数据适用于1号桥台；括号内数据适用于3号桥台。

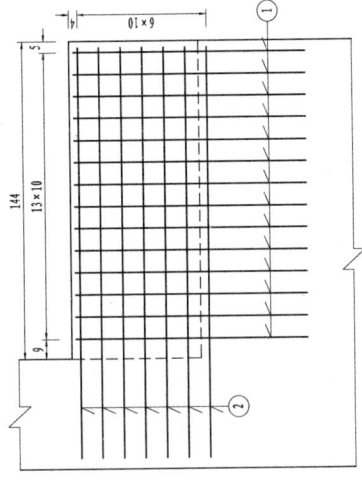
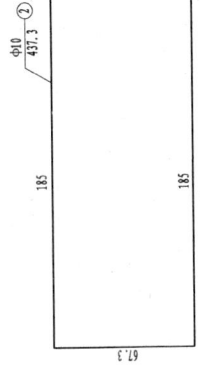
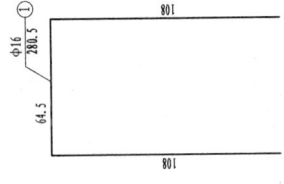
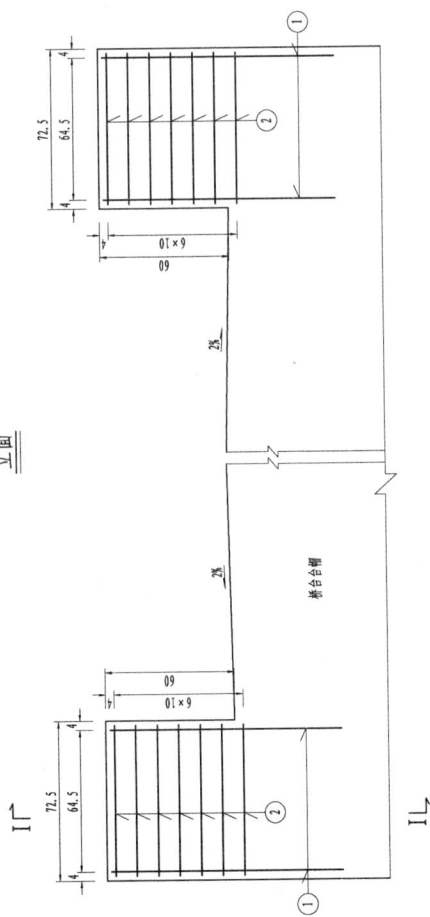
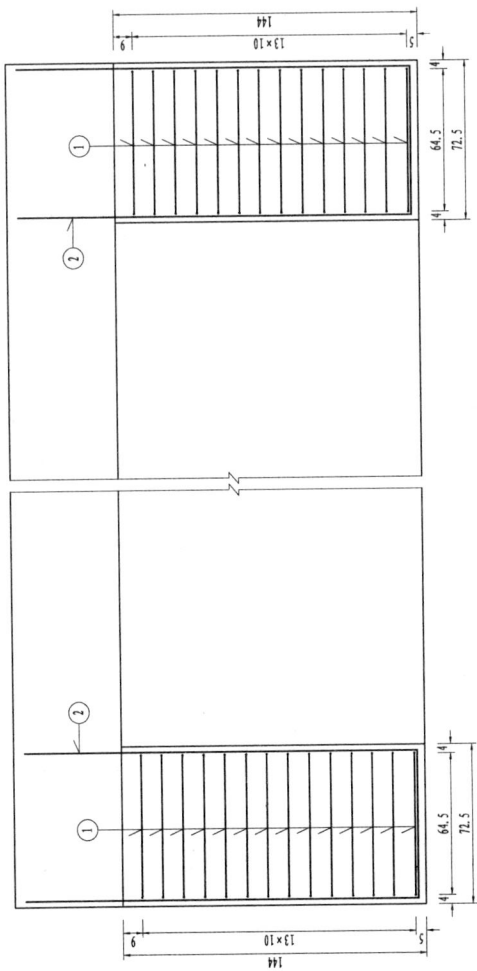

I—I

立面

平面

桥台台帽

桥台挡块材料数量表

编号	直径(mm)	单根长度(cm)	根数	共长(m)	共重(kg)	全桥合计数量	全桥合计(kg)
1	Φ16	280.5					
2	Φ10	437.3					
C30混凝土 (m³)					1.3		

注:
1. 图中尺寸除钢筋直径以mm计,余均以cm为单位.
2. 防爆挡块钢筋若与桥台帽钢筋抵触,可适当调整.

海子溪中桥

施工图设计 A×××

发证单位　建设部　设计证号

审查

校核

设计

批准

核定

×设计研究院

桥台挡块钢筋构造图

比例 1:20
图号 S3-9
日期 2009-10

11

立面

平面

1/2上层钢筋

1/2下层钢筋

4%水泥稳定碎石

C30混凝土

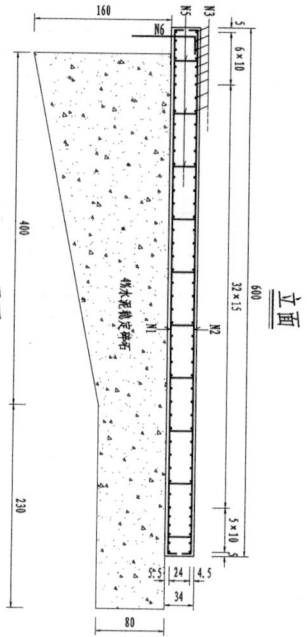

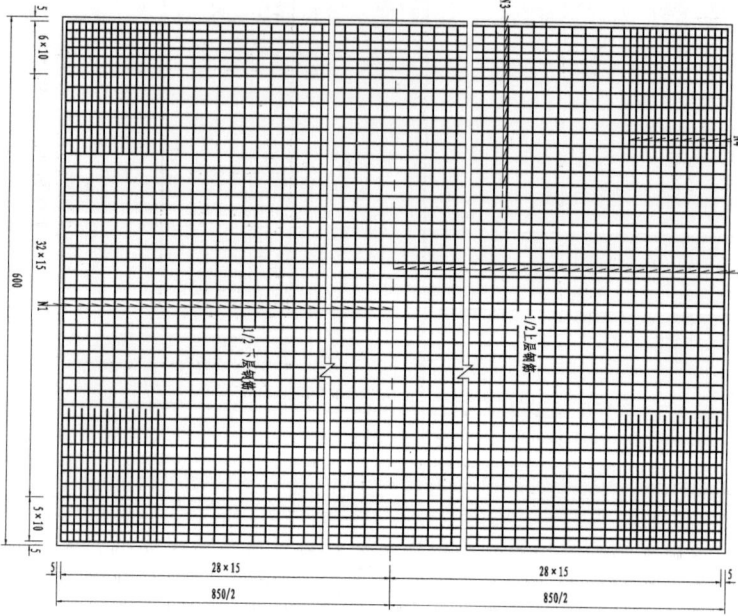

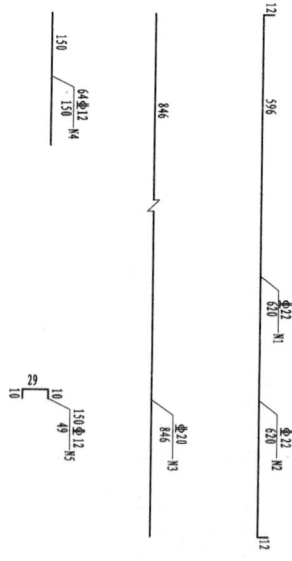

单个搭板钢筋明细表

编号	钢筋类型	单根长(cm)	根数	总长(m)	单位重(kg/m)	总重(kg)
1	Φ22	620		2.980	2.980	
2	Φ22	620		2.980	2.980	
3	Φ20	846		2.470	0.888	
4	Φ12	64	96.00		0.888	85.2
5	Φ12	49	150	73.50	0.888	65.3

4%水泥稳定碎石(m³)　56.44

全桥搭板材料数量表

钢筋类型	总长(m)	总重(kg)	共重(kg)
Φ22			
Φ20	846		
Φ12	169.50	150.52	
C30混凝土(m³)			
4%水泥稳定碎石(m³)	56.44		

注:
1. 图中尺寸除钢筋直径以mm计外，余均以cm计。
2. N3号钢筋间距按纵向间60cm，横向间60cm梅花形布置。
3. N4号钢筋网交织上下两层垂直N3号钢筋布置。
4. N5号钢筋应勾在N1，N2号钢筋的最外侧。
5. N6号钢筋为桥墙顶连接钢筋，其钢筋量计入台帽中，本图未计。

××设计研究院

桥台搭板钢筋构造图

施工图设计

资证单位　　反证单位

椅子溪中桥

建设单位　　设计证号

A×××

批准　　　设计

审核　　　复核

审查　　　校核

日期　2009-10

比例　1:50

图号　S3-10

12

桥墩各部参数表

桥墩编号	H_1 (m)	H_2 (m)	H_3 (m)	H_4 (m)	H_5 (m)	H_6 (m)	h_1 (cm)	h_2 (cm)	L (cm)
1	252.33	252.25	250.65	242.00	231.00	211.00	865.2	1100	2000
2	251.65	251.57	249.97	242.00	234.00	216.00	796.5	800	1800

垫石高程表

桥墩编号		ZD1 (m)	ZD2 (m)	ZD3 (m)	ZD4 (m)
1	芙蓉溪侧	252.48	252.53	252.53	252.48
	汛口大坝侧	252.46	252.50	252.50	252.46
2	芙蓉溪侧	251.80	251.84	251.84	251.80
	汛口大坝侧	251.77	251.81	251.81	251.77

全桥桥墩材料数量表（共2个）

项目	盖梁.挡块	支座垫石	墩柱	系梁	桩基
材料	C30混凝土	C40混凝土	C30混凝土	C30混凝土	C30混凝土
数量 (m³)	44.4	1.2	127.6	24.0	193.4

注：
1. 本图尺寸除高程以m计外，其余均以cm为单位。
2. 本图适用于1号~2号桥墩。
3. 1号~2号桥墩均采用GJZ350×400×84型板式橡胶支座，共计16块。
4. 1号、2号桥墩基础要求嵌入中风化岩层不小于13m、11.5m。当基础施工时若发现地质情况与所采用地质资料根据不符，应及时与建设单位、监理单位及设计院沟通以便设计作调整。

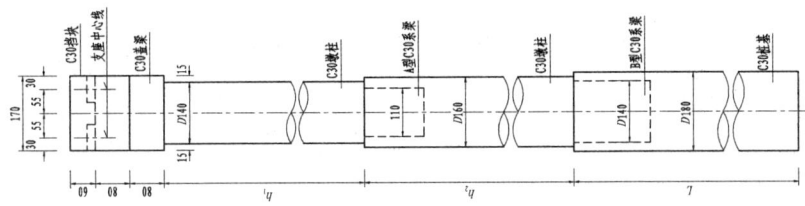

I—I

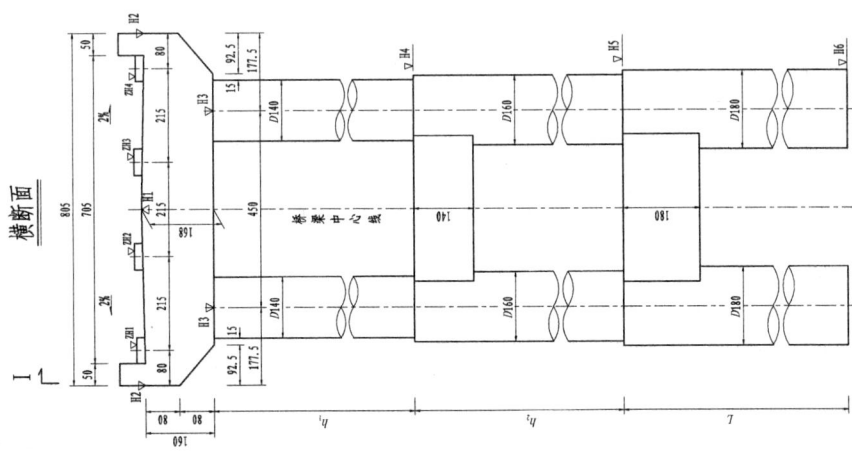

横断面

平面

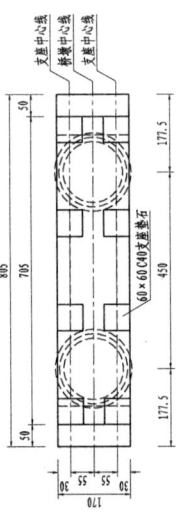
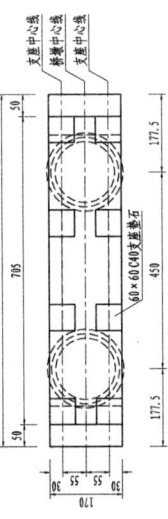

×× 设计研究院	蒋子溪中桥	发证单位		批准			
	建设部	设计证号		校核 核定			
	施工图设计	Ａ×××		审查 校核		桥墩一般构造图	比例 1:100
				设计 日期 2009-10			图号 S3-11

13

桥墩柱接钢筋构造图

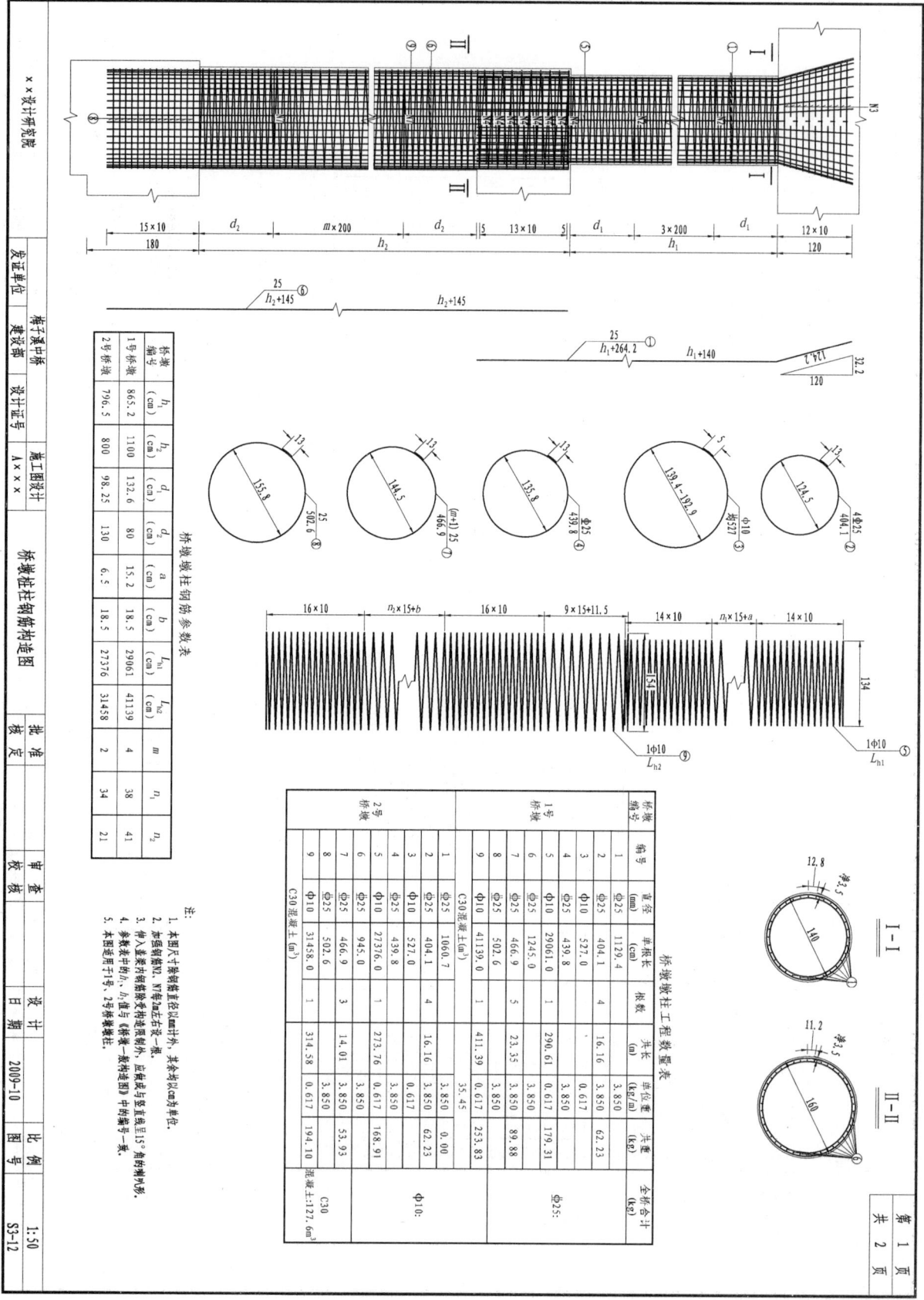

桥墩柱钢筋参数表

桥墩编号	h_1(cm)	h_2(cm)	d_1(cm)	d_2(cm)	a(cm)	b(cm)	L_{h1}(cm)	L_{h2}(cm)	m	n_1	n_2
1号桥墩	865.2	1100	132.6	80	15.2	18.5	29061	41139	4	38	41
2号桥墩	796.5	800	98.25	130	6.5	18.5	27376	31458	2	34	21

桥墩接柱工程数量表

桥墩编号	编号	直径(mm)	单根长(cm)	根数	共长(m)	单位重(kg/m)	共重(kg)	全桥合计(kg)
1号桥墩	1	Φ25	1129.4		16.16	3.850		Φ25:
	2	Φ25	404.1	4		3.850	62.23	
	3	Φ25	404.1	4	16.16	3.850	62.23	
	4	Φ25	527.0		0.617			
	5	Φ10	439.8	1		3.850	179.31	
	6	Φ25	1245.0		290.61	0.617		
	7	Φ25	466.9	5	23.35	3.850	89.88	
	8	Φ25	502.6		0.617			
	9	Φ10	41139.0	1	411.39	0.617	253.83	
		C30混凝土(m³)						Φ10:
2号桥墩	1	Φ25	1060.7		35.45	3.850		
	2	Φ25	404.1	4	16.16	3.850	62.23	
	3	Φ25	404.1	4	16.16	3.850	0.00	
	4	Φ25	527.0		0.617		62.23	
	5	Φ10	439.8		0.617			
	6	Φ25	27376.0	1	273.76	0.617	168.91	
	7	Φ25	945.0	3		3.850		C30
	8	Φ25	466.9	6	14.01	3.850	53.93	
	9	Φ10	31458.0	1	314.58	0.617	194.10	混凝土:127.6m³
		C30混凝土(m³)		1				

注:
1. 本图尺寸除钢筋直径以mm计外，其余均以cm为单位。
2. 加强箍筋N3，N7每隔设置一根，且仅设在正右表一根。
3. 伸入承台内的钢筋参本构造配一端。
4. 参数表中的 h_1、h_2 值与《桥墩一般构造图》中的编号一一对应。
5. 本图适用于1号、2号桥墩接柱。

×设计研究院

椅子溪中桥　　桥墩柱接钢筋构造图

及证单位　建设单位　设计证号 A×××　施工图设计

设计　审查　批准　校核　审核　校对 A×××

日期 2009-10　比例 1:50　图号 S3-12

第 1 页　共 2 页

14

桩基钢筋参数表

桥墩桩柱编号	L (cm)	a (cm)	b (cm)	l_n (cm)	n_1	n_2	m
1号桥墩	2000	80	10	75949	8	20	105
2号桥墩	1800	80	5	69044	7	20	92

单根桩基材料数量明细表

桩基位置	编号	直径 (mm)	单根长度 (cm)	根数	共长 (m)	共重 (kg)	总重 (kg)	全桥合计
1号桥墩	1	Φ28	1996.9	44	878.64	4243.81	4645.43	Φ28: 17642.4kg
	2	Φ28	512	9	46.08	222.57		
	3	Φ28	411.9	9	37.07	179.05		
	4	Φ16	53	20	10.60	16.75	16.75	Φ16: 67kg
	5	Φ10	485	6	29.12	17.97	486.57	
	6	Φ10	75949	1	759.49	468.60	197.82	Φ10: 1861.1kg
						197.82		
	C30混凝土 (m³)					50.89		
	D50×2.5mm热轧无缝钢管 (kg)							D50×2.5mm 热轧无缝钢管:753.6kg
2号桥墩	1	Φ28	1796.9	44	790.64	3818.77	4175.77	C30混凝土: 193.4m³
	2	Φ28	512	8	40.96	197.84		
	3	Φ28	411.9	8	32.95	159.16		
	4	Φ16	53	20	10.60	16.75	16.75	
	5	Φ10	485	6	29.12	17.97	443.97	
	6	Φ10	69044	1	690.44	426.00	178.98	
						178.98		
	C30混凝土 (m³)					45.80		
	D50×2.5mm热轧无缝钢管 (kg)							

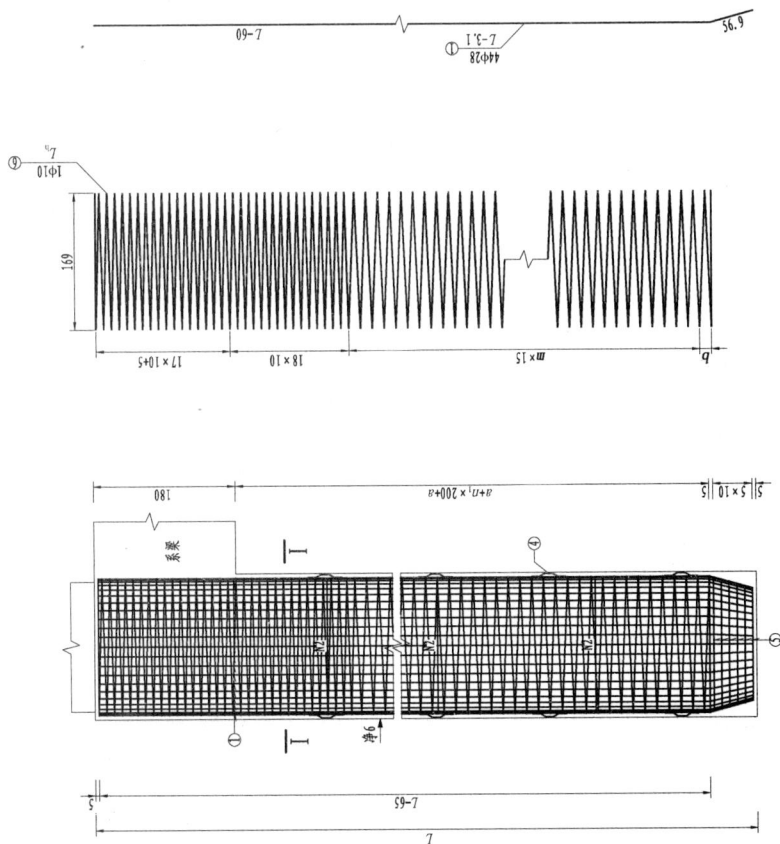

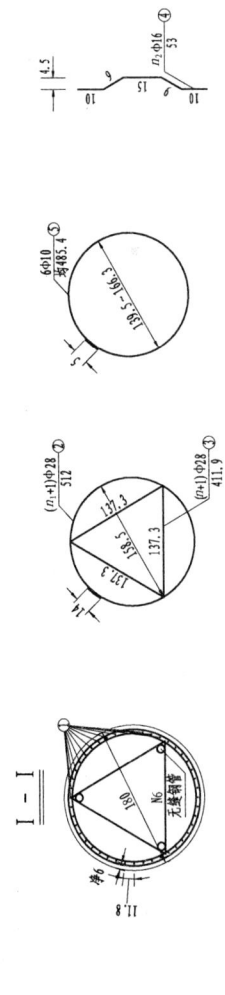

I - I

注:
1. 图中尺寸除每根直径以mm计, 余均以cm为单位。
2. 图中钢筋接头采用双面焊, 焊缝长度不小于5d。
3. 定位钢筋N2, N3设在主筋内侧检测管外侧, 每1m一道, 自身搭接长部分采用双面焊。
4. 定位钢筋N4绑在钢筋骨架上, 每4m沿圆周等距离布置, 上下层错开布置。
5. 每根桩内等距离设三根D50×2.5mm的热轧无缝钢管, 用于超声波测声测管4根, 检测管伸入至桩底, 露出层面青测注至桩底。
6. 施工时, 若桩底质情况与本设计资料不符, 应变更基础设计。
7. 本图适用于1-2号桥墩桩基。

x x 设计研究院	南子溪中桥					施工图设计		批准				比例	1:50
	发证单位		设计证号	A××××		核定		核核		设计		图号	S3-12
	建设部							审查		日期	2009-10		

桥墩桩柱钢筋构造图

桥横系梁钢筋构造图

立面

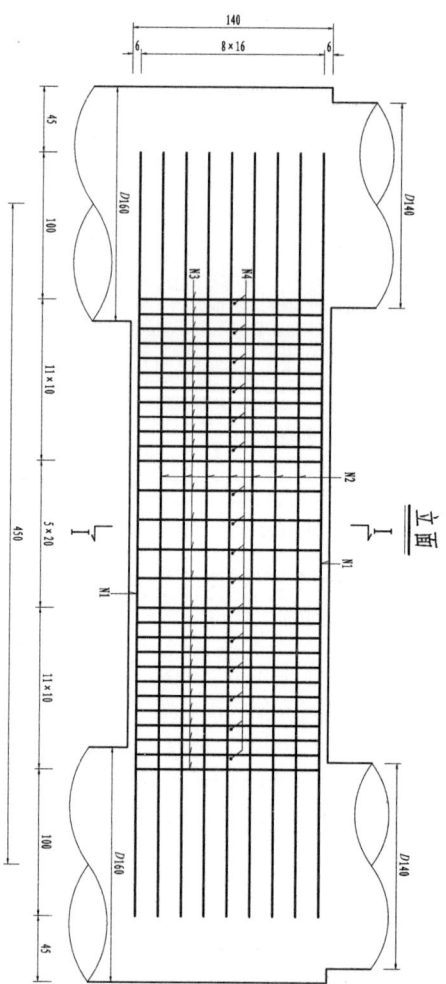

140
8×16
6 6
45 100 11×10 5×20 11×10 100 45
450
D140 D160 N1 N2 N3 N4

平面

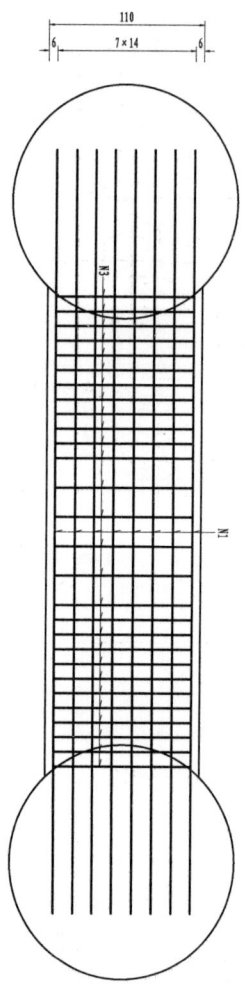

110
7×14
6 6
45 100 11×10 5×20 11×10 100 45
450
N1 N3
520 Φ25 N1
520 Φ20 N2

I-I

N1 N4 N3 N2
7×14 110
8×16 140
6 6

101.8
Φ10 121.8 N4

131.8 73.8
131.8 73.8
131.8 73.8
131.8
Φ10 431.2 N3

单个系梁材料明细表

编号	钢筋类型	单根长(cm)	根数	总长(m)	单位重(kg/m)	总重(kg)
N1	Φ25	520				
N2	Φ20	520				
N3	Φ10	431.2				
N4	Φ10	121.8				

C30混凝土(m³)

工程数量表

钢筋类型	总长(m)	总重(kg)	全桥数量
Φ25		3.850	
Φ20	2.470		
Φ10	0.617		
Φ10	0.617		

C30混凝土(m³)

全桥合计(kg)

注:
1. 本图尺寸除钢筋直径以mm计外，其余均以cm计。
2. 图中N4号钢筋应勾在最外层N3号钢筋的内侧。
3. 本图适用于I型系梁。

××设计研究院

发证单位	建设局		
设计证号	Axxx		
施工图设计			

| 设计 | | 批准 | | 审查 | |
| 复核 | | 校核 | |

比例	1:30
图号	S3-13
日期	2009-10
第 1 页	共 2 页

立面

平面

I-I

单个系梁材料明细表

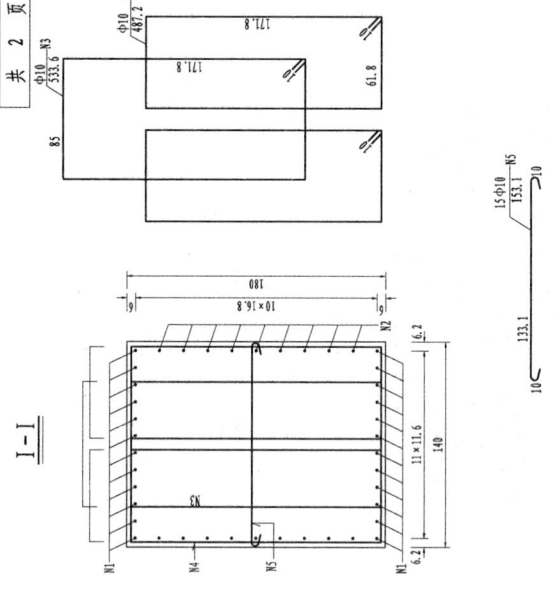

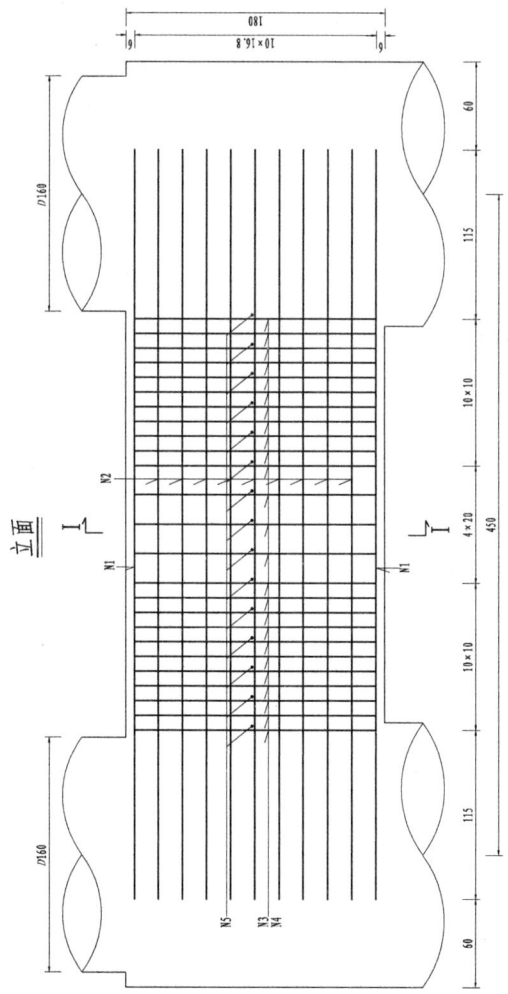

编号	钢筋类型	单根长(cm)	根数	总长(m)	单位重(kg/m)	总重(kg)
N1	Φ25	510			3.850	
N2	Φ20	510			2.470	
N3	Φ10	533.6			0.617	
N4	Φ10	487.2			0.617	
N5	Φ10	153.1	15	22.97	0.617	14.2
C30混凝土(m³)						

工程数量表

钢筋类型	总长(m)	总重(kg)	全桥数量	全桥合计(kg)
Φ25				
Φ20				
Φ10				
C30混凝土(m³)				

注:
1. 本图尺寸除钢筋直径以mm计外，其余均以cm计。
2. 图中N5号钢筋应勾放在最外层N4号钢筋的外侧。
3. 本图适用于B型系梁。

发证单位	梅子溪中桥	施工图设计	A××××	桥墩系梁钢筋构造图	比例	1:30
建设部	设计证号	施工图设计	A××××		图号	S3-13
××设计研究院					日期	2009-10
批准					设计	
校核					审查	
					校核	

17

桥墩盖梁钢筋构造图

防裂钢筋网布置大样 1:20

半立面

半平面

防裂钢筋网布置大样

一个盖梁材料数量表

编号	直径(mm)	标准长度(cm)	根数	共长(m)	共重(kg)	总重(kg)
1	Φ28	931.8				
2	Φ28	362.0				
3	Φ28	982.0				
4	Φ28	897.0				
5	Φ28	827.2				
6	Φ12	746.7				
7	Φ12	500.5				
8	Φ12	557.7				
9	Φ12	413.9				
10	Φ12	471.1	10	19.40		17.23
11	Φ12	194.0	10	19.40		
12	Φ10	300.0	34	102.00	62.93	
12'	Φ10	310.0	17	52.70	32.52	95.4
13	Φ6	165.0	94	155.10	34.43	
						34.4
	C30混凝土(m³)			21.8		

注：
1. 图中尺寸除钢筋直径以mm计外，余均以cm为单位。
2. 防裂钢筋构造详见各详图，防裂钢筋构造。
3. 主筋保护层厚在，防裂钢筋网发生于其处。
4. N11号钢筋应勾在某水层钢筋的外侧。
5. 底层防裂钢筋网详见中心点布置，可适当测动其中一种。
6. 箍筋末端应成135°弯钩，系弯在主盖梁
   墩柱中心的连线布置。底层钢筋网对称于主盖梁
   顺桥本端成布置。项层防裂钢筋网对称于主盖梁
7. 图中绘制一半盖梁，另一半盖梁情况与之相反，详见桥墩一般构造图。

××设计研究院

友证单位

梅子溪中桥

桥墩盖梁钢筋构造图

2009-10 S3-14 1:40

I — I

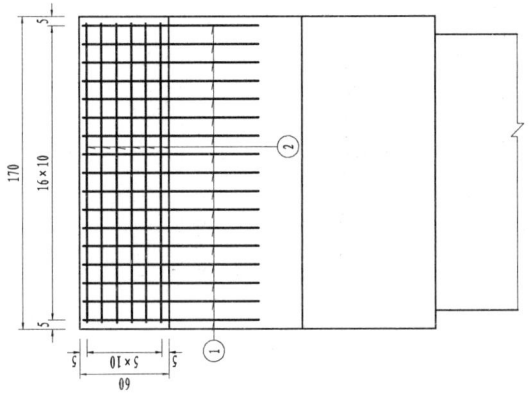

一个挡块材料数量表

编号	直径(mm)	单根长度(cm)	根数	共长(m)	总重(kg)
1	Φ16	254			
2	Φ10	312			
C30混凝土(m³)					

全桥挡块材料数量表

钢筋类型	总重(kg)	数量	合计(kg)
Φ16			
Φ10			
C30混凝土(m³)			

注:
1.本图尺寸除钢筋直径以mm计外，其余均以cm计。
2.本图适用于1号~2号桥表。

立面

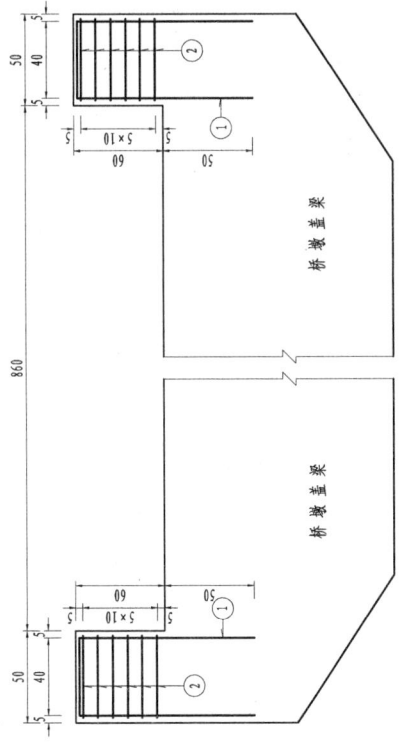

桥墩盖梁　桥墩盖梁

860

平面

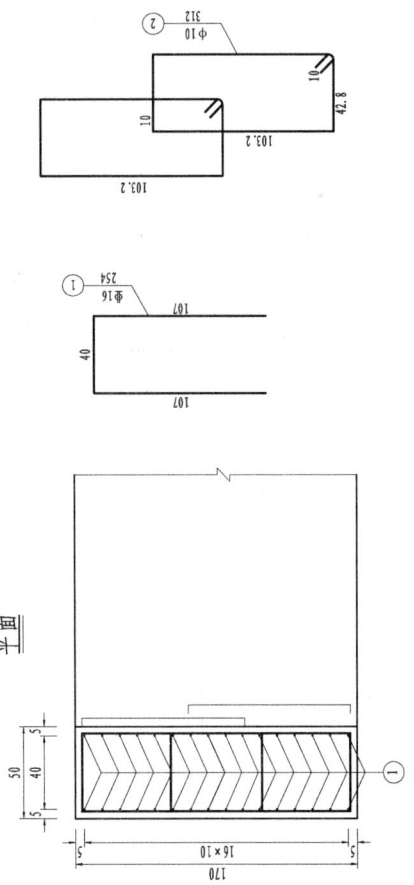

Φ10　312
103.2　10
103.2　42.8

Φ16　254
107

x 设计研究院

| 复证单位 | 梅子溪中桥 | 施工图设计 |
| 复证部位 | 建设部 | 设计证号 | A x x x |

桥墩挡块钢筋构造图

| 审查 | 校核 |
| 批准 | 核定 |

| 设计 | | 比例 | 1:50 |
| 日期 | 2009-10 | 图号 | S3-15 |

19

四氟滑板橡胶支座顺桥向布置

GJZF4 510×400×86

板式橡胶支座顺桥向布置

GJZ350×400×84

II-II

φ22 N5
45×50×3 N4
A3橡胶

四氟滑板橡胶支座横桥向布置

GJZF4 510×400×86

板式橡胶支座横桥向布置

GJZ350×400×84

预埋钢板N4

预埋钢板N1

55×50×3 N1
Q235橡胶
不锈钢板N2
φ22 N3

I-I

注：

1. 本图除钢筋直径以mm计外，其余尺寸均以cm计。
2. 0号、3号桥台上安装四氟滑板橡胶支座，1号、2号桥墩安装板式橡胶支座。
3. 保证支座垫石顶面应用环氧砂浆抹平。
4. 钢板外露部分必须进行防锈处理。
5. 括号内数据适用于1号、2号桥墩，不括号内数据适用于0号、3号桥台。

支座材料表

名称	规格(mm)	块数	单位重(kg/块、kg/m)	共重(kg)
预埋钢板N1	550×500×30	8	64.762	518.1
不锈钢板N2	510×500×4	8	8.007	64.1
预埋钢板N3	φ22	24	2.980	82.2
预埋钢筋N4	450×500×30	16	52.988	847.8
预埋钢筋N5	φ22	48	2.980	150.2

GJZF4支座(400mm×350mm×350mm，H=84mm)：共16个
GJZ支座(400mm×350mm，H=86mm)：共8个

××设计研究院

发证单位	梅子溪中桥	支座构造图
施工图设计	桥梁设计	
A×××	设计证号	

设计	校核	审查	批准	核定
日期	2009-10			

比例 1:10
图号 S3-16

立面 1:30

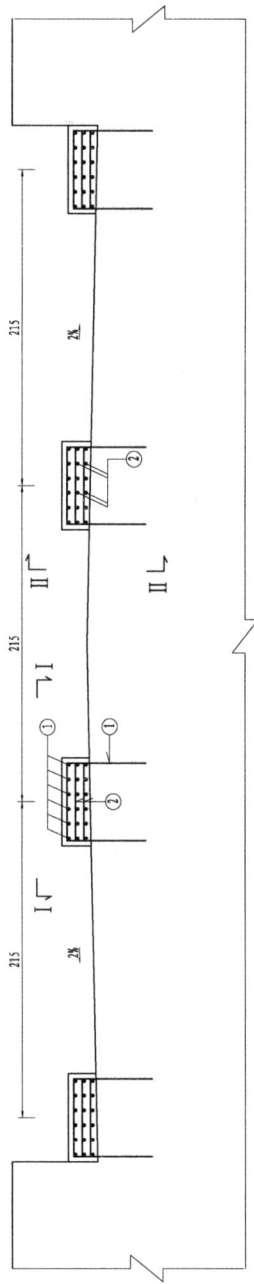

单个支座垫石钢筋明细表

钢筋编号	钢筋类型	单根长 (m)	数量	总长 (m)	单位重 (kg/m)	总重 (kg)
1	Φ12	162.8	12	19.54	0.888	17.3
2	Φ12	56	24	13.44	0.888	11.9
C40混凝土(m³)				0.07		

全桥支座垫石材料数量表

钢筋编号	总长 (m)	总重 (kg)	数量	全桥合计
Φ12	32.98	29.3	24	702.8
C40混凝土(m³)	0.07			1.73

注:
1. 本图尺寸除钢筋直径以mm计外，其余均以cm为单位。
2. 垫石高度根据支座高度设计而确定。
3. 支座垫石与台帽一起浇筑。
4. 施工时应保持支座垫石顶面水平。
5. 钢筋网层间距为6cm。

I—I 1:20

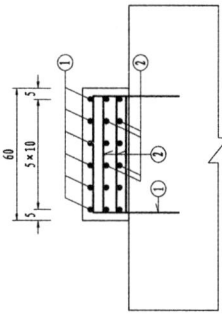

II—II 1:20

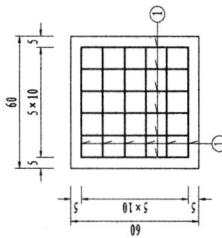

12Φ12 ① 162.8 / 55

24Φ12 ② 56

x x 设计研究院	发证单位	梅子溪中桥	施工图设计	设计		支座垫石钢筋构造图	比例	见图
	建设部	设计证号	A x x x	审查	校核		图号	S3-17
			批准	核定	日期	2009-10		

21

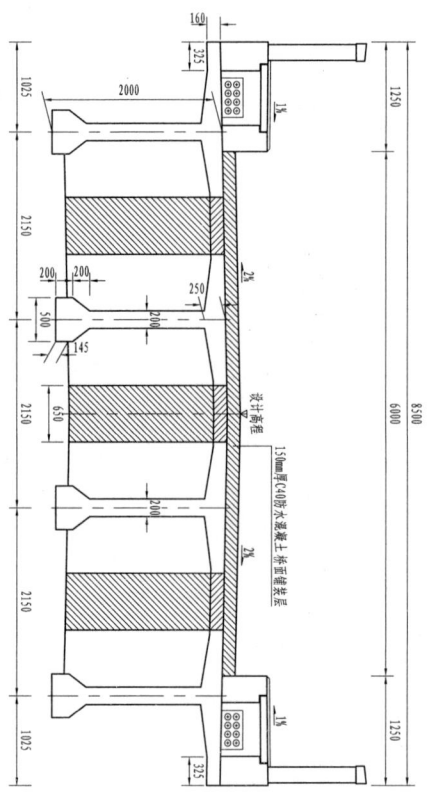

跨中横断面

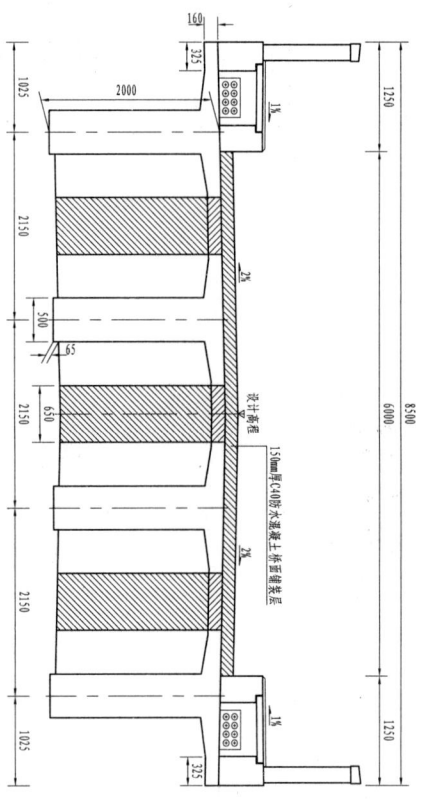

支点横断面

注:
本图尺寸均以mm为单位。

××设计研究院				
发证单位	梅子溪中桥	施工图设计	批准	设计	2009-10	比例	1:50
建设部	设计证号	A×××| 核定		日期		图号	S3-18
	上部构造标准横断面图		审查			
			校核			

第 1 页
共 1 页

22

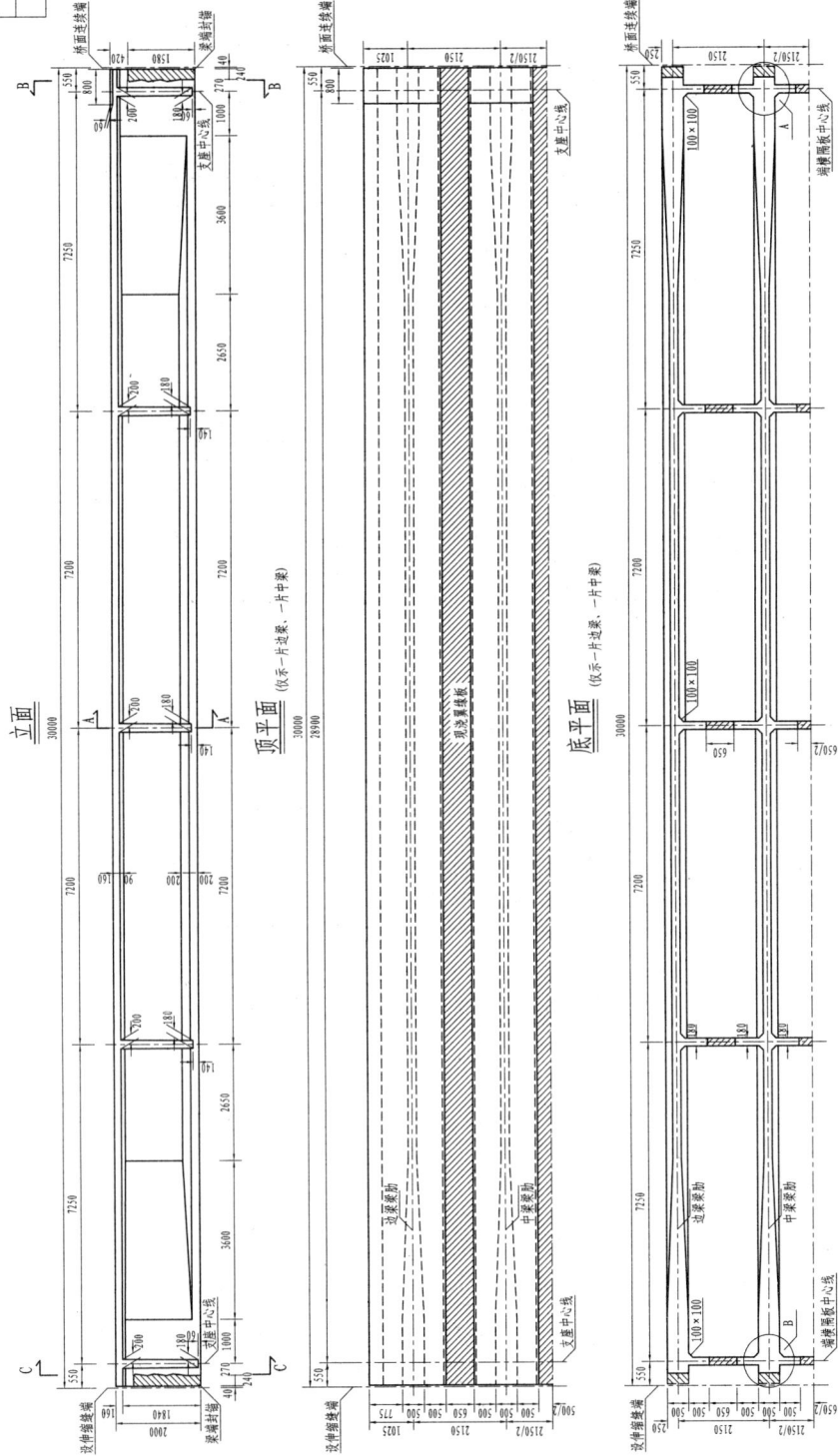

注:
1. 本图尺寸均以 mm 为单位。
2. 预制边梁制作时请注意横坡方向，外边梁按横坡方向，安装就位后浇筑铺装及桥面铺装。
3. 主梁采用预制T形断面，横隔板也采用部分预制，安装就位后浇筑铺装层，横隔板及桥面现浇顶面平行。
4. 主梁横隔端处待顶应力钢绞线张拉后锚固封锚，纵向横隔板底面与翼板顶面张梁平行。
5. 主梁采用钢绞线领套拴桥吊装，吊点离梁端800mm，此处翼板上注意预留吊洞。
6. 预制梁采用钢绞线领套拴桥吊装，吊点离梁端800mm，此处翼板上注意预留吊洞。
7. 本图适用于设80型伸缩缝端缝孔及桥面连接中孔。

| x x 设计研究院 | 发证单位 | 梅子溪中桥 | 建设部 | 设计证号 | 施工图设计 | A x x x | 批准 | | 设计 | | 2009-10 | 比例 | 1:10 |

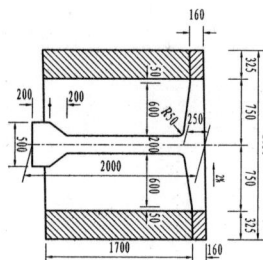

中梁A-A
1:50

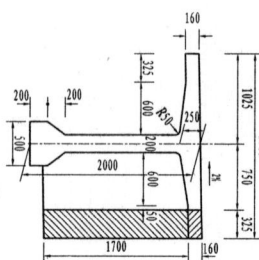

边梁A-A
1:50

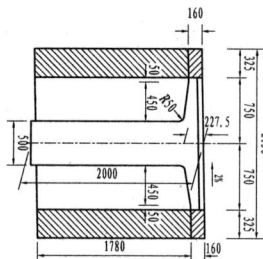

中梁B-B
1:50

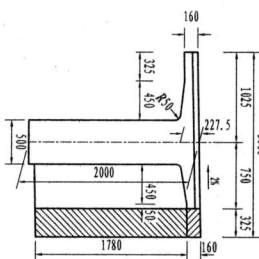

边梁B-B
1:50

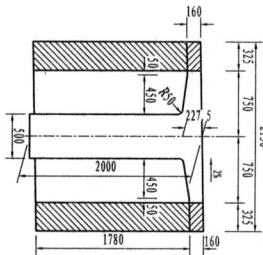

中梁C-C
1:50

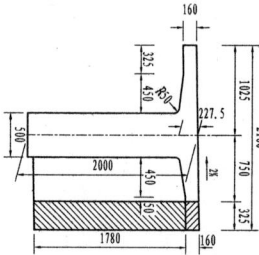

边梁C-C
1:50

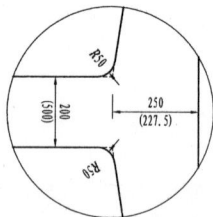

翼缘板与横板圆弧连接大样
1:1

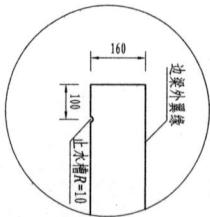

边梁外翼缘止水槽大样
1:1

一片主梁混凝土数量表

C50混凝土（m³）

项目 梁类	主梁 预制	主梁 现浇	横隔板 预制	横隔板 现浇
中梁	25.43	3.11	2.00	1.07
边梁	26.74	1.56	1.00	0.53

注:
1. 本图尺寸均以mm为单位。
2. 预制边梁时请注意吊环内、外边梁的横坡方向。
3. 主梁采用顶板纵向预留孔预制部分预制，安装就位后浇筑横隔板湿接头，纵向连接缝及顶面现浇层，横隔板也采用部分预制，使其连成整体。
4. 主梁横隔板底面与横隔板顶面现浇层平行。
5. 主梁端横隔板应与钢束张拉后预制。
6. 预制阴影部分为现浇部分。
7. 顶制阴影采用钢绞丝套筒连接。
8. 本图适用于设80型伸缩缝端吊装，此处翼缘板上注意预留中孔。
9. 本图适用于设80型伸缩缝端现孔及桥面连续中孔。

××设计研究院
发证单位 建设部 设计证号 A××××
梅子溪中桥
T梁一般构造图

施工图设计
S3-19

批准
审查
校核
设计 2009-10

立面

N1竖弯大样

N2竖弯大样

N3竖弯大样

N2、N3平弯大样

A—A

B—B

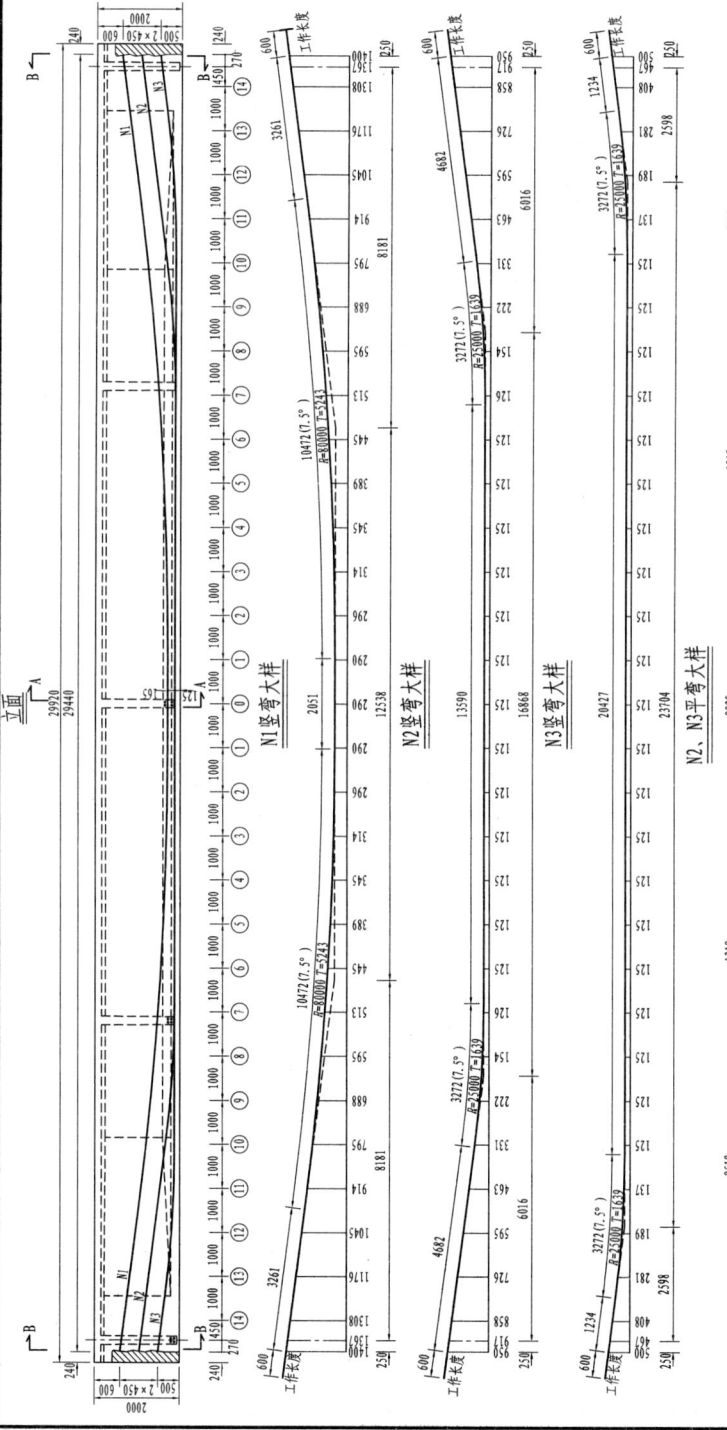

梁端锚口详图

一片中梁主梁钢束数量表

钢束编号	规格	长度(mm)	根数(束)	共长(m)	共重(kg)	合计(kg)	波纹管87(m) M15-10(套)	波纹管97(m) M15-9(套)	单端引伸量(mm)
N1	9Φ⁵15.2	30716	1	30.716	304.64	913.00	—	6	92.7
N2	9Φ⁵15.2	30699	1	30.699	304.47		88.46		90.9
N3	9Φ⁵15.2	30640	1	30.640	303.89				89.1

一片边主梁钢束数量表

钢束编号	规格	长度(mm)	根数(束)	共长(m)	共重(kg)	合计(kg)	波纹管87(m) M15-10(套)	波纹管97(m) M15-9(套)	单端引伸量(mm)
N1	9Φ⁵15.2	30716	1	30.716	304.64	913.	—	6	92.7
N2	9Φ⁵15.2	30699	1	30.699	304.47		88.46		90.9
N3	9Φ⁵15.2	30640	1	30.640	303.89		—		89.1

注:
1. 本图尺寸均以毫米为单位。
2. 钢束竖向坐标为钢束中心至梁底的距离。
3. 钢束采用符合标准《GB/T5224-2003》Φ⁵15.2mm高强低松弛钢绞线，其抗拉标准强度 $f_{pk}=1860$ MPa，张拉控制应力 $\sigma_{con}=0.75f_{pk}=1395$ MPa。
4. 预制梁混凝土立方体强度达到设计强度等级的90%且龄期不少于7d，预加应力顺序：100%N1→50%N2→100%N3→100%N2。
5. 钢束张拉时两端对称、均匀张拉，设梁初始张拉为控制张拉应力的10%（设端初始张拉力为控制张拉应力的10%）后的一端引伸量。张拉时扣除初始张拉力（设端初始张拉力为控制张拉应力的10%）后的一端引伸量。
6. 安装支座板时，应保证锚固面与钢束垂直。

T梁预应力钢束构造图

梅干溪中桥		
x x 设计研究院	发证单位	建设部
施工图设计 A×x×x	设计证号	
比例	图号	S3-20
设计		
日期	2009-10	

25

T梁顶应力钢束定位钢筋构造图

注:
1. 本图尺寸均以mm为单位。
2. 一片主梁有1~14号网各两片,0号网一片。
3. 本图与梁助普通钢筋图及预应力钢束布置图中钢束坐标横图号一致。
4. 漏制主梁顶应力钢束布置图中钢束坐标横图号一致。
5. 定位钢筋应与梁助应力样图固定,以保证定位钢筋位置正确。
6. 在钢束平弯及竖弯区域内,定位钢筋网片按50cm设置,数量已计。

尺寸表

网号	2	3	4	5	6	7	8	9
a	171	189	220	264	320	387	441	466

×× 设计研究院							
发证单位	梅子溪中桥	建设图	施工图设计	批准	审查	设计	第 1 页
设计证号	设计证号	发证证号	T梁顶应力钢束定位钢筋构造图	核定	校核	2009-10	共 2 页
		A×××				比例 1:15	图号 S3-21

0, 1号定位钢筋网

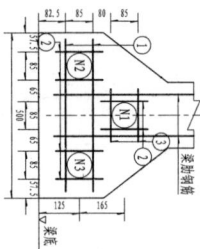

2~4号定位钢筋网

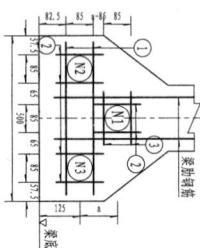

5号定位钢筋网

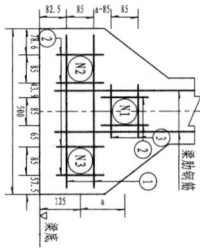

6号定位钢筋网

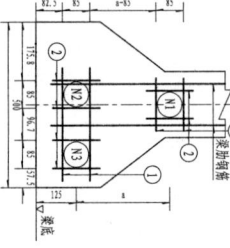

7号定位钢筋网

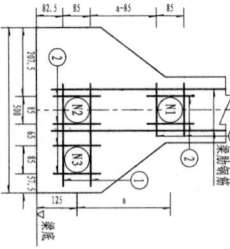

8号定位钢筋网

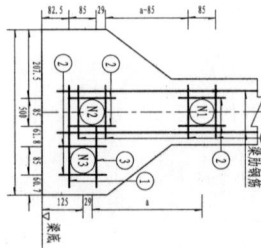

9号定位钢筋网

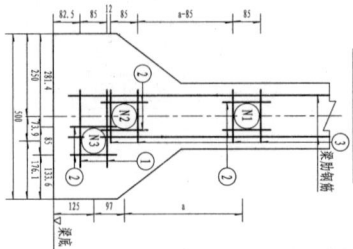

10号定位钢筋网

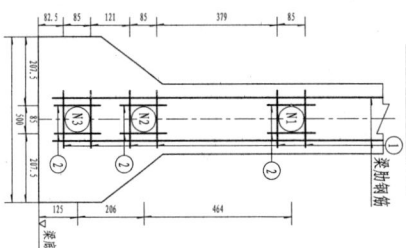

11号定位钢筋网

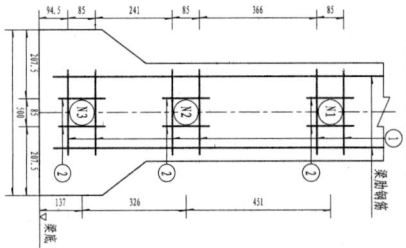

12号定位钢筋网

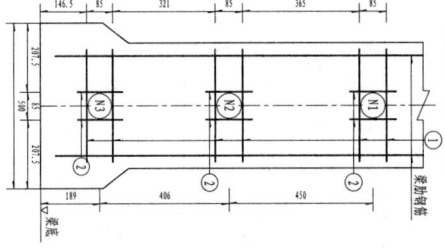

13号定位钢筋网

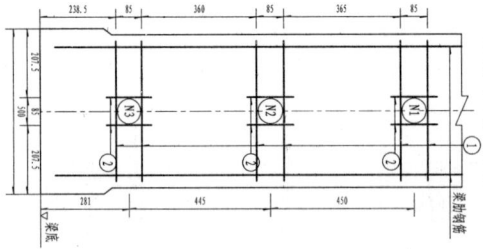

14号定位钢筋网

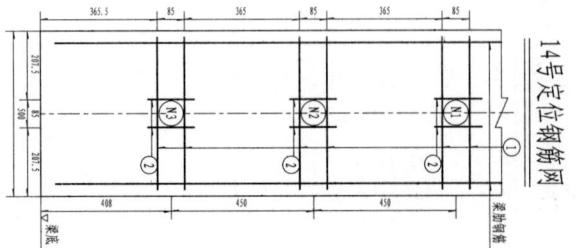

钢束定位钢筋数量表

梁号	钢筋编号	直径(mm)	L_i(mm)	单根长度(mm)	一片梁根数	共长(m)	共重(kg)
0,1	1		460	560	6	3.36	1.33
	2	8	145	245	18	4.41	1.74
	3		160	260	6	1.56	0.62
2~4	1		460	560	12	6.72	2.65
	2	8	145	245	48	11.76	4.65
	3		160	260	24	6.24	2.46
5	1		460	560	4	2.24	0.88
	2	8	145	245	16	3.92	1.55
	3		160	260	8	2.08	0.82
6	1		342	442	8	3.54	1.4
	2	8	145	245	20	4.9	1.94
	3		160	260	8	2.08	0.82
7	1		310	410	8	3.28	1.3
	2	8	145	245	20	4.9	1.94
	3		160	260	8	2.08	0.82
8	1		307	407	2	0.81	0.32
	2	8	145	245	20	4.9	1.94
	3		181	281	2	0.56	0.22
	4		160	260	16	4.16	1.64
9	1		234	334	8	2.67	1.05
	2	8	145	245	24	5.88	2.32
	3		160	260	16	4.16	1.64
10	1		173	273	24	6.55	2.59
	2	8	145	245	24	5.88	2.32
11	1		256	356	24	8.54	3.37
	2	8	145	245	24	5.88	2.32
12	1		340	440	24	10.56	4.17
	2	8	145	245	24	5.88	2.32
13	1		423	523	24	12.55	4.96
	2	8	145	245	24	5.88	2.32
14	1		460	560	24	13.44	5.31
	2	8	145	245	24	5.88	2.32
合计(kg)							66.05

$$L_i + 100 \quad \textcircled{1}\textcircled{2}\textcircled{3}\textcircled{4}$$

27

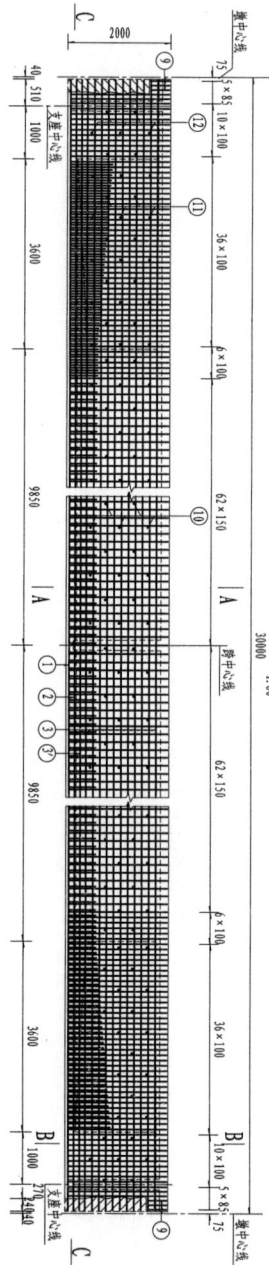
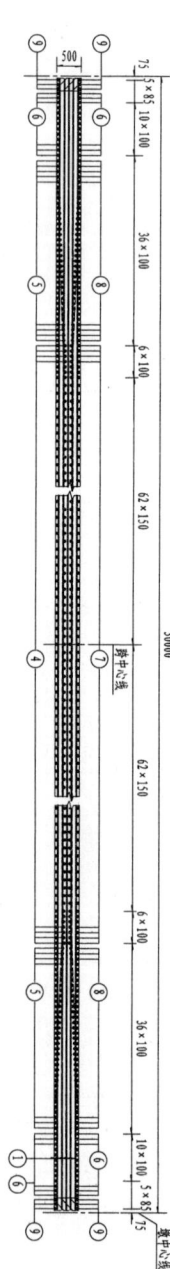
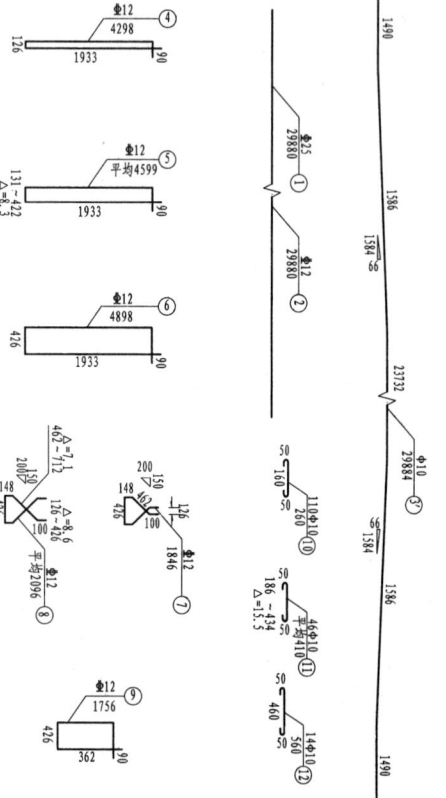
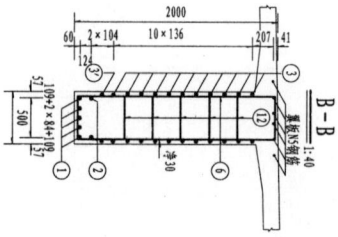
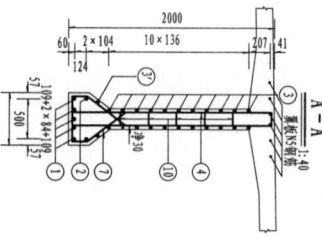

立面
1:80

C—C
1:80

A—A
1:40

B—B
1:40

中跨一片预制梁梁肋普通钢筋明细表

编号	直径(mm)	单根长(mm)	根数	共长(m)	共重(kg)	合计(kg)
1	Φ25	29880				Φ25:
2	Φ12	29880				
3	Φ10	29886				
3'	Φ10	29884				
4	Φ12	4298				Φ12:
5	Φ12	4599				
6	Φ12	4898				
7	Φ12	1846				
8	Φ12	2096				Φ10:
9	Φ12	1756	14	7.84	4.8	
10	Φ10	260	110	28.60	17.6	
11	Φ10	410	46	18.86	11.6	
12	Φ10	560				4.8

注：
1. 图中尺寸以cm计。
2. 梁肋钢筋拐与锚束位置相干扰时，可适当移动梁肋钢筋。
3. 本图适用于设80型伸缩缝锚孔及桥面连续中孔。

××设计研究院

梅子溪中桥

建设部

发证单位

设计证号 A××××

施工图设计

T梁梁肋钢筋构造图

批准
核定

审查
核核

设计

日期 2009-10

第 1 页 共 1 页

比例 见图

图号 S3-22

平面

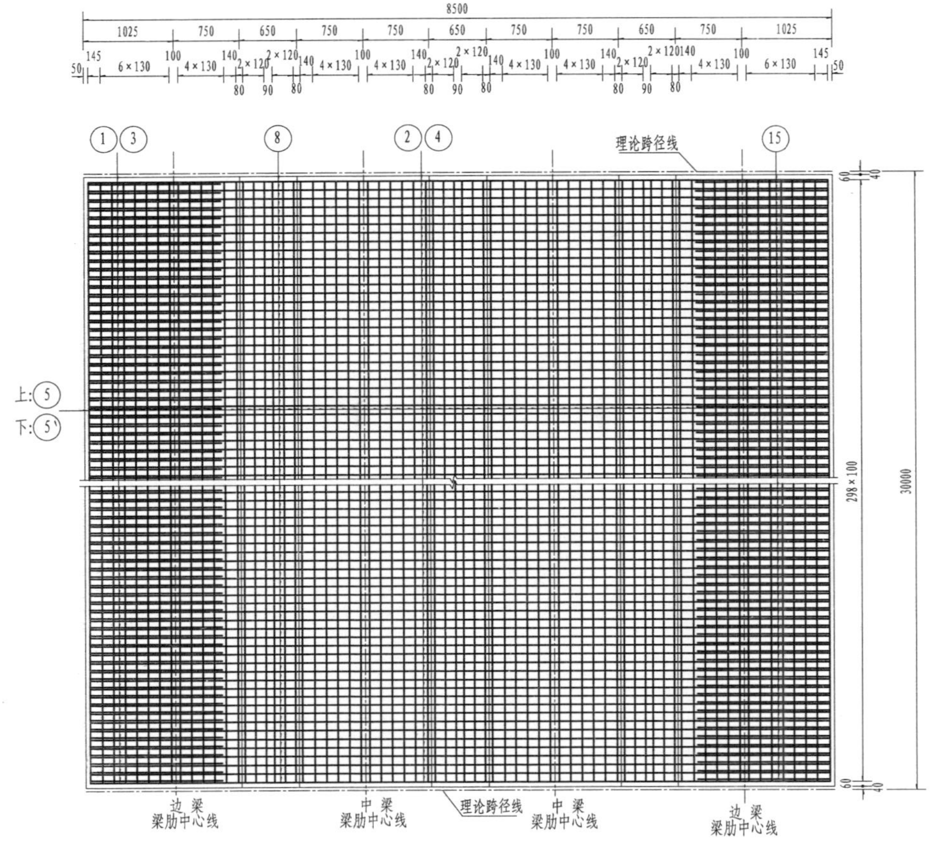

注:
1. 本图尺寸均以mm计。
2. 本图适用于设80型伸缩缝孔及桥面连续中孔。
3. N15钢筋为边梁外翼缘板钢筋加强钢筋，紧靠N1钢筋布置。

x x 设计研究院		梅子溪中桥			施工图设计		翼板钢筋构造图	批准		比例	1:50
发证单位		建设部		设计证号	A x x x			核定		图号	S3-23
						审查		设计			
						校核		日期	2009-10		

第 1 页
共 2 页

29

立面

30000

99×300

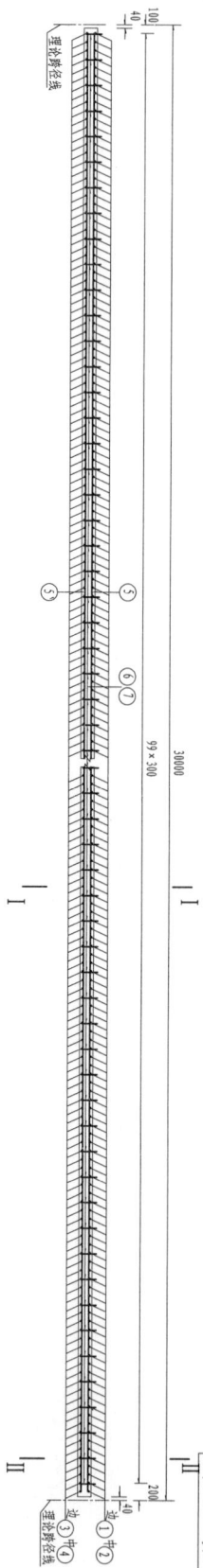

I—I (仅示一片边梁、一片中梁)

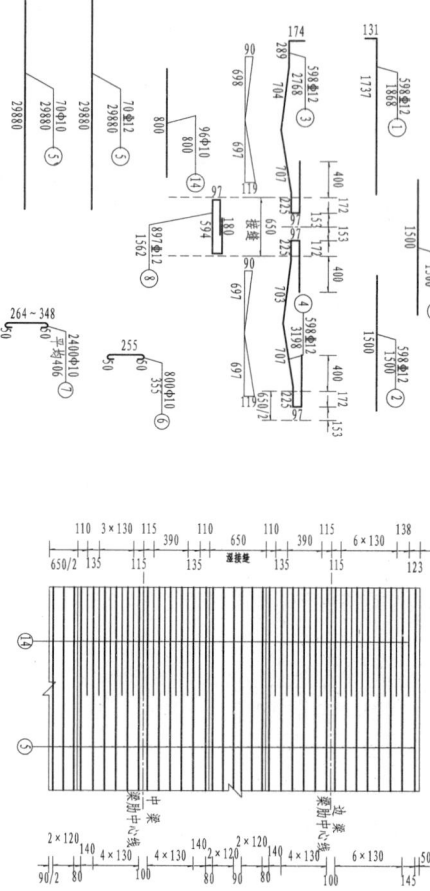

II—II (仅示一片边梁、一片中梁)

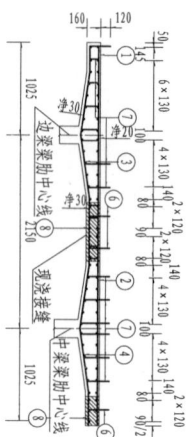

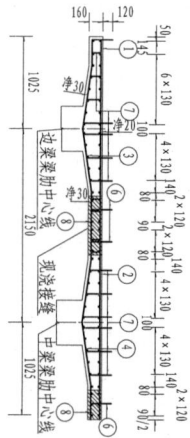

边梁梁肋中心线
中梁梁肋中心线
现浇接缝

梁端行车道板加强钢筋
(仅示一片边梁、一片中梁)

湿接缝处钢筋大样

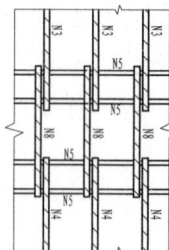

一孔预制T梁翼板钢筋数量表

钢筋编号	直径(mm)	长度(mm)	根数	总长(m)	共重(kg)	合计(kg)
1	Φ12	1868	598	1117.06	992.0	
2	Φ12	1500	598	897.00	796.5	
3	Φ12	2768	598	1655.26	1469.9	
4	Φ12	3198	598	1912.40	1698.2	Φ12: 8854.6
5	Φ10	29880	70	2091.60	1857.3	
5′	Φ10	29880	70	2091.60	1857.3	
6	Φ10	355	800	284.00	175.2	
7	Φ10	406	2400	974.40	601.2	
8	Φ12	1562	897	1401.11	1244.2	Φ10: 2114.3
14	Φ10	800	96	76.80	47.4	
15	Φ12	1500	598	897.00	796.5	

注:
1. 本图尺寸均以cm计。
2. 预制梁两主要受力筋采用焊接连接件。
3. 本图仅适用于湿接缝端面及桥面连续。
4. 位于桥面连续槽内的N4钢筋在施工桥面连续时,其余在预制梁端不断。
5. 翼板钢筋与道床本体冲突时,可适当调整或切断。
6. N6、N7号钢筋应均匀布置在桥面板层钢筋网。

××设计研究院

发证单位
发证单位号
设计证号

梅子溪中桥

施工图设计

A×××

翼板钢筋构造图

批准
校核
审查
校核
设计
日期 2009-10

比例
图号 S3-23
见图

第 2 页
共 2 页

一片预制梁梁端封锚钢筋明细表（一端）

编号	直径(mm)	单根长(mm)	根数	总长(m)	总重(kg)	合计(kg)
1	Φ10	560	24	13.44	8.3	
2	Φ10	1640	8	13.12	8.1	20.4
3	Φ10	820	8	6.56	4.0	

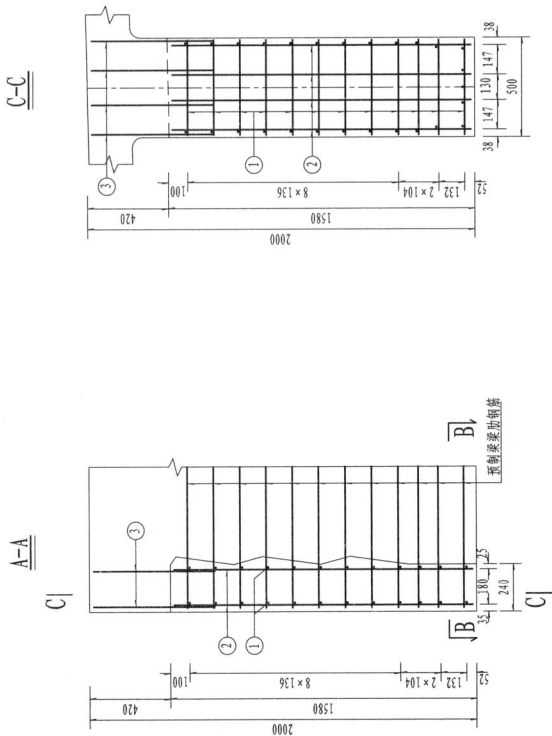

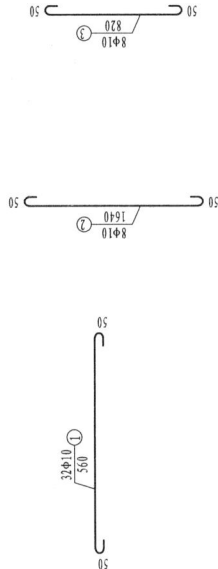

注：
1. 本图尺寸均以mm计。
2. 本图所示钢筋若与预应力管道干扰时，可适当
   挪动图中钢筋。
3. 本图适用于80型伸缩缝及桥面连续端。

C-C

A-A

B-B

T梁梁端封锚钢筋构造图

发证单位	梅子溪中桥	设计证号	施工图设计	审查	批准	设计	1:25
×××设计研究院	建设部		A××××	校核	核定	日期 2009-10	图号 S3-24

31

梁端构造

C-C

D-D

A-A

B-B

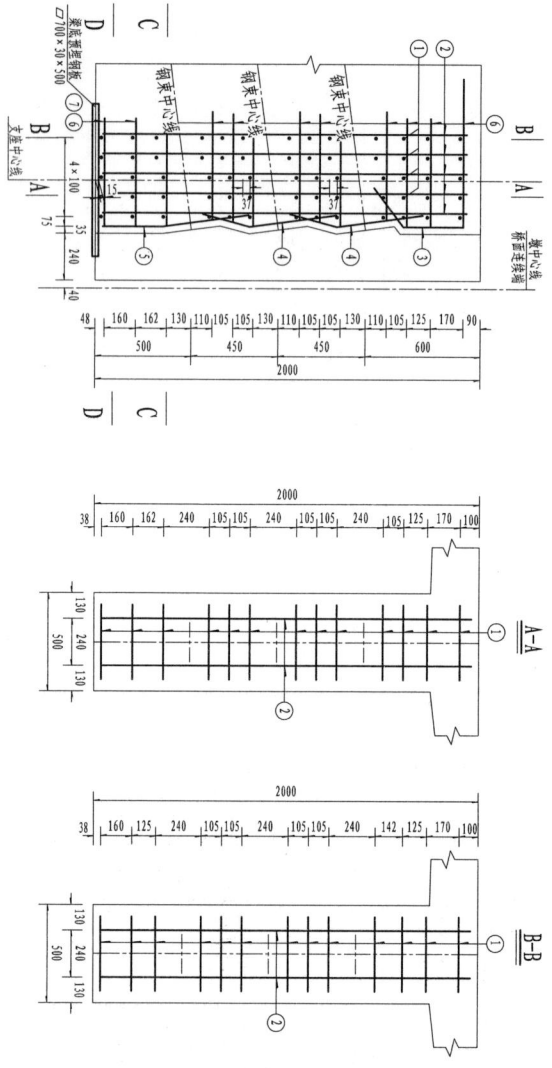

一片梁一个梁端材料数量表

编号	直径(mm)	单根长(cm)	件数	共长(m)	总重(kg)
1	Φ12	560	65	36.40	32.3
2	Φ12	2080	10	20.80	18.5
3	Φ10	663	4	2.65	1.6
4	Φ10	700	8	5.60	3.5
5	Φ10	760	4	3.04	1.9
6	Φ10	1530	13	19.89	12.3
7	Φ10	650	4	2.60	1.6
				Φ10:	20.9
				Φ12:	50.8

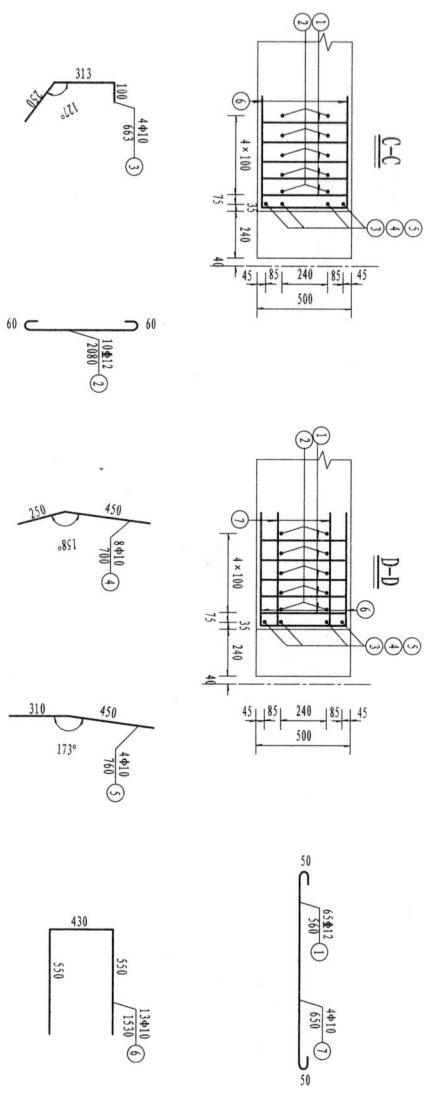

注:
1. 本图尺寸均以cm计。
2. 本图所示钢筋若与预应力管道干扰时,可适当移动本图钢筋。
3. 本图适用于80型伸缩缝及桥面连接端。

××设计研究院

发证单位　审证单位　梅子溪中桥　T梁梁端锚下钢筋构造图

设计部　建设部

设计证号　施工图设计　A×××

批准　核定　审查　校核　设计　日期 2009-10

比例 1:25　图号 S3-25

B—B

A—A （仅示一片边梁一片中梁）

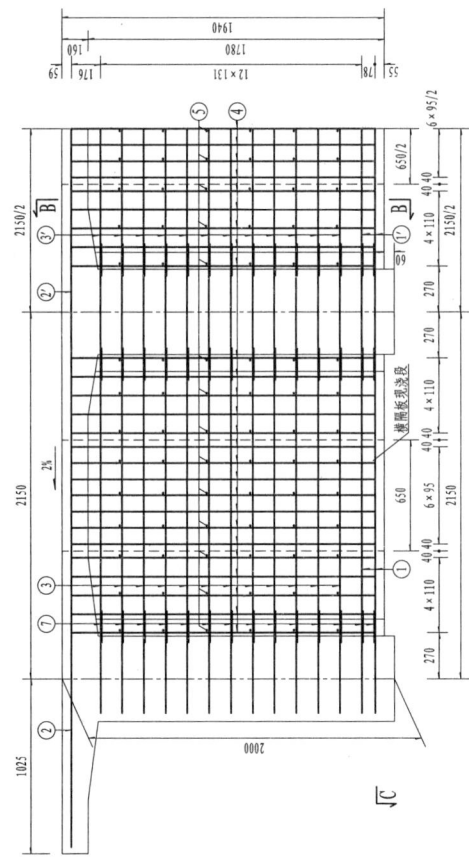

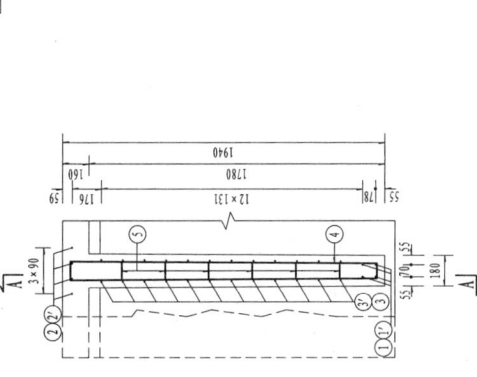

C—C （仅示一片边梁1片中梁）

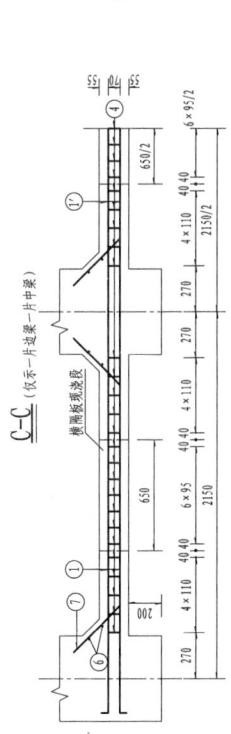

一道端横隔板钢筋明细表（含2片边梁2片中梁）

编号	直径(mm)	单根长(mm)	根数	总长(m)	单位重(kg/m)	共重(kg)	合计(kg)
1	Φ28	1775	8	14.20	4.830	68.6	163.3
1'	Φ28	2450	8	19.60	4.830	94.7	
2	Φ25	2210	8	17.68	3.850	68.1	143.5
2'	Φ25	2450	8	19.60	3.850	75.5	
3	Φ12	1535	48	73.68	0.888	65.4	165.6
3'	Φ12	2350	48	112.80	0.888	100.2	
4	Φ10	4147	51	211.50	0.617	130.5	
5	Φ10	257	162	41.63	0.617	25.7	196.2
6	Φ10	1900	12	22.80	0.617	14.1	
7	Φ10	500	84	42.00	0.617	25.9	

注：
1. 本图尺寸均以mm为单位。
2. 横隔板中的N1与N1'、N2与N2'钢筋间在现浇段内需用单面焊连接，其焊缝长度不得小于10d。N3与N3'钢筋间采用绑扎或点焊。
3. 若预应力钢束或钢筋采用钢绞线与横隔板钢筋相干扰时，可适当撬动横隔板钢筋。
4. N6、N7钢筋为横隔板加强钢筋。
5. 本图适用于80型伸缩缝及桥面连续端。

N1、N2钢筋焊接大样

端横隔板钢筋构造图

xx设计研究院			
发证单位	设计单位 建设部	设计证号	施工图设计 Axxx
批准 核定	设计	设计日期 2009-10	比例 1:25
	审查 校核		图号 S3-26

梢子溪中桥

33

A—A
（仅示一片边梁一片中梁）

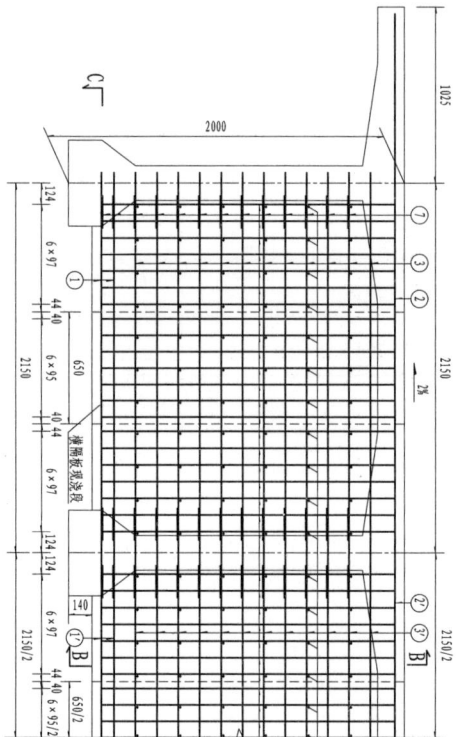

C—C
（仅示一片边梁一片中梁）

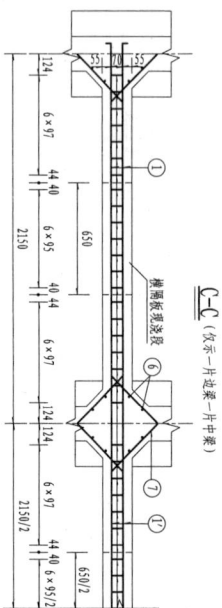

横隔板现浇良

B—B

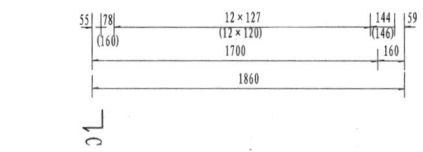

横隔板现浇良

N1，N2钢筋焊接大样

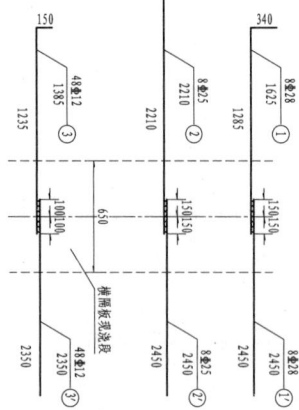

一道中横隔板钢筋明细表（含2片边梁2片中梁）

编号	直径(mm)	单根长(cm)	根数	总长(m)	单位重(kg/m)	共重(kg)	合计(kg)
1	Φ28	1625	8	13.00	4.830	62.8	157.5
1'	Φ28	2450	8	19.60	4.830	94.7	
2	Φ25	2210	8	17.68	3.850	68.1	143.5
2'	Φ25	2450	8	19.60	3.850	75.5	
3	Φ12	1385	48	66.48	0.888	59.0	159.2
3'	Φ12	2350	48	112.90	0.888	100.2	
4	Φ10	3987	63	251.18	0.617	155.0	261.5
5	Φ10	257	198	50.89	0.617	31.4	
6	Φ10	1820	24	43.68	0.617	27.0	
7	Φ10	500	156	78.00	0.617	48.1	

注：
1. 本图尺寸均以㎜为单位。
2. 图中尺寸带括号者为括号内数据用于跨中央横隔板，括号外数据用于L/4跨处横隔板。
3. 横隔板中的N1与N1'钢筋间在现浇良内需采用单面焊连接，其焊接长度不得小于10d。
4. 锚下预应力钢束或现浇梁助钢筋与横隔板钢筋相干扰时，若预应力钢束或现浇梁助钢筋与横隔板钢筋相干扰时，可适当撬动横隔板钢筋。
5. N6，N7钢筋为横隔板加强钢筋。

×× 设计研究院

中横隔板钢筋构造图

施工图设计　　A×××

比例 1:25　　图号 S3-27

2009-10

1/2 A－A

B－B

1/4 C－C

1/4 D－D

150mm厚C40防水混凝土桥面铺装

锯缝10×30加填沥青膏

预制行车道板内纵向钢筋

湿接缝纵向钢筋

梁端加强钢筋

环氧树脂涂层钢筋

桥墩中心线

桥墩中心线

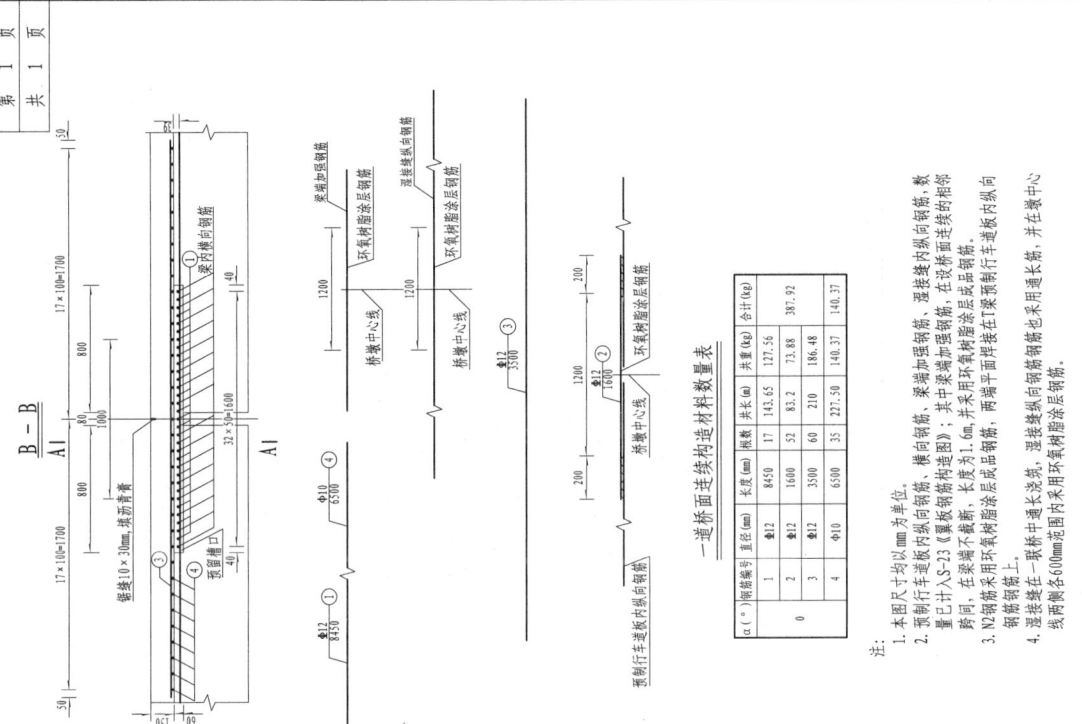

逐桥面连续构造材料数量表

α(°)	钢筋编号(直径)	长度(mm)	根数	总长(m)	共重(kg)	合计(kg)
	① Φ12	8450	17	143.65	127.56	387.92
0	② Φ12	1600	52	83.2	73.88	
	③ Φ12	3500	60	210	186.48	
	④ Φ10	6500	35	227.50	140.37	140.37

注:
1. 本图尺寸均以mm为单位。
2. 预制行车道板内纵向钢筋、横向钢筋、梁端加强钢筋、湿接缝纵向钢筋,详见桥面连续钢筋构造图。在设桥面连续的相邻、数量已计入S3-23《盖梁钢筋构造图》,其中梁端加强钢筋,长度为1.6m,并采用环氧树脂涂层成品钢筋。
3. N2钢筋未用环氧树脂涂层成品钢筋,两端平面平接在梁预制行车道板内纵向钢筋上。
4. 湿接缝在一联桥中通长浇筑,湿接缝纵向钢筋也未用环氧树脂涂层钢筋,并在梁中心线两侧各600mm范围内采用环氧树脂涂层钢筋。

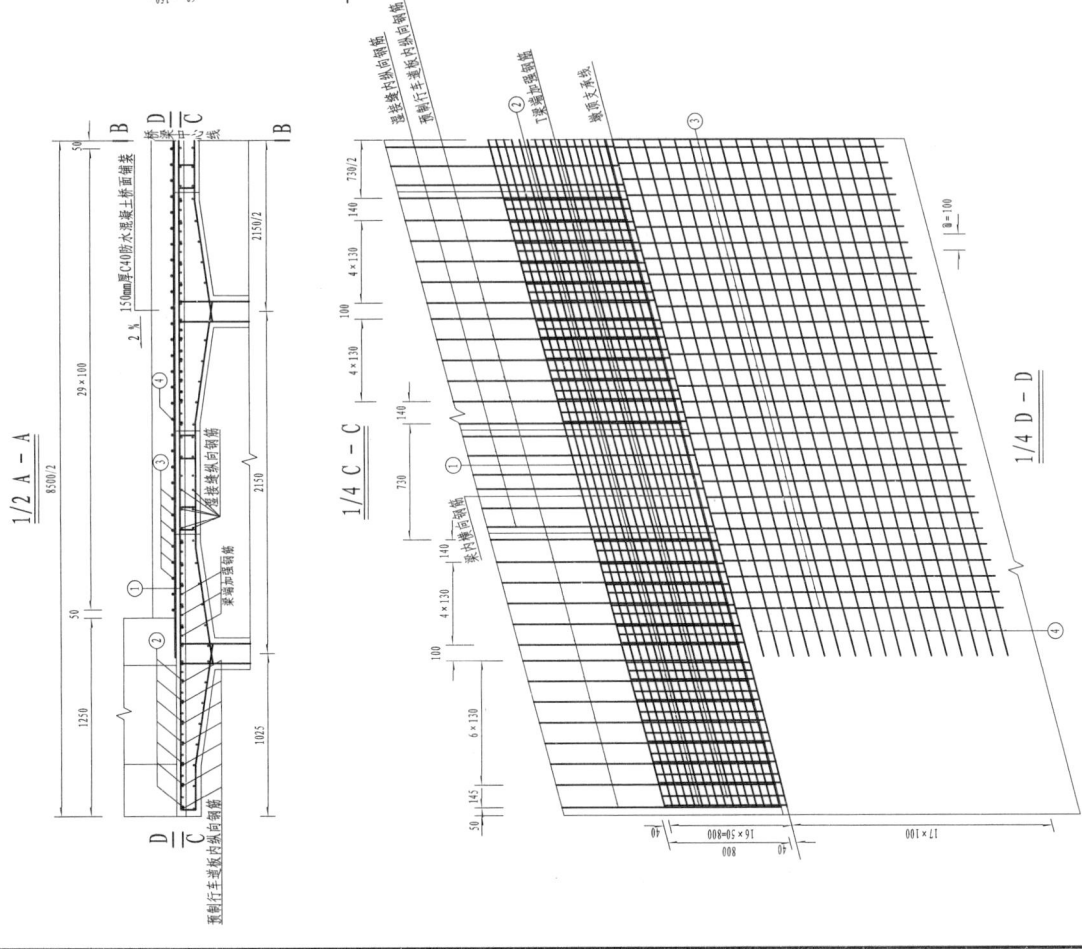

	桥面连续钢筋构造图		比例	1:30
发证单位	设计证号	施工图设计 A××××	设计	图号	S3-28
×设计研究院			日期	2009-10

棒子溪中桥 裴渡部

批准 核定
审查
校核

桥面铺装钢筋构造图

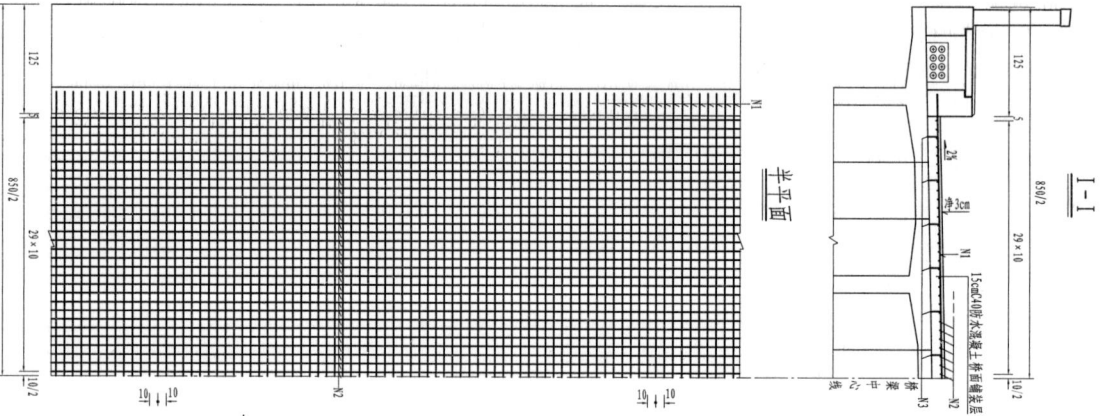

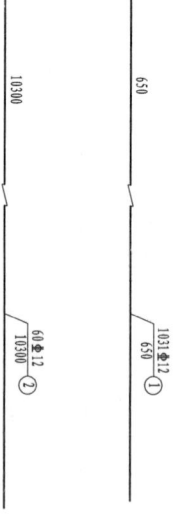

桥面铺装材料数量表

编号	钢筋类型 直径(mm)	单根长 (cm)	根数	总长 (m)	单位重 (kg/m)	总重 (kg)	合计 (kg)
1	Φ12	650	1031	6701.5	0.888	5950.9	
2	Φ12	10300	60	6180.0	0.888	5487.8	11438.8
C40防水混凝土(m³)							92.8

注:
1. 本图尺寸除钢筋直径以mm计外, 其余尺寸均以cm计.
2. N3号束立钢筋为《翼板钢筋构造图》中N6, N7钢筋, 数量已计.

I-I

15cmC40防水混凝土桥面铺装层

650

1031Φ12 ①
650

60Φ12 ②
10300

10300

半平面

×× 设计研究院

发证单位

建设部 设计证号 A××××

施工图设计

梅子坡中桥

1:50

S3-29

2009-10

第 1 页
共 1 页

人行道板及栏杆总体布置图

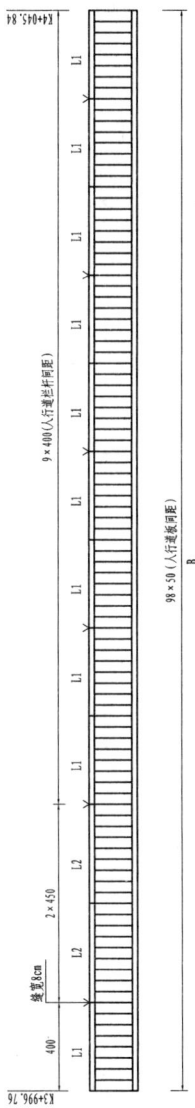

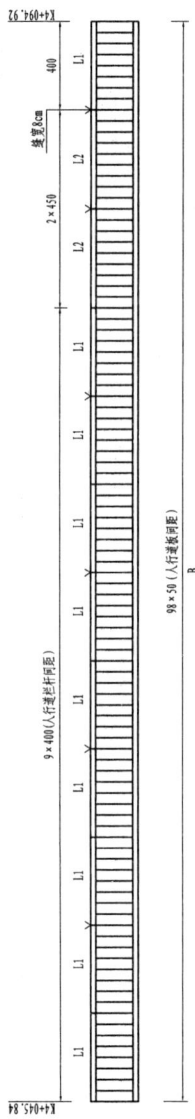

注：
1. 本图尺寸均以cm计。
2. L1～L2分别表示栏杆2种型号，B表示人行道板1种型号。

		梅子箕中桥		施工图设计		设 计		人行道板及栏杆总体布置图	比 例	1:200
发证单位		建设部	设计证号	A×××	审 查				图 号	S3-30
××设计研究院					校 核		设 计 日 期	2009-10		
			批 准		核 定					

37

人行道板横断面

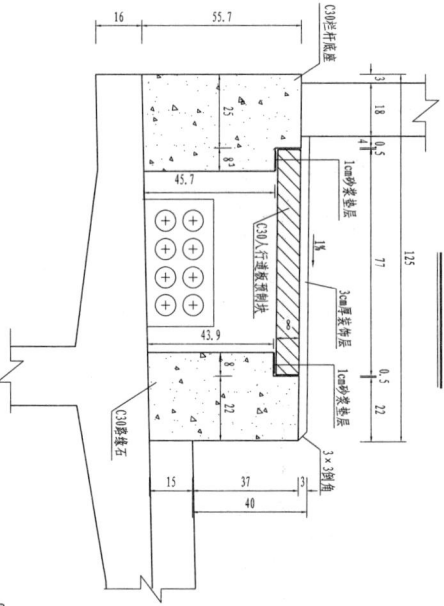

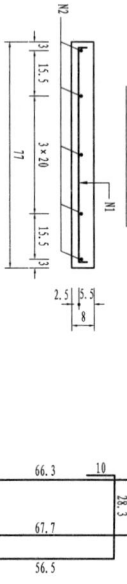

人行道板横断面

人行道板顶制块平面

路缘石、栏杆座配筋大样

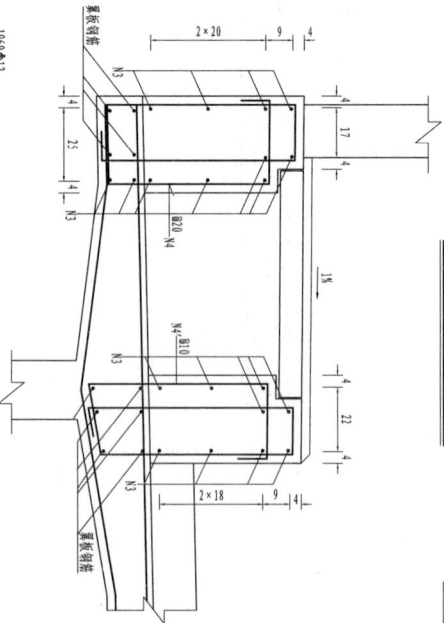

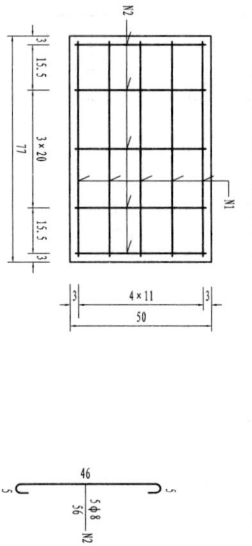

全桥工程数量表

构件名称	钢筋类型(mm)	总长(m)	单位重(kg/m)	总重(kg)	合计(kg)
人行道板	Φ8	1097.6	0.395	433.6	1878.2
	Φ12	1626.8	0.888	1444.6	
	C30(m³)	0.888		10880.3	10880.3
路缘石布栏杆座	Φ12	12252.58	0.888		12.1
	C30(m³)				63.8

钢筋明细表

人行道缘石类型	钢筋号	钢筋类型(mm)	单根长(cm)	根数	总长(m)	单位重(kg/m)	总重(kg)
B	1	Φ12	83	5	4.15	0.888	3.7
	2	Φ8	56	5	2.8	0.395	1.1
	3	Φ12	9804	5	3921.6	0.888	3482.4
	4	Φ12	40	980	2792.6	0.888	2484.5
缘石、样杆座	4'	Φ12	282.3 / 285.5	1960	5533.08	0.888	4913.4

注:
1. 本图尺寸均以cm为单位。
2. 人行道板平面布置见《人行道板及栏杆总体布置图》。
3. N3号钢筋在未设缘处应连续布设,仅在设缘处切断。

x x 设计研究院

发证单位	梅子溪中桥	施工图设计	人行道板构造及钢筋图
建设单位	设计证号 Ax x x x		

批准		设计		日期	2009-10
核定		审查		比例	1:15
		校核		图号	S3-31

第 1 页 共 1 页

38

栏杆立面图 1:20

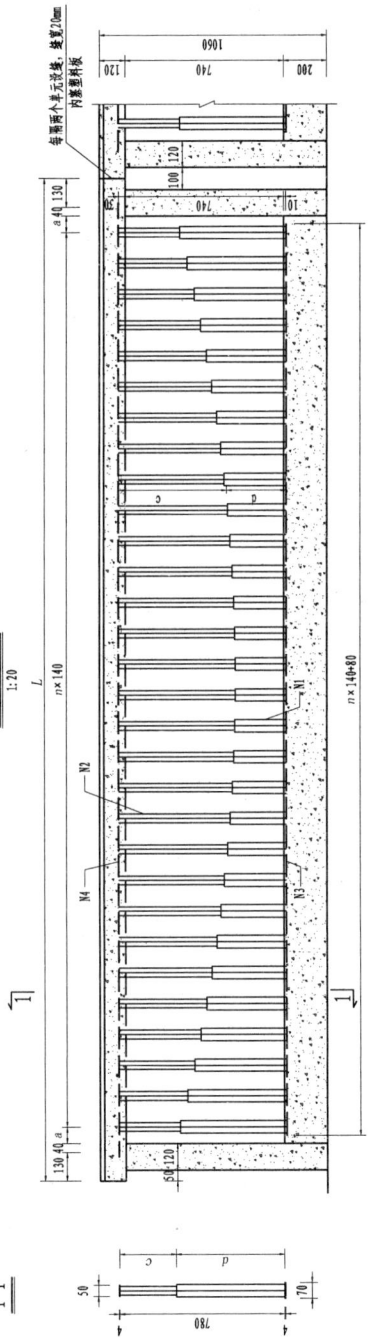

每隔两个单元设缝，堵宽20mm 内塞塑料板

L1~L2型栏杆拐长度表

N1、N2编号	15	14	13	12	11	10	9	8	7	6	5	4	3	2	1	2	3	4	5	6	7	8	9	10	11	12	13	14	15
L1型栏杆 c(mm)	285	321	285	326	363	396	426	453	476	496	512	525	535	541	545	545	541	535	525	512	496	476	453	426	396	326	285	321	285
L1型栏杆 d(mm)	495	459	495	454	417	384	354	327	304	284	268	255	245	239	235	235	239	245	255	268	284	304	327	354	384	454	495	459	495
L2型栏杆 c(mm)	285	321	355	386	413	439	461	481	498	512	524	533	540	544	545	544	540	533	524	512	498	481	461	439	413	386	355	321	285
L2型栏杆 d(mm)	495	459	425	394	367	341	319	299	282	268	256	247	240	236	235	236	240	247	256	268	282	299	319	341	367	394	425	459	495

材料数量表

栏杆型号	钢板类型	单块长度(m)	全桥数量	全桥共长(m)	单位重(kg/m)	共重(kg)
L1	N1:40×40×3空心方钢	8.52	40	340.88	3.490	1189.7
	N2:28×28×3空心方钢	11.76	40	470.32	2.360	1110.0
	N3:70×4钢板	3.58	40	143.20	2.198	314.8
	N4:50×4钢板	3.74	40	149.60	1.570	234.9
	N5:40×40×3钢板		1040		0.038	39.2
L2	N1:40×40×3空心方钢	8.54	8	68.30	3.490	238.4
	N2:28×28×3空心方钢	12.52	8	100.18	2.360	236.4
	N3:70×4钢板	4.00	8	32.00	2.198	70.3
	N4:50×40×3钢板	4.24	8	33.92	1.570	53.3
	N5:40×40×3钢板		232		0.038	8.7

栏杆尺寸表

栏杆型号	栏杆块数	a	n	L
L1	20×2=40	80	25	4000
L2	4×2=8	120	28	4500

1-1

接头大样 1:3

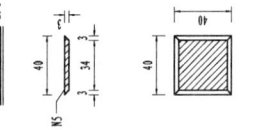

栏杆坊大样 1:3

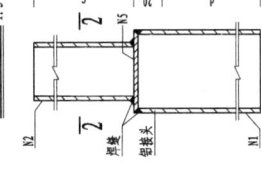

2-2 1:3

侧面图 1:15

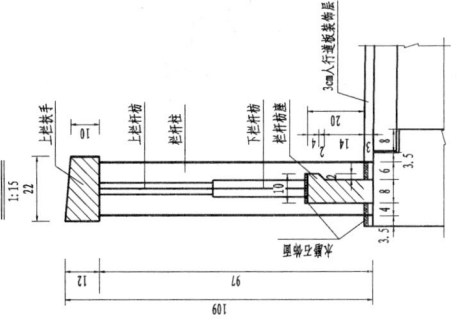

上栏扶手
上栏杆坊
栏杆柱
下栏杆坊
栏杆坊座
3cm人行道装饰层

注:
1. 本图尺寸除图中以cm计外，其余尺寸均以mm为单位。
2. 栏杆坊座、栏杆柱、栏杆扶手均采用C30现浇混凝土。
3. 沿纵桥向每两栏杆单元设一条缝，缝宽2.0cm，内塞塑料板。
4. 栏杆坊表面出锈后，进行镀锌处理。

设　计			
审　查	校　核		
批　准	核　定		
发证单位	建设部	设计证号	A××××
		施工图设计	
×× 设计研究院	梅子溪中桥	人行道栏杆构造图	

日期 2009-10　比例 见图　图号 S3-32

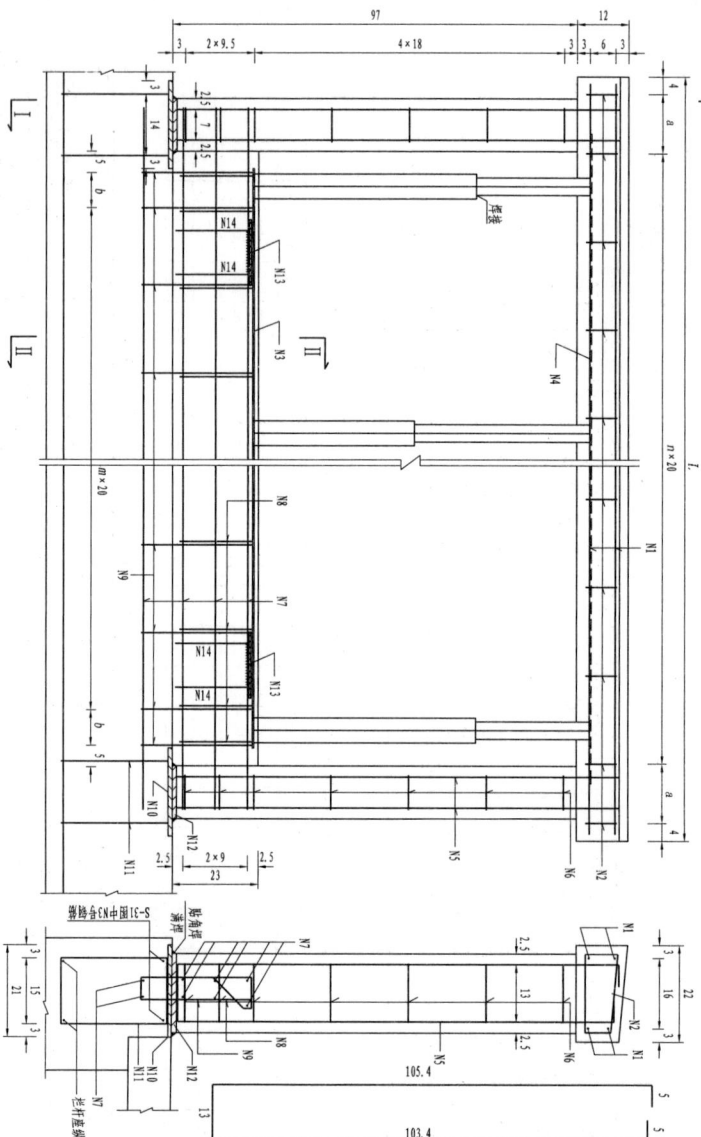
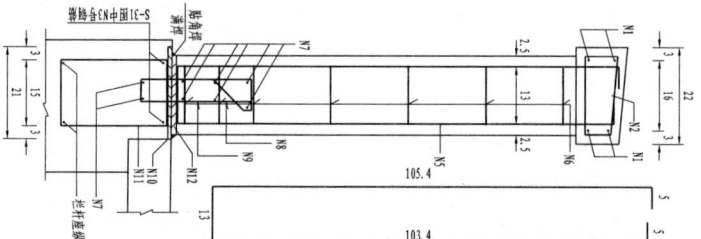

立面

I—I

II—II

注:
1. 本图尺寸中钢筋直径以mm计,其余均以cm计。
2. N3号钢筋应和N13号钢筋焊接固定,比例1:10。
3. N10号钢板及N11号钢筋应根据栏杆柱对应位置在栏杆座内进行调整。
4. N10号钢板在本图中根据栏杆柱对应位置在N2号基础上进行调整。
5. N3、N4号钢筋数量已计入人行道栏杆柱构造图,将N5号钢筋在栏杆基座内焊接于N10号钢板上。
6. N5号钢筋数量已计入人行道栏杆主每锚2个单元设置,在本图设置位置,在本次设计处焊接连通布设,仅在设缝处断开。
7. N11号钢筋应勾住《人行道钢构造及钢筋图》中纵向钢筋N3。

栏杆扶手、栏杆防撞钢筋明细表（一个栏杆数量）

栏杆型号	a	b	n	m	编号	钢筋类型(mm)	单根长(cm)	根数	总长(m)	单位重(kg/m)	总重(kg)
L1	16	18			1	Φ12	398	4	15.9	0.888	14.1
			16	8	7	Φ12	61.2	21	12.9	0.888	27.4
					2	Φ6	386	8	30.9	0.222	2.9
					9	Φ8	81.2	19	15.4	0.395	6.1
					8	Φ8	63.4	21	13.3	0.222	3.0
					6	Φ6	436	8	34.9	0.222	3.1
L2					1	Φ12	448	4	17.9	0.888	15.9
					7	Φ12	81.2	17	13.8	0.888	5.5
	16	18	16	9	2	Φ6	63.4	19	12.0	0.222	2.7
	23		8	8	9	Φ8	61.2	23	14.1	0.395	5.5
	20		8	9	8	Φ8	81.2	19	15.4	0.222	3.0

工程数量表

材料类型	全长共长(m)	单位重(kg/m)	总重(kg)	合计(kg)
Φ12	2943.0	0.888	2613.4	
Φ8	1177.1	0.396	466.1	
Φ6	1215.0	0.222	269.7	515.5
钢板	—	—	—	
C30混凝土(m³)	13.0			

栏杆柱钢筋明细表（含格）

编号	钢筋或钢板类型(mm)	单根长(cm)	根数	总长(m)	单位重(kg/m)	总重(kg)	合计(kg)
5	Φ12	398	192	445.1	0.888	395.2	
6	Φ8	231.8	192	59.2	0.395	157.1	
10	220×200×10钢板	59.2	672	397.8	0.888	316.5	1340.6
11	Φ12	106	192	203.5	0.888	180.7	
12	Φ12	96	96			162.8	
13	180×120×10钢板	96	96			36.2	
14	150×80×4钢板	54	192	103.7	0.888	92.1	

××设计研究院

发证单位 | 梅子溪中桥 | 人行道栏杆钢筋图

建设部 | 设计证号 | A××× | 第1页 共1页

施工图设计

校核 审查 批准 设计 日期 2009-10 比例 1:10 图号 S3-33

40

泄水槽及排水管平面布置图 1:120

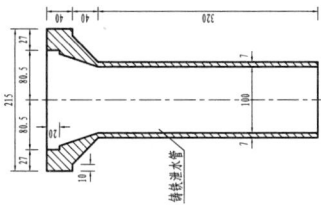

泄水管大样 1:65

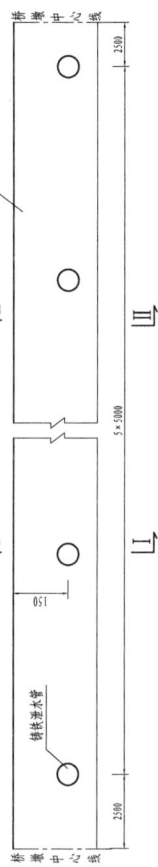

进水口补强钢筋示意 1:40

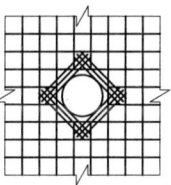

泄水钢管展开大样 1:40

泄水管盖大样 1:65

泄水钢管大样 1:55

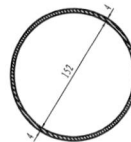

I—I 1:100

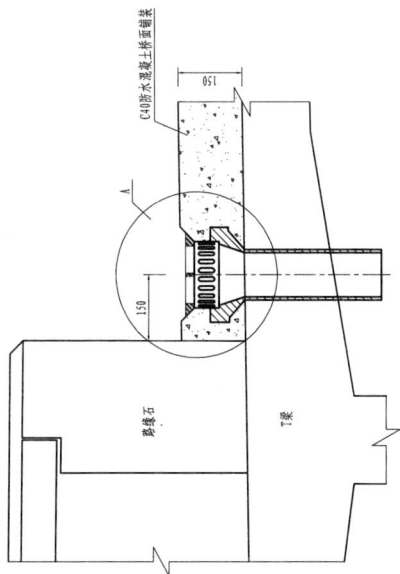

A大样 1:10

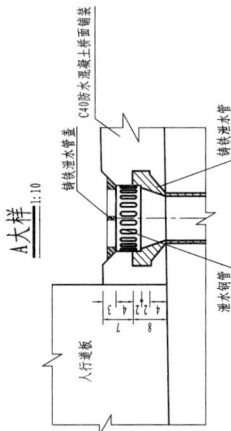

泄水孔材料数量表

名称	单位用量 (kg/个)	一套重 (kg)	数量	合计 (kg)
⌀8 I级钢筋	1.42	1.4	36	50.4
泄水管	14.53	17		612
铸钢盖	2.47			
泄水钢管	1.5	1.5		54

注:
1. 本图尺寸除注明者外,余均以㎜为单位。
2. 浇制T梁时注意预留泄水孔,补强钢筋须与主梁钢筋绑扎。
3. 泄水管进水口桥面宜做成倾向管口喷斜的凹槽形状,以利排水。
4. 本桥共有36套泄水管。

梅子溪中桥
桥面排水构造图
施工图设计 A××x
设计证号 A××x
2009-10
S3-34
比例 如图
41
×x设计研究院

伸缩缝构造图

A—A 1:30

缘石 30

B=600

22×25

N3

N2

N1

缘石

C—C 1:30

594

B=600

22×25

N2

20 5

20 5

D D

8Φ14 N2

594

D—D 1:20

15 11 14

5 20 5

30

N1

C40防水混凝土桥面铺装层

15

载入缘石的端头侧图 1:30

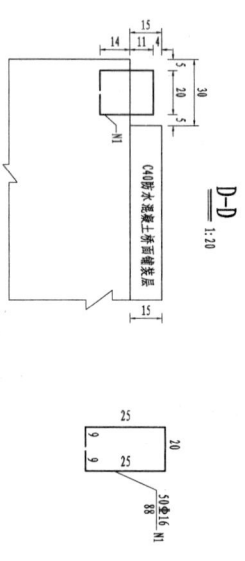

50Φ16 N1

25 20 25

9 9

8Φ8 N1

缘石

13

伸缩装置断面图 1:10

桥面铺装层压入的伸入钢筋

现浇混凝土Φ14

15

30 8 4.5 20

a

现浇混凝土Φ14

锚固钢筋Φ14

门型预埋钢筋Φ16 N1

C

A

C50钢纤维混凝土

伸缩缝材料数量表

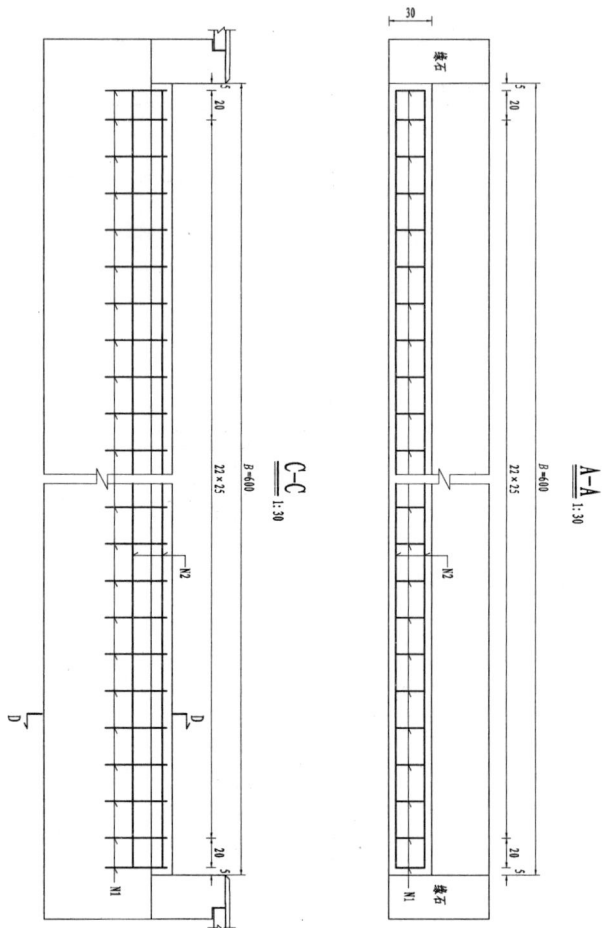

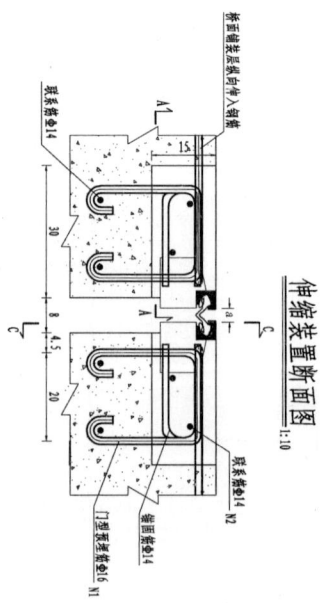

编号	钢筋类型	长度(cm)	根数	单长(m)	共重(kg)	数量	全桥合计(kg)
1	Φ16	88	50	44	69.52	2	139.0
2	Φ14	594	8	47.52	57.50	2	115.0
	C50钢纤维混凝土(m³)					1:10	

注:
1. 本图尺寸以cm计。
2. 本图为伸缩装置及预埋钢筋布置示意图,伸缩缝详细留槽内以C50钢纤维混凝土填充表示意图。
3. 门型钢筋、密封条本体、锚板、钢板出厂为成套装体。
4. N1钢筋为预埋钢筋,沿桥宽方向按25cm间距布设。
5. 伸缩缝设计温度为20℃,图中a值随安装温度变化以及桥梁长度不同而适当调整。

××设计研究院					
及证单位	建设部	施工图设计	批准	设计	2009-10
梅子溪中桥	设计证号	A××××	核定	日期	
		伸缩缝构造图	审查	图号	S3-35
			校核	比例	见图

第 1 页
共 1 页